WEISSENHOFMUSEUM
IM HAUS LE CORBUSIER

—

WEISSENHOFMUSEUM
IN THE LE CORBUSIER HOUSE

INHALT UND TEXTE
Landeshauptstadt Stuttgart
Amt für Stadtplanung und Stadterneuerung
Friedemann Gschwind
Dr. Kathrin Groke

KONZEPTION UND GESTALTUNG
space4, Stuttgart
Sabrina Sommer
Alexander Minx

ÜBERSETZUNG
Michael Meadows, Bremen; Wolfram Baur, Essen

Druck: Offizin Chr. Scheufele, Stuttgart
Printed in Germany

ISBN 978-3-7828-1532-1

INHALTSVERZEICHNIS
CONTENTS

GRUSSWORTE UND EINFÜHRUNG 004
OPENING REMARKS AND INTRODUCTION

DIE AUSSTELLUNG 016
THE EXHIBITION

1
stadt und werkbund 018
city and werkbund

2
planung und bau 030
planning and building

3
die ausstellung 050
the exhibition

4
die geschichte der siedlung 066
the history of the estate

5
die geschichte des hauses 080
the history of the house

6
instandsetzung 2002–2005 094
restoration 2002–2005

7
le corbusier in stuttgart 108
le corbusier in stuttgart

DENKMAL UND MUSEUM 116
MONUMENT AND MUSEUM

DIE SIEDLUNG 146
THE ESTATE

LEBEN UND WERKE 194
LIVES AND WORKS

ANHANG 212
ANNEX

GRUSSWORTE
OPENING REMARKS

Das Doppelhaus von Le Corbusier und Pierre Jeanneret in Stuttgart gilt als eine der architektonischen Ikonen der Moderne. Jahrzehntelang vernachlässigt wurde das Haus 2002 anlässlich des 75jährigen Jubiläums der Weissenhofsiedlung von der Landeshauptstadt erworben und im selben Jahr in das Denkmalprogramm der Wüstenrot Stiftung aufgenommen. Im Rahmen dieser Private-Public-Partnership konnte das Baudenkmal dann fachgerecht revitalisiert werden, wobei die Stiftung die operative sowie verantwortliche Bauherrschaft und damit auch die Planungs- und Baukosten übernahm. Auf der Basis umfangreicher archäologischer sowie bauhistorischer Untersuchungen und gestützt durch die Expertise ihres wissenschaftlichen Beirats führte die Stiftung weitreichende Baumaßnahmen durch, um die zentralen Aussagen der „Le Corbusier-Architektur" wieder anschaulich zu machen.

Mit dem Doppelhaus in der Weissenhofsiedlung wurde das Kapitel Baudenkmale der klassischen Moderne im Denkmalprogramm der Stiftung vorerst abgeschlossen. Nach dem Einsteinturm von Mendelsohn in Potsdam, der Villa Schminke von Scharoun in Löbau und dem Meisterhaus Muche/Schlemmer von Gropius am Bauhaus in Dessau wurde auch das Doppelhaus von Le Corbusier für eine neue, öffentliche Nutzung ertüchtigt: Als Museum und begehbares Exponat lockt es seit seiner Eröffnung tausende von Besuchern auf den Weissenhof. Die Wüstenrot Stiftung hofft, mit dem vorliegenden Katalog den Schlussstein zur idealen Nutzung des Weissenhofmuseums eingefügt zu haben, und wünscht allen Lesern in Vor- oder Nachbereitung ihres Museumsbesuchs eine interessante und anregende Lektüre.

Dr. Wolfgang Bollacher
Vorstandsvorsitzender der Wüstenrot Stiftung

Georg Adlbert
Geschäftsführer der Wüstenrot Stiftung

The pair of semi-detached houses designed by Le Corbusier and Pierre Jeanneret in Stuttgart is considered to be one of the architectural icons of the modern age. After decades of neglect the building was acquired by the City of Stuttgart, the state capital of Baden-Württemberg, in 2002 on the occasion of the 75th anniversary of the Weissenhof estate and included in the Wüstenrot Foundation's programme for preservation of historical monuments in the same year. Within the framework of this private-public partnership the historical monument was then professionally revitalized, with the foundation assuming operational responsibility as well as duties as building principal and thus bearing the planning and building costs as well. On the basis of extensive archaeological and architectural history studies and supported by the expertise of its scientific advisory board, the foundation carried out far-reaching building work to illustrate the key elements of "Le Corbusier architecture".

The pair of semi-detached houses at Weissenhof estate tentatively marked the completion of the project involving historical monuments of the classic modern age within the foundation's monument programme. After Mendelsohn's Einstein Tower in Potsdam, Scharoun's Villa Schminke in Löbau and Gropius' Muche/Schlemmer master's house at the Bauhaus in Dessau, the pair of semi-detached houses designed by Le Corbusier was also restored for new public use. As a museum and accessible exhibit, it has been an attraction for thousands of visitors to Weissenhof since its opening. The Wüstenrot Foundation hopes that, by creating this catalogue, it has put the finishing touch to the Weissenhof Museum enabling its ideal use, and wishes all readers interesting and stimulating reading in preparing for or following up their visit to the museum.

Dr. Wolfgang Bollacher
Chairman of the Board of Wüstenrot Foundation

Georg Adlbert
Managing Director of Wüstenrot Foundation

Seit 2006 steht das Doppelhaus, das Le Corbusier für die Weissenhofsiedlung entwarf, der Öffentlichkeit als kleines, aber besonderes Architekturmuseum offen. Das Gebäude eines der einflussreichsten Architekten des 20. Jahrhunderts lässt den Aufbruch in die Moderne spürbar werden. Besucherinnen und Besucher finden hier einen authentischen Ort, um sich mit den sozialen, ästhetischen und technischen Umbrüchen nach dem Ersten Weltkrieg auseinanderzusetzen. Auch wirft das Museum ein Schlaglicht auf eine Epoche, in der sich Stuttgart zu einer modernen Großstadt wandelte: Neues Bauen und avantgardistische Impulse in der Kunst, bei Tanz, Musik und Schauspiel prägten jene Zeit.

Das Weissenhofmuseum bietet die wiederhergestellte Architektur Le Corbusiers ebenso wie geschichtliche Information. Davon gibt der vorliegende Katalog ein umfassendes Bild. Der Dank gilt dem finanziellen und wissenschaftlichen Einsatz der Wüstenrot Stiftung für die Instandsetzung dieses Denkmals. Er trug dazu bei, die architekturgeschichtliche Bedeutung des Hauses von Le Corbusier und der Weissenhofsiedlung insgesamt in die Öffentlichkeit zu tragen. Zu danken ist auch einer Vielzahl von Experten und Institutionen, die zum Gelingen des Museums beigetragen haben, namentlich der Fondation Le Corbusier, Paris.

Die herausragende Rolle Le Corbusiers in der modernen Architektur findet ihren Ausdruck auch in gemeinsamen Bestrebungen mehrerer Staaten, die wichtigsten Bauten seines Werks in die Welterbeliste der UNESCO aufzunehmen, darunter seine Häuser in Stuttgart. Mit der tatkräftigen Unterstützung dieses Vorhabens unterstreicht die Landeshauptstadt Stuttgart ihren Willen, das Erbe der Moderne zu bewahren.

Dr. Wolfgang Schuster
Oberbürgermeister der Landeshauptstadt Stuttgart

Matthias Hahn
Bürgermeister, Referat Städtebau und Umwelt

The pair of semi-detached houses that Le Corbusier designed for the Weissenhof estate has been open to the public as a small, but special museum of architecture since 2006. The building designed by one of the most influential architects of the 20th century conveys a sense of the entry into the modern age. Visitors find an authentic place here to ponder the radical social, aesthetic and technical changes after World War I. The museum also highlights an era in which Stuttgart developed into a modern big city: New Building and avant-garde impetus in art, dance, music and theatre characterized those times.

The Weissenhof Museum offers Le Corbusier's restored architecture as well as historical information – and the catalogue provides a comprehensive picture in this respect. Thanks are due to the financial and scientific commitment of the Wüstenrot Foundation for restoration of this monument. This commitment played a major role in making the significance of Le Corbusier's building and the Weissenhof estate as a whole, within the context of architectural history, known to the public. We would also like to thank the many experts and institutions that contributed to the museum's success, in particular the Fondation Le Corbusier, Paris.

Le Corbusier's role in modern architecture is also reflected by the joint endeavours of several countries to include the most important buildings of his oeuvre in UNESCO's World Heritage List, including his houses in Stuttgart. Through the active support of this project Stuttgart, the state capital of Baden-Württemberg, underlines its intention to preserve the heritage of the modern age.

Dr. Wolfgang Schuster
Mayor of Stuttgart

Matthias Hahn
Deputy Mayor, Urban Design and Environment

INTERNATIONALE ARCHITEKTUR
INTERNATIONAL ARCHITECTURE

Wo auch immer in der Welt sich ein kulturell interessierter Mensch über die Geschichte moderner Architektur zu informieren versucht, wird er in der Literatur auf die Internationale Bauausstellung 1927 in Stuttgart stoßen. Die Siedlung am Weissenhof ist zum festen Topos der Architekturgeschichtsschreibung geworden; in der aktuellen Ausgabe des Lexikons zur Weltarchitektur heißt es: „Die Weißenhofsiedlung mit ihren vielen Einfamilienhäusern von deutschen und ausländischen Architekten war ein erstes Siegeszeichen des Internationalen Stils."

Im Sommer 1927 wurde Stuttgart zum Reiseziel von Gästen aus aller Welt, die hier erstmals an einem Ort den aktuellen Stand der internationalen Bewegung des Neuen Bauens studieren und am Beispiel der Weissenhofsiedlung die Vielfalt unterschiedlicher Konzepte zur Rationalisierung des Wohnungsbaus in der Perspektive einer durchgreifenden Lebensreform kennenlernen konnten. Während in Städten wie Berlin, Dessau und Frankfurt am Main mit gleichem Ziel ebenfalls experimentelle Siedlungsbauten entstanden, unterschied sich das Stuttgarter Projekt von allen vergleichbaren Vorhaben insbesondere dadurch, dass hier unter der Regie des Deutschen Werkbunds namhafte Protagonisten moderner Architektur aus verschiedenen Ländern Europas zusammengeführt und auf der Grundlage des Bebauungsplans von Ludwig Mies van der Rohe unter gemeinsam anerkannten Vorgaben tätig werden konnten.

Im Rahmen der Werkbundausstellung „Die Wohnung" errichtet, konnte die Siedlung wie eine exemplarische Anwendung der in dieser Ausstellung dargelegten Erkenntnisse und Erfindungen zu neuen Formen zeitgemäßen Wohnens erkundet werden, zumal die Bauten am Weissenhof abwechslungsreich mit neuestem Mobiliar aus den Werkstätten der Avantgarde eingerichtet waren. Einen weiteren spektakulären Höhepunkt hatte diese erste Leistungsbilanz im Aufbruch der modernen Architektur und Stadtplanung des 20. Jahrhunderts durch die „Internationale Plan- und Modellausstellung Neuer

Wherever in the world culturally interested people attempt to enlighten themselves on the history of modern architecture, they will encounter in relevant literature the 1927 International Building Exhibition in Stuttgart. The Weissenhof estate has become a fixed topos in the historiography of architecture. In the current edition of the "Lexikon der Weltarchitektur" (Encyclopaedia of World Architecture) it says: "The Weissenhof estate with its numerous single-family dwellings designed by German and foreign architects was the first sign of victory of the International Style."

In summer 1927 Stuttgart became a destination for guests from all over the globe since they were able for the first time to study at one place the latest developments in the international movement of New Building and get to know the diverse concepts on rationalization of housing construction from the perspective of a profound reform of lifestyle. While experimental housing estates were also set up with the same goal in cities like Berlin, Dessau and Frankfurt am Main, the Stuttgart project differed from all comparable schemes primarily by virtue of the fact that renowned protagonists of modern architecture from various European countries were brought together by Deutscher Werkbund and were able to work on the basis of the development plan drawn up by Ludwig Mies van der Rohe in accordance with jointly approved specifications.

Set up within the framework of the Werkbund exhibition "Die Wohnung" ("The Dwelling"), the estate could be explored as an exemplary application of the insights and inventions relating to new forms of contemporary living, especially since the buildings at Weissenhof were furnished in a varied manner with the latest furniture from the workshops of the avant-garde. This first performance record in the new era of modern architecture and urban planning in the 20th century experienced another spectacular high point at the "International Plan and Model Exhibition: New Architecture", which was displayed at a prominent place in the municipal exhibition halls next to Neues Schloss. With the broadest conceivable spectrum of bold

Baukunst", die an prominenter Stelle in den städtischen Ausstellungshallen beim Neuen Schloss gezeigt wurden. Mit dem denkbar breitesten Spektrum an gewagten Projekten zwischen Paris und Moskau, Mailand und Rotterdam – dazu noch Beispiele aus den USA – wurde 1927 in Stuttgart dem staunenden Publikum ein faszinierendes Kaleidoskop neuer Verbindungen zwischen Kunst, Handwerk und Industrie vorgeführt, die wenige Jahre zuvor noch unvorstellbar waren. In nur zwei Jahrzehnten hatten somit jene Initiativen reiche Früchte getragen, die 1907 zur Gründung des Deutschen Werkbunds geführt hatten, zur Gründung einer Vereinigung, die im Zusammenspiel unterschiedlichster Kräfte dem Städtebau, der Architektur und Wohnkultur in Europa über ein Jahrhundert entscheidende Impulse gab.

Bei aller Prominenz der beteiligten Architekten erschließt sich die internationale Bedeutung der Bauausstellung am Weissenhof und der begleitenden Veranstaltungen jedoch erst, wenn auch die Publikationen mit in den Blick genommen werden, die in dichter Folge zwischen 1925 und 1927 erschienen. Dazu nur einige Beispiele. Es war Walter Gropius, der 1925 im ersten der legendären Bauhaus-Bücher unter dem Titel „Internationale Architektur" einen neuen Anspruch proklamiert hatte: „In der modernen Baukunst ist die Objektivierung von Persönlichem und Nationalem deutlich erkennbar. Eine durch Weltverkehr und Welttechnik bedingte Einheitlichkeit des modernen Baugepräges über die natürlichen Grenzen, an die Völker und Individuen gebunden bleiben, hinaus, bricht sich in allen Kulturländern Bahn. Architektur ist immer national, immer auch individuell, aber von den drei konzentrischen Kreisen – Individuum – Volk – Menschheit – umspannt der letzte größte auch die beiden anderen. Daher der Titel: INTERNATIONALE ARCHITEKTUR."

1926 gab der Kunsthistoriker Hans Hildebrandt, Freund und Förderer von Walter Gropius, in Stuttgart die Programmschrift „Kommende Baukunst" von Le Corbusier heraus, der

projects between Paris and Moscow, Milan and Rotterdam – in addition to examples from the US – a fascinating kaleidoscope of new combinations of art, craft and industry that had been inconceivable only a few years before was presented to an amazed public in Stuttgart in 1927. Thus, in only two decades rich fruit was borne by the initiatives that had led to the founding of Deutscher Werkbund in 1907, the establishment of an organization that gave decisive impetus to urban development, architecture and home décor in Europe through the interplay of diverse forces for over a century.

In spite of all the prominence of the architects involved, the international significance of the building exhibition at Weissenhof and the related events can only be realized if the publications that appeared in quick succession between 1925 and 1927 are also taken into account. Here are only a few examples. It was Walter Gropius who proclaimed a new aspiration in 1925 in the first of the legendary Bauhaus books entitled "International Architecture": "An objectification of the personal and national is clearly perceptible in modern architecture. A uniformity of the modern nature of buildings that is due to world traffic and world technology and goes beyond the natural limits to which peoples and individuals are bound is making headway in all civilized countries. Architecture is always national, always individual as well, but of the three concentric circles, individual – people – humanity, the last one, the biggest, encompasses also the other two. Therefore the title: INTERNATIONAL ARCHITECTURE."

In 1926 art historian Hans Hildebrandt, friend and patron of Walter Gropius, published in Stuttgart the programmatic treatise "Kommende Baukunst" ("Coming Architecture") by Le Corbusier, who was thus optimally introduced within the framework of the Stuttgart Building Exhibition. In 1927 the catalogue "International New Architecture", in which the architects of the estate were presented along with their most important buildings in the context of the international avantgarde and their joint achievement was pointed out as the be-

damit als Architekt im Rahmen der Stuttgarter Bauausstellung bestens eingeführt wurde. 1927 erschien, ebenfalls in Stuttgart, im Auftrag des Deutschen Werkbunds der Katalog „Internationale Neue Baukunst", in dem die Architekten der Siedlung mit ihren wichtigsten Bauten im Kontext der internationalen Avantgarde vorgestellt und ihre Gemeinschaftsleistung wie der Beginn einer neuen Epoche präsentiert wurde. Im selben Jahr publizierte, wieder in Stuttgart, der einflussreiche Förderer der modernen Bewegung, Walter Curt Behrendt, sein Buch mit dem programmatischen Titel „Der Sieg des neuen Baustils".

Auf dem plakativen Einband des Buches strahlen die Bauten der Weissenhofsiedlung unter einem dramatisch bewegten Wolken- und Fahnenmeer hervor – eben jenes „Siegeszeichen", das im aktuellen Lexikon der Weltarchitektur zum Begriff wird. 1920 hatte Behrendt seine vielbeachtete Schrift „Der Kampf um den Stil im Kunstgewerbe und in der Architektur" vorgelegt; nach sieben Jahren wird nun der Sieg gefeiert. Vier Jahre später, 1931, wurde in New York, im Museum of Modern Art, das bis dahin gerade erst zwei Jahre bestand und sich in dieser Zeit vor allem der Ausstellung von Malerei gewidmet hatte, eine erste Architekturausstellung vorbereitet. Im Zentrum der Ausstellung standen Bauten von Walter Gropius, Mies van der Rohe, Le Corbusier und Jacobus Johannes Pieter Oud, allesamt Architekten der Weissenhofsiedlung. Parallel zur Ausstellung wurde ein Buch vorbereitet, das mit gleichem Titel wie die große Schau in New York inzwischen selbst Teil der Architekturgeschichte geworden ist: das Buch „The International Style", in dem beispielhaft das Stuttgarter Doppelhaus von Le Corbusier und Pierre Jeanneret hervorgehoben wird, um daran exemplarisch die Prinzipien der neuen Architektur im International Style erläutern zu können.

Mit dieser epochalen Ausstellung und der begleitenden Publikation wurde den beiden Häusern Le Corbusiers und damit auch der Weissenhofsiedlung insgesamt 1931 von Amerika aus eine Schlüsselstellung in der Entwicklung moderner Ar-

ginning of a new era, also appeared in Stuttgart on behalf of German Werkbund. In the same year the influential patron of the modern movement, Walter Curt Behrendt, published his book with the programmatic title "Der Sieg des neuen Baustils" ("The Victory of the New Architectural Style").

The buildings of the Weissenhof estate gleam under a dramatically moving sea of clouds and flags on the striking book cover – that very "sign of victory" that became a byword in the current "Lexikon der Weltarchitektur". In 1920 Behrendt had submitted his highly regarded publication "The struggle for style in arts and crafts and in architecture"; after seven years the victory was then celebrated. Four years later, in 1931, a first architecture exhibition was prepared in New York at the Museum of Modern Art, which had only existed for two years up to that time and was primarily devoted to displaying paintings back then. The focus of the exhibition was on buildings designed by Walter Gropius, Mies van der Rohe, Le Corbusier and Johan Jacobus Peter Oud, all of them architects of the Weissenhof estate. Parallel to the exhibition a book was prepared that had the same title as the big show in New York and in the meantime had itself become part of architectural history: "The International Style", in which the pair of semi-detached houses designed by Le Corbusier and Pierre Jeanneret in Stuttgart is highlighted as a prime example for illustrating the principles of the new architecture in the International Style.

By virtue of this epochal exhibition and the accompanying publication in America, the two Le Corbusier houses and thus the Weissenhof estate as a whole were assigned at that time (1931) a key position in the development of modern architecture that is also underlined in another book having worldwide success and influence: "Time, Space and Architecture" by Sigfried Giedion, published by Harvard College in the USA for the first time in 1941, translated into many languages after the end of the world war and still compulsory reading for architects. In absolutely paean fashion, Giedion recalled there his own

chitektur zugeschrieben, die auch in einem anderen, weltweit erfolg- und einflussreichen Buch unterstrichen wird: In „Time, Space and Architecture" von Sigfried Giedion, 1941 erstmals vom Harvard College in den USA herausgegeben, nach dem Ende des Weltkriegs in viele Sprachen übersetzt und bis heute Pflichtlektüre für Architekten. Geradezu hymnisch erinnerte Giedion darin sein eigenes Erleben jener Zeit in Stuttgart: „Wer jene Eröffnungstage miterlebt hat, wird den Optimismus nicht vergessen, der von jener Veranstaltung weit über die Grenzen hinaus moralischen Halt gab, um damals gegen unüberwindliche Widerstände anzugehen." Giedion zitiert dazu einen früheren Text, den er 1927 für die französische Zeitschrift „Architecture Vivante" geschrieben hatte: „Die Ausstellung hat tatsächlich eine Eingliederung ins aktive Leben gezeigt. Wir nennen ihre Bedeutung außerordentlich, da mit ihr das neue Bauen aus dem Sterilisierglas der Avantgarde zu einem Bewusstseinselement einer breiten Schicht geworden ist."

Mit dieser Feststellung Giedions schien 1927 in doppelter Weise nach nur zwanzig Jahren für einen kurzen historischen Augenblick jenes Ziel erreicht, das sich der Werkbund schon 1907 gesetzt hatte, nämlich als Reformagentur aus der kulturellen Rückständigkeit Deutschlands herauszuführen und im internationalen Vergleich Anschluss zu finden an den neuesten Stand des technischen Fortschritts, dabei aber zugleich den Versuch zu unternehmen, durch die „Veredelung der Arbeit das ganze innere Leben eines Landes zu veredeln", wie Fritz Schumacher dies in seiner Rede zur Gründung des Deutschen Werkbunds in München 1907 formuliert hatte.

Prof. Dr.-Ing. Dr. h. c. Werner Durth
Technische Universität Darmstadt
Fachbereich Architektur
Fachgebiet Geschichte und Theorie der Architektur

experiences in Stuttgart back then: "Anyone who experienced those opening days will not forget the optimism created by that event, providing moral support extending far beyond its immediate scope to fight against insurmountable resistance at that time." Giedion cites in this connection an earlier text that he had written for the French magazine "Architecture Vivante" in 1927: "The exhibition did, in fact, display an integration into active ife. We regard its significance as extraordinary because by virtue of it New Building has moved out of the preserving jar of the avant-garde to become an element of the consciousness of a broad stratum of the population."

For a brief historical moment this statement by Giedion in 1927 seemed to mark the achievement of the goal set by Werkbund back in 1907 after only twenty years in two ways: in leading Germany out of its cultural backwardness as a reform agency and catching up to the state of the art as far as technical progress in an international comparison was concerned, but at the same time in making an attempt to "refine the entire inner life of a country through refinement of work", as Fritz Schumacher put it in his speech on the founding of Deutscher Werkbund in Munich in 1907.

Prof. Dr.-Ing. Dr. h. c. Werner Durth
Technical University of Darmstadt
Department of Architecture
Faculty History and Theory of Architecture

DER WEG ZUM MUSEUM
THE WAY TO THE MUSEUM

Am Anfang der „Museumswerdung" des Doppelhauses von Le Corbusier und Pierre Jeanneret stand das Ziel, Innenräume in der Weissenhofsiedlung öffentlich zugänglich zu machen. Dieses Ziel war nicht neu. Aber erst Ende der 1990er Jahre eröffnete sich auf der kommunalpolitischen Bühne eine konkrete Chance, es auch zu verwirklichen. Eine wachsende Zahl von Architekturbegeisterten sollte sich nicht mit einem Rundgang vor den Häusern und mit historischen Bildern begnügen müssen, sondern in einem ganzen Haus einen lebendigen Eindruck davon erhalten, was 1927 der Welt geboten wurde. Nicht ohne Grund gab sich die Werkbundausstellung in Stuttgart den Titel „Die Wohnung". Im Blickpunkt standen damals neue Lebensformen in dafür entworfenen neuen Lebensräumen.

Ein eher zufälliger Mieterwechsel bot im Jahr 2000 der Landeshauptstadt Stuttgart als ehemaliger Bauherrin der Weissenhofsiedlung die Chance, das Doppelhaus zunächst anzumieten, 2002 zu erwerben und einer neuen Nutzung zuzuführen. Dies war ein Glücksfall. Damit stand das Haus zur Verfügung, das bereits 1927 im Zentrum von Bewunderung und Ablehnung stand. Der Bautypus mit spiegelbildlich angeordneten Haushälften legte zudem eine Zweiteilung des Museums nahe: Neben der Präsentation historischer Räume konnte auch eine Dauerausstellung über die Weissenhofsiedlung entstehen.

Vorgefunden wurde ein Gebäude, das die Abrisspläne der Nationalsozialisten und den Zweiten Weltkrieg zwar leidlich überstanden hatte, im Inneren aber mehrfach umgebaut und in Teilen rekonstruiert worden war. Es bestand ein Mix an bauhistorischen und bautechnischen Schichten. Gleichzeitig zeigten sich erhebliche Mängel in der Bausubstanz, die sich zum Teil bis zu der übereilten Baufertigstellung 1927 zurückverfolgen ließen. Nach einer aufwendigen Bauforschung wurde ein denkmalpflegerisches Konzept formuliert, wonach der Originalzustand von 1927 dort wiederhergestellt wurde, wo dies Quellen und restauratorische Befunde ermöglich-

At the beginning of the process of turning the pair of semi-detached houses designed by Le Corbusier and Pierre Jeanneret into a museum the objective was to make the rooms inside the buildings on the Weissenhof estate accessible to the public. This objective was not new. However, it was only at the end of the 1990s that a concrete opportunity presented itself on the municipal policy stage to actually implement it. A growing number of architecture enthusiasts should not have to content themselves with a tour past the buildings and historical pictures, but should get a vivid impression of what was offered to the world in 1927 in an entire house. It was not without reason that the Werkbund exhibition in Stuttgart was entitled "Die Wohnung" ("The Dwelling"). The focus at that time was on new ways of life in new habitats designed for that purpose.

A rather coincidental change of tenants in 2000 offered Stuttgart, the state capital and former client of the Weissenhof estate, the chance of initially renting the pair of semi-detached houses, acquiring them in 2002 and then putting them to new use. This was a stroke of luck. It meant the edifice that had already been the subject of both admiration and rejection in 1927 was available. This type of building with the two halves arranged as mirror images of each other additionally suggested a division of the museum into two parts: besides presentation of historical rooms, a permanent exhibition could also be set up at the Weissenhof estate.

The building found there had survived the demolition plans of the National Socialists and World War II in fair condition, but the interior had been modified several times and parts had been reconstructed. There was a mix of historical and structural layers. At the same time significant defects in the building structure emerged, some of which could be traced back to the overhasty completion of construction in 1927. After elaborate building research a concept for the preservation of the building as a historical monument was formulated, calling for restoration of the original state of 1927 wherever sources and restoration findings made this possible. Efforts

ten. Spuren der Nutzungsgeschichte sollten nicht verwischt werden. Im Ergebnis konnte die Haushälfte Rathenaustraße 3 weitgehend dem bauzeitlichen Zustand angenähert werden.

Das Gestaltungskonzept der Ausstellung in der Haushälfte Rathenaustraße 1 nimmt die denkmalpflegerischen Bedingungen behutsam auf. Weder konnte dort der ursprüngliche Zustand wiederhergestellt, noch sollten die eher trivialen Umbauten einfach weggeräumt werden, um mehr Platz für die Ausstellung zu schaffen. Auch sollte das Gebäude als ehemaliges Wohnhaus erkennbar bleiben. So entstand eine ganz auf die Situation des Doppelhauses ausgerichtete Lösung: Neue Glaselemente zitieren den Grundriss Le Corbusiers. Sie nehmen Ausstellungsvitrinen auf, deren Exponate zum Teil für den Besucher offen ausliegen, zum Teil in Schüben entdeckt werden sollen. So wurde aus der „Wohnmaschine" Le Corbusiers eine neue „Informationsmaschine".

Mit der Eröffnung des Weissenhofmuseums im Oktober 2006 kann nun die Weissenhofsiedlung erstmals ihrer architekturgeschichtlichen Bedeutung entsprechend präsentiert werden. Auslöser des Projekts war 1998 die Idee zu einer neuen Internationalen Bauausstellung in Stuttgart, die auch die Werkbundausstellung von 1927 wieder ins Blickfeld rückte. Über die Jahre zuvor war bereits eine zunehmende Wertschätzung zu spüren, doch standen nun auch kommunale Finanzmittel zur Verfügung. Das Stadtplanungsamt, heute Amt für Stadtplanung und Stadterneuerung, rief Experten zu einer „Projektgruppe Weissenhof" zusammen und erste konzeptionelle Überlegungen zu einem Museum entstanden.

Der 75. Jahrestag der Weissenhofsiedlung brachte 2002 den entscheidenden Impuls. Die Wüstenrot Stiftung und die Stadt veranstalteten gemeinsam einen internationalen Kongress, der Teil des Programms für den Architektur-Weltkongress der UIA war. Danach setzte sich die Partnerschaft intensiv fort: Die Wüstenrot Stiftung wurde Bauherrin und übernahm die denkmalpflegerische Instandsetzung des Gebäudes, die

were to be made not to cover up traces of the history of its use. As a result, the semi-detached house at Rathenaustrasse 3 largely approximates the state of the building at the time of its construction.

The design concept of the exhibition for the half of the edifice at Rathenaustrasse 1 is cautious in giving consideration to the conditions relating to preservation of a historical monument. It was not possible to restore the original state there, nor were the rather trivial modifications to be simply cleared away to create more space for the exhibition. In addition, the building was to remain perceptible as a former residence. As a result, the solution implemented is geared entirely to the situation of the pair of semi-detached houses: new glass elements call to mind Le Corbusier's ground plan. They contain glass showcases some of whose exhibits lie in open view for visitors while others are to be discovered in drawers. In this way Le Corbusier's "living machine" was turned into a new "information machine".

Through the opening of the Weissenhof Museum in October 2006 it is now possible for the first time to present the Weissenhof estate in line with its significance in the context of architectural history. The project was sparked in 1998 by the idea of holding a new international building exhibition in Stuttgart that again focused attention on the Werkbund exhibition of 1927. During the previous years there were indications of an increasing appreciation, but now municipal funds were also available. The Urban Planning Department, now the Department for Urban Planning and Urban Renewal, assembled experts to form a "Weissenhof Project Group" and initial conceptual considerations for a museum were developed.

The 75th anniversary of the Weissenhof estate gave the decisive impetus in 2002. The Wüstenrot Foundation and the city jointly held an international congress that was part of the agenda for the UIA World Congress of Architecture. After that the partnership continued intensively. The Wüstenrot Founda-

Stadt bereitete die Einrichtung und den Betrieb des Museums vor. Nach einem Wettbewerb zur Museumsgestaltung begann Ende 2004 die Feinarbeit am inhaltlichen Ausstellungskonzept. Da das Museum auf keine vorhandene Sammlung zurückgreifen konnte, wurden Exponate und Reproduktionen gezielt aus Archiven und bei Sammlern zusammengetragen.

Zur gleichen Zeit wurde in Frankreich eine Initiative in Gang gesetzt, die sich zum Ziel setzte, das Gesamtwerk Le Corbusiers in die UNESCO-Welterbeliste aufzunehmen. Diese Bemühungen sind Ausdruck eines wachsenden Interesses am Erbe der klassischen Moderne, das sich vielerorts in der Welt erkennen lässt. So stellte das UNESCO-Welterbezentrum fest, dass das 20. Jahrhundert auf der Welterbeliste unterrepräsentiert sei. 2004 traf sich in Paris erstmals eine internationale Arbeitsgruppe, die mit der Ausarbeitung eines Antrags begann. Darin werden die wichtigsten Bauten Le Corbusiers zwischen 1912 und 1965 zur Aufnahme in die Welterbeliste vorgeschlagen, darunter seine beiden Häuser in der Weissenhofsiedlung. Mehrere Staaten wirken zusammen, in denen der wohl erste weltweit tätige und anerkannte Architekt Bauten entwarf: Frankreich, die Schweiz, Belgien, Argentinien, Deutschland in einem engeren Kreis sowie Indien und Japan. Wenn das Unternehmen gelingt, wäre Le Corbusier der erste Architekt, dessen Leistung derart gewürdigt würde. Die Anerkennung seiner Häuser in Stuttgart als Welterbestätte wäre gleichzeitig eine Bestätigung für all jene, die sich für den Erhalt der Siedlung am Weissenhof einsetzen, und eine Chance, den Weg fortzusetzen.

Dipl. Ing. Friedemann Gschwind
Landeshauptstadt Stuttgart
Amt für Stadtplanung und Stadterneuerung

tion assumed duties as building principal and responsibility for restoration of the building as a historical monument while the city made preparations for setting up and operating the museum. After a competition was held regarding the museum design, detailed work commenced on the substance of the exhibition concept. Since the museum was not able to fall back on an existing collection, exhibits and reproductions were compiled from archives and collectors in a targeted manner.

At the same time an initiative was launched in France with the aim of including Le Corbusier's oeuvre in the UNESCO World Heritage List. These efforts are a reflection of growing interest in the heritage of the classic modern age that is emerging in many places around the globe. The UNESCO World Heritage Centre stated, for instance, that the 20th century is underrepresented in the World Heritage List. In 2004 an international working group met for the first time in Paris to start drawing up an application. It will propose inclusion of Le Corbusier's most important buildings between 1912 and 1965 in the World Heritage List, including his two houses on the Weissenhof estate. Several countries where buildings were designed by the man who was probably the first architect to work and become recognized worldwide are working together on this project: France, Switzerland, Belgium, Argentina and Germany as a close circle as well as India and Japan. If the undertaking succeeds, Le Corbusier will be the first architect whose achievements are acknowledged to such an extent. At the same time recognition of his buildings in Stuttgart as a World Heritage site would be a confirmation for all those who have committed themselves to preserving the estate at Weissenhof and an opportunity to continue pursuit of this path.

Friedemann Gschwind
State capital of Stuttgart
Department of Urban Planning and Urban Renewal

FREUNDE DER WEISSENHOFSIEDLUNG E.V.
ASSOCIATION FREUNDE DER WEISSENHOFSIEDLUNG

Am 23. Juli 1977 traf sich ein kleiner Freundeskreis der Weissenhofsiedlung im Atelier von Bodo Rasch anlässlich des 50. Jahrestags der Eröffnung der Werkbundausstellung in Stuttgart. Es wurde beschlossen, sich für die inzwischen renovierungsbedürftigen Bauten und deren Wiederherstellung einzusetzen. Nach der Veröffentlichung eines Aufrufs zur Erhaltung der Siedlung gründete man am 17. November 1979 den gemeinnützigen Verein Freunde der Weissenhofsiedlung e.V. Der Innenarchitekt Bodo Rasch und Mia Seeger, die Mitarbeiterin des Organisationsbüros 1927, waren Beteiligte der ersten Stunde. Beide stellten gemeinsam mit Frei Otto den Vorstand.

Das Engagement der Freunde hatte Erfolg: In den Jahren 1981 bis 1987 wurde die Weissenhofsiedlung durch das Staatliche Hochbauamt umfangreich renoviert. Die Landeshauptstadt Stuttgart beteiligte sich an den Kosten. Die Häuser erhielten ihr ursprüngliches Erscheinungsbild in Gestaltung und Farbigkeit zurück. Auch die Innenräume einiger Wohnungen wurden rekonstruiert, so in der Rathenaustraße 3. 1990 richtete der Verein in ehemaligen Ladenräumen des Gebäudes von Mies van der Rohe ein erstes Informationszentrum ein.

In den folgenden Jahren hat sich der Verein immer wieder für die Darstellung der Bedeutung der Weissenhofsiedlung eingesetzt und den Prozess der Museumswerdung mit einer Arbeitsgruppe unterstützt. Seit dem 26. Oktober 2006 betreibt er für die Landeshauptstadt Stuttgart das „Weissenhofmuseum im Haus Le Corbusier". Er betreut Besucher und bietet Führungen im Museum und in der Siedlung an. Dem Ziel, die Bedeutung der Weissenhofsiedlung aller Welt und auch Stuttgart vor Augen zu führen, sind die Freunde damit einen großen Schritt näher gekommen.

Suse Kletzin
Vorstandsmitglied des Vereins Freunde der Weissenhofsiedlung e. V.

On 23 July 1977 a small group of "friends of the Weissenhof estate" met in Bodo Rasch's studio on the occasion of the 50th anniversary of the opening of the Werkbund exhibition in Stuttgart. They decided to commit themselves to the buildings now in need of renovation and to their restoration. After publication of an appeal to preserve the estate the non-profit association Freunde der Weissenhofsiedlung e.V. (Society of Supporters of the Weissenhof Estate) was established on 17 November 1979. Interior designer Bodo Rasch and Mia Seeger, member of the organization office staff in 1927, were involved right from the beginning. The two of them along with Frei Otto formed the executive board.

The commitment of the Friends was successful. In the period from 1981 to 1987 the Weissenhof estate was extensively restored by the state office of public works. Stuttgart, the state capital, absorbed part of the costs. The original appearance of the houses was restored in terms of design and colour. The rooms of some of the dwellings were also reconstructed, as at Rathenaustrasse 3. In 1990 the association set up the first information centre in former shop premises in the building designed by Mies van der Rohe.

In the following years the association repeatedly played an active role in pointing out the significance of the Weissenhof estate and supported the process of creating a museum with a working group. It has been operating the "Weissenhof Museum in Le Corbusier House" for the state capital of Stuttgart since 26 October 2006. It looks after visitors and offers tours in the museum and on the estate. As a result, the society has taken a big step towards achieving the goal of conveying the significance of the Weissenhof estate all over the world as well as in Stuttgart.

Suse Kletzin
Member of the Executive Board of the Association Freunde der Weissenhofsiedlung e. V.

RUNDGANG DURCH DAS MUSEUM
MUSEUM TOUR

Das „Weissenhofmuseum im Haus Le Corbusier" umfasst das gesamte Gebäude und den Garten. Der Rundgang im Museum führt durch beide Hälften des Doppelhauses, die unterschiedlichen Schwerpunkten gewidmet sind. Die äußere Erscheinung des Baukörpers entspricht wieder den bauzeitlichen Proportionen. Er lässt die von Le Corbusier formulierten „Fünf Punkte zu einer neuen Architektur" klar erkennen: die Pfosten, den Dachgarten, die freie Grundrissgestaltung, das Langfenster und die freie Fassadengestaltung.

RATHENAUSTRASSE 1: DIE AUSSTELLUNG
Die linke Haushälfte dient der Information über die Entstehung und Geschichte der Weissenhofsiedlung. Der Rundgang in der Ausstellung ist chronologisch geordnet und umfasst den Zeitraum von 1907 bis heute. Die Innenräume wurden seit 1932 tiefgreifend verändert, verbliebene Teile von Umbauten der 1960er Jahre sowie Befunde an Wand und Boden erinnern an die wechselvolle Geschichte des Hauses. Die Museumsgestaltung entstand als „Echo" auf den ursprünglichen Grundriss. Gläserne Einbauten mit Informationsvitrinen bilden einen Kontrast zur vorgefundenen Situation und überlagern die Originalsubstanz sowie spätere Umbauten.

RATHENAUSTRASSE 3: ZEITHORIZONT 1927
Die Räume der rechten Haushälfte zeigen sich weitgehend in ihrer Gestalt von 1927. Le Corbusiers Entwurf eines „transformablen Hauses" konnte wieder hergestellt werden. Die Besucherinnen und Besucher gewinnen so einen Eindruck vom Doppelhaus zum Zeitpunkt der Werkbundausstellung. Die Farbgebung im ganzen Haus entstand auf der Grundlage restauratorischer Befunde. Auch die Einrichtungsgegenstände konnten nach Originalunterlagen rekonstruiert werden. Die ursprüngliche Inneneinrichtung war nach mehreren Umbauten seit 1932/33 verloren gegangen, bei einer ersten Generalsanierung 1983/84 jedoch teilweise rekonstruiert worden.

The "Weissenhof Museum in the Le Corbusier House" encompasses the entire building and garden. The tour of the museum takes visitors through the pair of semi-detached houses, which are dedicated to different focal points. The outer appearance of the structure again corresponds to the proportions at the time of construction. It clearly reflects the "Five points for a new architecture" formulated by Le Corbusier: the supports, the roof garden, the freedom in designing the ground plan, the horizontal window and the free design of the façade.

RATHENAUSTRASSE 1: THE EXHIBITION
The left half of the building serves to provide information on the development and history of the Weissenhof estate. The tour through the exhibition is set up in chronological order and covers the period from 1907 to the present. The interior has changed profoundly since 1932 and remaining parts of modifications carried out in the 1960s as well as wall and floor finds recall the varied history of the edifice. The museum design resulted as an "echo" of the original ground plan. Glass fixtures with information showcases form a contrast to the situation encountered there and supplement the original structure and later modifications.

RATHENAUSTRASSE 3: TIME HORIZON 1927
The rooms in the right half extensively display their design as in 1927. It was possible to restore Le Corbusier's design of a "transformable house". In this way visitors obtain an impression of the Werkbund exhibition in 1927. The colour design of the entire building was based on restoration findings. The furnishings were also able to be reconstructed according to original documents. The original interior furnishings had already been lost in the course of several modifications starting in 1932-33, but were partially reconstructed during general restoration of the building in 1983-84.

RATHENAUSTRASSE 1

RATHENAUSTRASSE 3

DACHGESCHOSS
TOP FLOOR

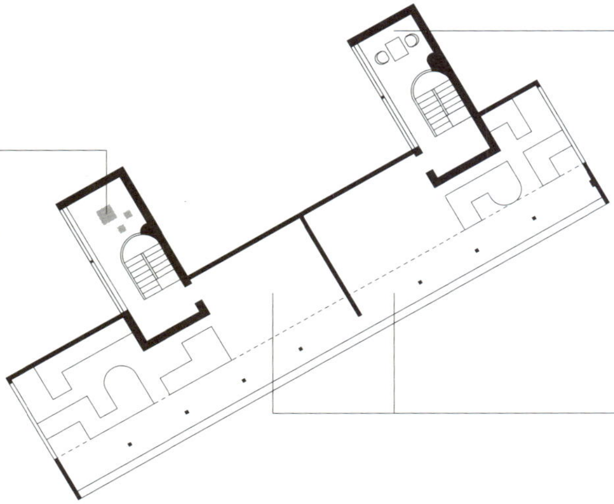

OBERGESCHOSS
FIRST FLOOR

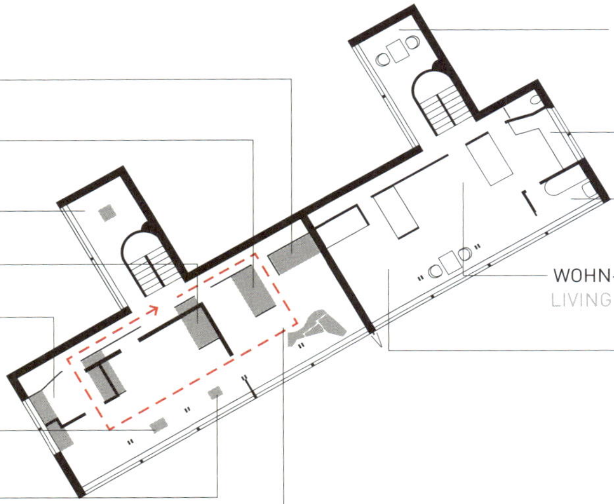

ERDGESCHOSS
GROUND FLOOR

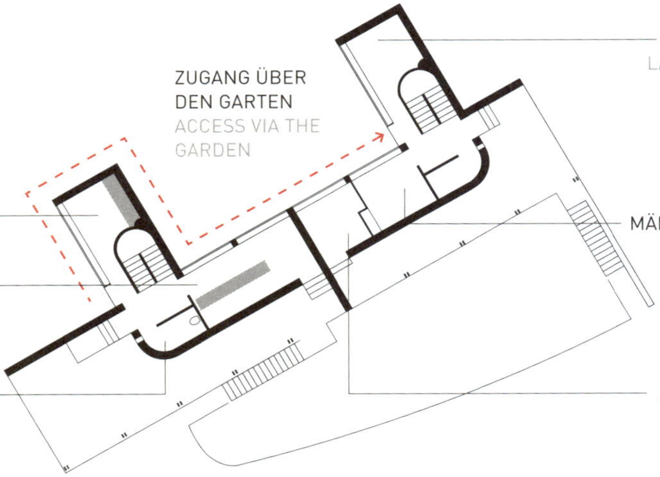

BAU
WOHNUNG

DIE AUSSTELLUNG // THE EXHIBITION

S. 16 – 115

1919

Mit der Weimarer Republik entsteht nach der militärischen und politischen Niederlage des Kaiserreichs der erste demokratische Staat in Deutschland.
The Weimar Republic, the first democratic government on German soil, grows out of the military and political defeat of the German Empire in World War I.

1907

Der Deutsche Werkbund wird in München als Zusammenschluss von Künstlern, Handwerkern und Industriellen gegründet.
Deutscher Werkbund is founded in Munich as an alliance of artists, atisans, tradespeople and industrialists.

1924

Das 200 Meter lange Luftschiff LZ 126 überquert den Atlantik und leitet eine Blütezeit der Zeppeline ein.
The LZ 126 airship crosses the Atlantic, launching the age of the Zeppelins.

1 stadt und werkbund

Die Weissenhofsiedlung ist das Ergebnis einer Partnerschaft. Im kulturell aufgeschlossenen Klima der 1920er Jahre gewinnt der Deutsche Werkbund die Stadt Stuttgart dafür, eine experimentelle Wohnsiedlung zu errichten. Eine Bauausstellung soll neue Wege zur Beseitigung der Wohnungsnot weisen. Es gilt zu zeigen: Gesunde und praktische Wohnungen können rationell und kostengünstig erstellt werden. Getragen wird die Ausstellungsidee von Peter Bruckmann und Gustaf Stotz, beide führende Vertreter des Deutschen Werkbunds, sowie von Karl Lautenschlager, Stuttgarts Oberbürgermeister. Ab Sommer 1925 fassen sie ihre Ziele in mehreren Denkschriften zusammen.

THE CITY AND WERKBUND / Weissenhofsiedlung was the result of a partnership. In the culturally open atmosphere of the 1920s Deutscher Werkbund persuaded the city of Stuttgart to support the development of an experimental housing estate. A building exposition would point out new approaches to eliminating the housing shortage. The aim was to demonstrate that healthy and practical housing could be constructed efficiently and inexpensively. The idea of an exhibition was advocated by Peter Bruckmann and Gustaf Stotz, both leading representatives of Deutscher Werkbund, as well as Karl Lautenschlager, Stuttgart's mayor. They jointly formulated their thoughts for the first time in a manifesto in 1925.

DER WERKBUND ALS WEGBEREITER

Der Deutsche Werkbund wird 1907 gegründet und gilt rasch als eine bedeutende kulturelle Kraft in Deutschland. Sein Ziel ist „die Veredelung der gewerblichen Arbeit im Zusammenwirken von Kunst, Industrie und Handwerk durch Erziehung, Propaganda und geschlossene Stellungnahme zu einschlägigen Fragen". Der Werkbund vertritt einen ethisch fundierten, ganzheitlichen Qualitätsbegriff, der Materialgerechtigkeit, Zweckmäßigkeit, Ästhetik und Nachhaltigkeit umfasst. 1923 erscheint erstmals die illustrierte Zeitschrift „Die Form", die als Organ des Deutschen Werkbunds dient. Mit Beiträgen zu Gestaltung, Architektur und Städtebau wird die Zeitschrift zum Sprachrohr der modernen Bewegung. Zu Beginn des Dritten Reichs wird der Werkbund „gleichgeschaltet" und 1934 aufgelöst.

WERKBUND AS A TRAILBLAZER / Deutscher Werkbund was founded in 1907 and was soon regarded as a significant cultural force in Germany. Its goal was "refinement of industrial work through the interaction of art, industry and crafts, through education, propaganda and a united view concerning relevant issues". Werkbund advocated an ethically based, holistic concept of quality encompassing appropriateness of materials used, suitability, aesthetics and sustainability. The illustrated magazine "Die Form", which served as an organ of Deutscher Werkbund, appeared for the first time in 1923. With articles on design, architecture and urban development the magazine became the mouthpiece of the modern movement. At the beginning of the Third Reich Werkbund was forced into line and disbanded in 1934.

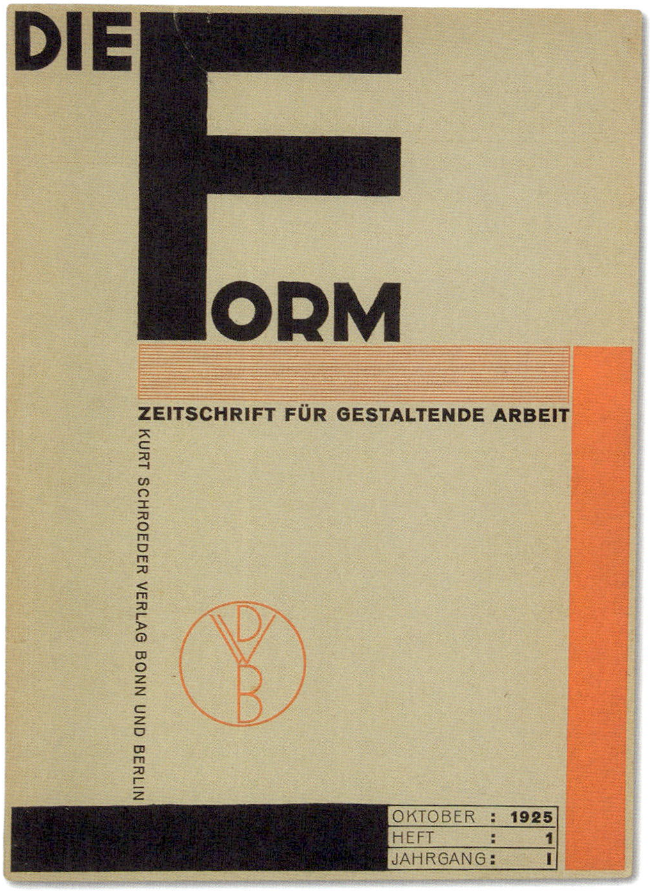

Walter Curt Behrendt (Hrsg.), Die Form, Jahrgang 1, Heft 1, Berlin 1925
Walter Curt Behrendt (ed.), "Die Form", Vol. 1, No. 1, Berlin 1925

Lilly Reich wird 1920 als erste Frau in den Vorstand des Deutschen Werkbunds aufgenommen. Sie profiliert sich als Ausstellungsgestalterin und ist Mitte der 1920er Jahre für das Messeamt in Frankfurt am Main tätig. In Stuttgart arbeitet Reich eng mit Mies van der Rohe zusammen. Beide sind in dieser Zeit auch privat verbunden.
Lilly Reich was the first woman to join the executive board of Deutscher Werkbund in 1920. She made a name for herself as an exhibition organizer and worked for the Trade Fair Office in Frankfurt am Main in the mid-1920s. In Stuttgart Reich worked closely together with Mies van der Rohe, with whom she had a long-term companionship during this period.

LILLY REICH
(1885–1947)

Auf Empfehlung von Gustaf Stotz und Peter Bruckmann wird Ludwig Mies van der Rohe 1925 zum künstlerischen Leiter der Werkbundausstellung in Stuttgart ernannt. Es soll jemand sein, „der prominent ist und eigentlich ein unbeschriebenes Blatt." Ein Jahr später wird er auch in den Vorstand des Deutschen Werkbunds gewählt.
At the recommendation of Gustaf Stotz and Peter Bruckmann Ludwig Mies van der Rohe was appointed art director of the Werkbund exhibition in Stuttgart in 1925. This position was supposed to be held by someone "who is prominent and yet an unknown quantity." A year later he was also elected to the executive board of Deutscher Werkbund.

LUDWIG MIES VAN DER ROHE
(1886–1969)

Besteck Firma Bruckmann und Söhne. Entwurf Carel J. A. Begeer, 1909
Cutlery made by Bruckmann und Söhne. Design by Carel J. A. Begeer, 1909

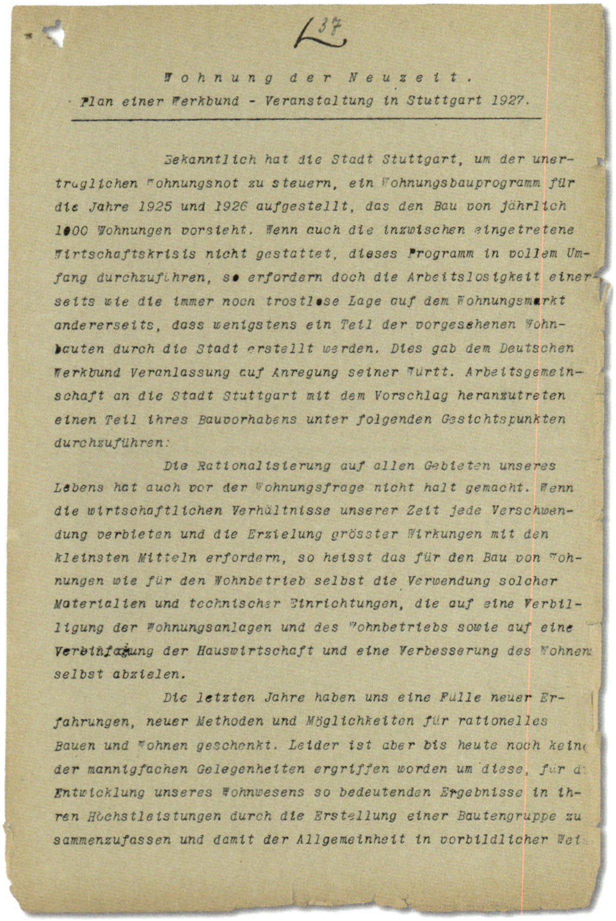

L 37

Wohnung der Neuzeit.

Plan einer Werkbund - Veranstaltung in Stuttgart 1927.

Bekanntlich hat die Stadt Stuttgart, um der unerträglichen Wohnungsnot zu steuern, ein Wohnungsbauprogramm für die Jahre 1925 und 1926 aufgestellt, das den Bau von jährlich 1000 Wohnungen vorsieht. Wenn auch die inzwischen eingetretene Wirtschaftskrisis nicht gestattet, dieses Programm in vollem Umfang durchzuführen, so erfordern doch die Arbeitslosigkeit einerseits wie die immer noch trostlose Lage auf dem Wohnungsmarkt andererseits, dass wenigstens ein Teil der vorgesehenen Wohnbauten durch die Stadt erstellt werden. Dies gab dem Deutschen Werkbund Veranlassung auf Anregung seiner Württ. Arbeitsgemeinschaft an die Stadt Stuttgart mit dem Vorschlag heranzutreten einen Teil ihres Bauvorhabens unter folgenden Gesichtspunkten durchzuführen:

Die Rationalisierung auf allen Gebieten unseres Lebens hat auch vor der Wohnungsfrage nicht halt gemacht. Wenn die wirtschaftlichen Verhältnisse unserer Zeit jede Verschwendung verbieten und die Erzielung grösster Wirkungen mit den kleinsten Mitteln erfordern, so heisst das für den Bau von Wohnungen wie für den Wohnbetrieb selbst die Verwendung solcher Materialien und technischer Einrichtungen, die auf eine Verbilligung der Wohnungsanlagen und des Wohnbetriebs sowie auf eine Vereinfachung der Hauswirtschaft und eine Verbesserung des Wohnens selbst abzielen.

Die letzten Jahre haben uns eine Fülle neuer Erfahrungen, neuer Methoden und Möglichkeiten für rationelles Bauen und Wohnen geschenkt. Leider ist aber bis heute noch kein der mannigfachen Gelegenheiten ergriffen worden um diese, für d Entwicklung unseres Wohnwesens so bedeutenden Ergebnisse in ihren Höchstleistungen durch die Erstellung einer Bautengruppe zusammenzufassen und damit der Allgemeinheit in vorbildlicher Wei

Denkschrift. Beilage zum Protokoll der Württembergischen Arbeitsgemeinschaft des Deutschen Werkbunds, 28.10.1926
Memorandum. Supplement to the minutes of Württembergische Working Group of Deutscher Werkbund, 28 October 1926

Bei Gustaf Stotz, der zunächst eine Lehre in der Fabrik von Peter Bruckmann in Heilbronn absolviert, laufen die Fäden zur Vorbereitung der Werkbundausstellung zusammen. Er ist von 1922 bis 1933 Geschäftsführer der Württembergischen Arbeitsgemeinschaft des Deutschen Werkbunds, die vor allem durch sein Engagement Bedeutung gewinnt.

Gustaf Stotz, who initially completed an apprenticeship in Peter Bruckmann's factory in Heilbronn, pulled all the strings in the preparations for the Werkbund exhibition. From 1922 to 1933 he was the managing director of the Württemberg Working Group of Deutscher Werkbund, which gained importance primarily due to his commitment.

GUSTAF STOTZ (1884–1940)

Oberbürgermeister Karl Lautenschlager steht von 1911 bis zur Machtergreifung durch die Nationalsozialisten 1933 an der Spitze der Stadt Stuttgart. In einer Zeit politischer und wirtschaftlicher Erschütterungen ist es eine seiner wichtigsten Aufgaben, die Wohnungsnot zu bekämpfen. Außerdem werden große Verkehrsprojekte und der Ausbau der Gas-, Wasser- und Elektrizitätsversorgung vorangetrieben.

Mayor Karl Lautenschlager was the head of the city of Stuttgart from 1911 to the Nazis' rise to power in 1933. One of his most important tasks in a period of political and economic destabilization was to combat the serious housing shortage. Furthermore, large-scale traffic projects and expansion of the gas, water and power supply were pushed forward.

KARL LAUTENSCHLAGER (1868–1952)

Der Fabrikant für Silberwaren Peter Bruckmann gehört 1907 zu den Gründern des Deutschen Werkbunds. Zwischen 1908 und 1932 wirkt er als dessen erster oder zweiter Vorsitzender. Durch seine Initiative entsteht 1920 die Württembergische Arbeitsgemeinschaft des Deutschen Werkbunds. Bruckmann ist Gemeinderat in Heilbronn und Landtagsabgeordneter in Stuttgart.

An industrialist for silverware, Peter Bruckmann was one of the founders of Deutscher Werkbund in 1907. He was the chairman or vice chairman of the organization between 1908 and 1932. The Württemberg Working Group of Deutscher Werkbund came into being thanks to his initiative. Bruckmann was a municipal councillor in Heilbronn and a member of the state parliament in Stuttgart.

PETER BRUCKMANN (1865–1937)

Hauptbahnhof Stuttgart 1914–1927, Architekt Paul Bonatz. Ansichtskarte, um 1930
Stuttgart central station 1914-1927, architect Paul Bonatz. Postcard, around 1930

Fotomontage historischer und moderner Gebäude in Stuttgart. Ansichtskarte um 1931
Photomontage of historic and modern buildings in Stuttgart. Postcard, around 1931

STUTTGART IM AUFBRUCH

Stuttgart entwickelt sich zu Beginn des 20. Jahrhunderts zum bedeutenden Industriestandort. Wirtschaftliches Wachstum und Eingemeindungen lassen Stuttgart zu einer modernen Großstadt werden. Damit einher geht eine zunehmende Wohnungsnot. Auch die Verkehrsinfrastruktur muss der expandierenden Stadt angepasst werden, ein neuer Hauptbahnhof entsteht. Nach dem Ersten Weltkrieg, in Jahren größter ökonomischer und politischer Unsicherheit, erlebt die Kultur einen rasanten Aufschwung. Die Zeit ist geprägt von Radikalität und von avantgardistischen Experimenten. Stuttgart öffnet sich modernen Strömungen in Architektur, Kunst, Theater und Tanz. Ein Beispiel dafür: Der am Bauhaus tätige Künstler Oskar Schlemmer bringt in Stuttgart 1922 das Triadische Ballett zur Uraufführung.

STUTTGART'S RISE / At the beginning of the 20th century Stuttgart developed into a major industrial location. Economic growth and the incorporation of smaller municipalities led to Stuttgart becoming a modern big city. This was accompanied by an increasing housing shortage. The transport infrastructure also had to be adapted to the expanding city, resulting in the construction of a new railway station. After World War I, during a period of exceptional economic and political insecurity, culture underwent a rapid upswing. The times were characterized by radicalism and avant-garde experiments. Stuttgart opened itself to modern currents in architecture, art, theatre and dance. One example of this is the fact that Oskar Schlemmer, who worked for the Bauhaus, staged the premiere of the Triadic Ballet in Stuttgart in 1922.

Ein Bau- und Heimstättenverein für Arbeiter, Angestellte und Beamte in Stuttgart.

Die unerträglichen Zustände auf dem Gebiet des Wohnungswesens haben die freigewerkschaftlichen Spitzenorganisationen und den Mieterverein Groß-Stuttgart veranlaßt, zur Selbsthilfe zu greifen und einen **gemeinnützigen Bau- und Heimstättenverein** zu gründen. Der Verein hat den Charakter einer eingetragenen Genossenschaft mit beschränkter Haftpflicht und stellt sich zur Aufgabe, **für seine Mitglieder gesunde und zweckentsprechend eingerichtete Wohnungen oder Heimstätten mit Gartenland** herzustellen. Im Benehmen mit den sozialen Baubetrieben und unter Ausschluß jeglicher Spekulation soll den Wohnungslosen eine menschenwürdige Unterkunft, den Erwerbslosen Arbeit und Brot verschafft werden. Der Verein wird sich an die von den freigewerkschaftlichen Spitzenorganisationen in Berlin errichtete **Reichswohnungsfürsorge A.-G.** (Rewog) angliedern.

Nur auf diesem Wege wird es möglich sein, durch praktische Arbeit die ungeheure Wohnungsnot fühlbar zu mildern.

Das Eintrittsgeld beträgt 5 Goldmark, der Genossenschaftsanteil 200 Goldmark. Bei der Aufnahme sollen neben dem Eintrittsgeld mindestens 10 Prozent des Genossenschaftsanteils einbezahlt werden. Um den Beitritt zu erleichtern, ist beabsichtigt, Sparmarken in Höhe von einer Goldmark auszugeben.

Arbeiter, Angestellte und Beamte! Wohl ist uns bekannt, daß euch eure wirtschaftliche Lage heute Gelder in nennenswertem Umfang nicht erübrigen läßt. Der einzelne kann jedoch unter den gegenwärtigen Verhältnissen auf dem Gebiet des Wohnungsbaus überhaupt nichts leisten. **Deshalb wollen wir mit vereinten Kräften daran gehen, Wohnungselend und Arbeitslosigkeit zu mildern.**

Beitrittserklärungen werden Dienstags bis Freitags, nachmittags zwischen 5 und 6 Uhr, in der Geschäftsstelle, Nadlerstraße 3, entgegengenommen.

Allgemeiner Deutscher Gewerkschaftsbund,
Allgemeiner Freier Angestelltenbund.
Allgemeiner Deutscher Beamtenbund.
Mieterverein Groß-Stuttgart.

Stuttgart, den 28. März 1924.

Der Vorstand: Kirsch. Lorenz. Härle.

Gründungsaufruf Bau- und Heimstättenverein. Schwäbischer Merkur, 28.03.1924
Call for establishing Bau- und Heimstättenverein (Home Building Association). Schwäbischer Merkur, 28 March 1924

Die Versorgung mit Wohnraum wird nach dem Ersten Weltkrieg zum vordringlichsten sozialen Thema. In Stuttgart fehlen etwa 5.000 Wohnungen für Familien mit kleinem und mittlerem Einkommen. Krieg und Inflation bremsen die private Bautätigkeit. Erst nach der Stabilisierung der Währung sind große kommunale Wohnungsbauprogramme möglich. 1925 beschließt der Gemeinderat, jährlich 1.000 städtische Wohnungen zu errichten. Zugleich gewinnt der Siedlungsbau durch Baugenossenschaften und Bauvereine an Bedeutung. Zu den markanten Siedlungen jener Zeit gehören die Siedlung Viergiebelweg und die Wallmersiedlung. Das Gelände am Weissenhof wird bereits ab 1911 von der Stadt für den Wohnungsbau erworben und soll zunächst vom Bau- und Heimstättenverein bebaut werden. Der Verein wird 1924 als Selbsthilfeorganisation gegründet.

PUBLIC HOUSING IN STUTTGART / Housing supply became the most pressing social issue after World War I. In Stuttgart there was a shortage of around 5,000 housing units for low and medium-income families. War and inflation curbed private construction activity. It was only after stabilization of the currency that large-scale municipal housing construction programmes were possible. In 1925 the municipal council decided to build 1,000 public housing units annually. At the same time housing estate construction by building cooperatives and building associations gained in importance. The striking estates of that period included the Viergiebelweg estate and Wallmersiedlung. The Weissenhof site had already been acquired by the city for housing construction beginning in 1911 and was initially supposed to be developed by Bau- und Heimstättenverein, an association founded as a mutual assistance organization in 1924.

Stuttgart-Untertürkheim, Wallmersiedlung. Ansicht um 1930
Stuttgart-Untertürkheim, Wallmer estate. View around 1930

Stuttgart-Nord, Siedlung Viergiebelweg. Ansicht um 1935
Stuttgart-Nord, Viergiebelweg estate. View around 1935

Ansichtskarte, um 1910
Postcard, around 1910

Der Name der Weissenhofsiedlung leitet sich von einem Hofgut ab, das Ende des 18. Jahrhunderts der Bäckermeister Georg Phillip Weiß bewirtschaftet. 1878 entsteht dort das Ausflugslokal „Weissenhof". 1944 wird das Gebäude, das in der Nähe der heutigen Kunstakademie stand, zerstört.

Weissenhofsiedlung got its name from a farm estate run by master baker Georg Phillip Weiss at the end of the 18th century. A tourist restaurant, "Weissenhof", was built there in 1878. The building, which was located near the present-day art academy, was destroyed in 1944.

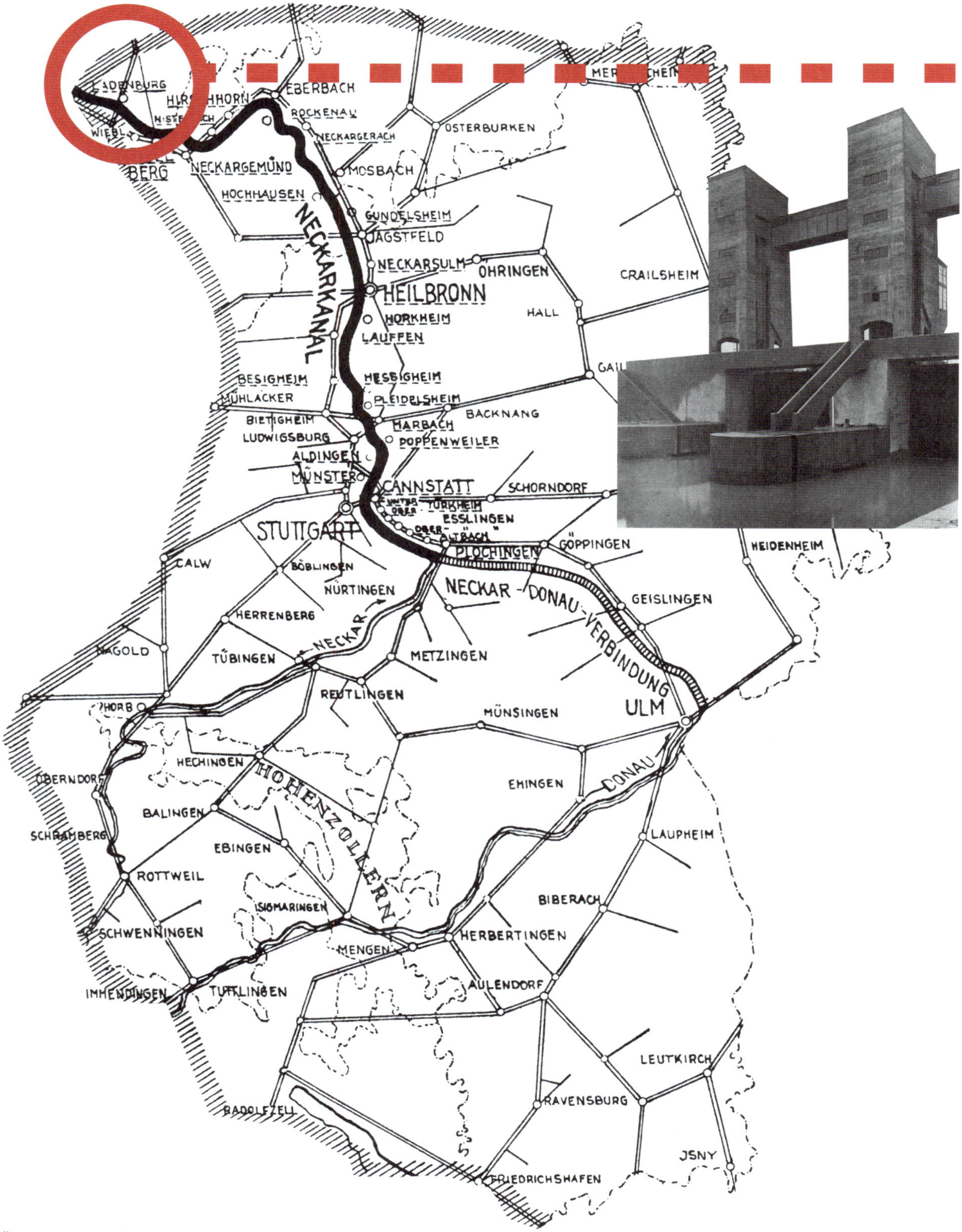

Übersichtskarte Neckarkanal, 1929

General map of Neckar Canal, 1929

Im Auftrag der Neckarbaudirektion entwirft Paul Bonatz eine Reihe technischer Bauwerke. Sie entstehen in den klaren Formen des Neuen Bauens, ganz im Gegensatz zu seinen eher traditionellen Wohnbauten.
On behalf of the Neckar construction management, Paul Bonatz designed a number of technical buildings. They were constructed with the straightforward forms of the "Neues Bauen" movement (Functionalism), totally in contrast to his rather traditional residential buildings.

Staustufe Ladenburg 1925–1927. Architekt Paul Bonatz. Ansicht 1929
Ladenburg weir 1925–1927. Architect: Paul Bonatz. View 1929

Mitgliedskarte für die Gemeinde Großingersheim, 1927
Membership card for Großingersheim community, 1927

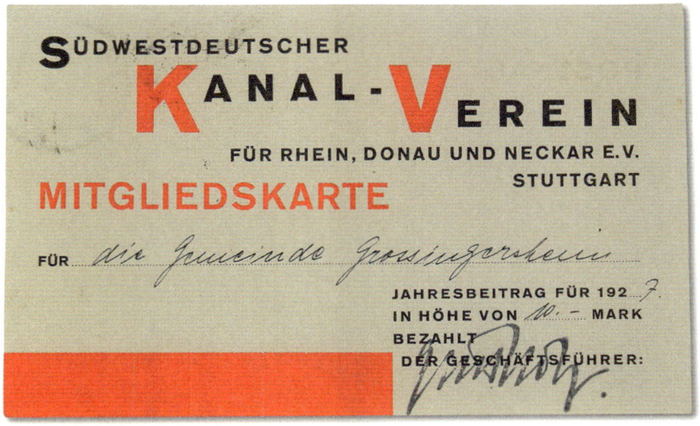

NETZWERK KANALVEREIN

Der Südwestdeutsche Kanalverein ermöglicht informelle Kontakte zwischen der Stadt Stuttgart und dem Werkbund. Dessen Mitglieder, darunter Paul Bonatz, sehen technische Großbauten als baukünstlerische Herausforderung. 1916 auf Initiative von Peter Bruckmann gegründet, will der Südwestdeutsche Kanalverein den württembergischen Wirtschaftsraum durch eine Großwasserstraße erschließen. Dazu soll der Neckar kanalisiert und eine Schiffsverbindung zur Donau über die Schwäbische Alb geschaffen werden. Der Werkbundvorsitzende Peter Bruckmann hat zwischen 1922 und 1933 auch den Vorsitz des Kanalvereins inne. Gustaf Stotz ist Geschäftsführer. Kanalverein und Württembergische Arbeitsgemeinschaft des Deutschen Werkbunds firmieren zudem unter der gleichen Adresse. In diesem Netzwerk wird auch das Projekt der Weissenhofsiedlung vorangetrieben.

KANALVEREIN NETWORK / Südwestdeutscher Kanalverein enabled informal contacts between the city of Stuttgart and Werkbund. Its members, including Paul Bonatz, regarded large technical structures as an architectural challenge. Established in 1916 at the initiative of Peter Bruckmann, Südwestdeutscher Kanalverein wanted to develop the Württemberg economic region by means of a large waterway. The River Neckar was to be canalized for this purpose and a shipping link created to the Danube through Schwäbische Alb. Werkbund Chairman Peter Bruckmann also headed Kanalverein between 1922 and 1933. Gustaf Stotz was the managing director. In addition, Kanalverein and the Württemberg Working Group of Deutscher Werkbund established the same business address. The Weissenhofsiedlung project was also pushed forward in this network.

Ausstellungsgelände in Köln. Ansichtskarte, 1914
Exhibition grounds in Cologne. Postcard, 1914

Mit seiner Ausstellung in Köln gelingt es dem Deutschen Werkbund 1914, ein erstes Signal zu setzen. Die Ausstellung führt zu einem Richtungsstreit über die Frage, ob die Formgebung an künstlerischer Kreativität oder industrieller Serienfertigung auszurichten sei.
Through its exhibition in Cologne in 1914 Deutscher Werkbund succeeded in blazing a first trail. This exhibition led to a factional dispute over the question of whether design should be geared to artistic creativity or industrial mass production.

Werbemarke, 1914
Promotional stamp, 1914

Die Ausstellung „Die Form ohne Ornament", 1924 in Stuttgart von der Württembergischen Arbeitsgemeinschaft des Deutschen Werkbunds ausgerichtet, führt Persönlichkeiten von Werkbund und Stadt zusammen. Die Idee für eine neue und größere Ausstellung zum Thema „Die Wohnung" wird geboren.
The exhibition "Die Form ohne Ornament", held by the Württemberg Working Group of Deutscher Werkbund in 1924, brought personalities from Werkbund and the city together. The idea for a new and bigger exhibition with "Die Wohnung" ("The Dwelling") as the theme was born.

Messingkanne, um 1924.
Entwurf Ferdinand Kramer
Brass pot, around 1924.
Designed by Ferdinand Kramer

Lehnstuhl, um 1924.
Entwurf Rudolf Lutz
Easy chair, around 1924.
Designed by Rudolf Lutz

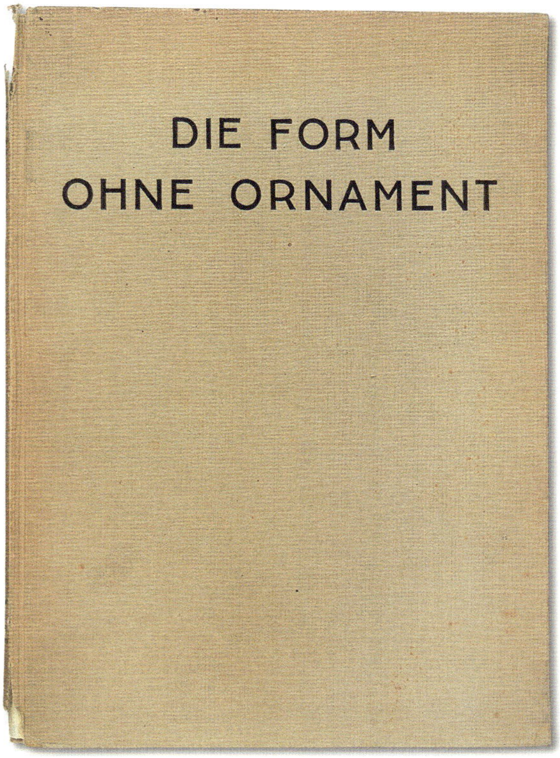

Wolfgang Pfleiderer, Die Form ohne Ornament, Stuttgart/Berlin/Leipzig 1924
Wolfgang Pfleiderer, "The Form without Ornament", Stuttgart/Berlin/Leipzig 1924

AUSSTELLUNGEN

Der Deutsche Werkbund will in die Gestaltung aller Lebensbereiche eingreifen. Das Tätigkeitsfeld soll „vom Sofakissen bis zum Städtebau" reichen. Zur „Propaganda" dienen vor allem Ausstellungen, an denen sich der Werkbund ab 1910 mit Kunstgewerbe und Raumkunst beteiligt. 1914 beginnt in Köln eine eigene Ausstellungsreihe des Werkbunds, erstmals werden auch Bauten gezeigt. Nach dem Ersten Weltkrieg findet 1919 die erste große Jahrestagung in Stuttgart statt. 1924 knüpft hier der Werkbund mit „Die Form ohne Ornament" wieder an seine Ausstellungstätigkeit an. Die Arbeit des Deutschen Werkbunds zieht Kreise: 1912 wird der Österreichische Werkbund gegründet, 1913 folgt die Schweiz.

EXHIBITIONS / Deutscher Werkbund wanted to get involved in shaping all areas of life. Its field of activity was to range "from sofa cushions to urban development". Primarily exhibitions, in which Werkbund took part with crafts and interior decoration from 1910 on, served the purpose of "propaganda". In 1914 Werkbund started its own series of exhibitions in Cologne at which buildings were displayed for the first time. After World War I the first big annual meeting took place in Stuttgart in 1919. With "Die Form ohne Ornament" ("Form without Ornamentation") Werkbund resumed its exhibition activities in 1924. Deutscher Werkbund's work made an impact. The Austrian Werkbund was established in 1912, followed by the Swiss in 1913.

1926

Das Bauhaus bezieht in Dessau einen von Walter Gropius entworfenen Gebäudekomplex, nachdem die Schule in Weimar auf politischen Druck geschlossen wurde.
The Bauhaus in Weimar having been closed in response to political pressure, the school takes occupancy of a complex of buildings designed by Walter Gropius and built in Dessau.

1925

Josephine Baker erobert mit ihrer Revue das Pariser Publikum. Ihre Auftritte kennzeichnen die Zeit der „Roaring Twenties".
Josephine Baker and her revue bewitch audiences in Paris. Her performances become virtually synonymous with the Roaring Twenties.

2 planung und bau

Im Frühjahr 1926 beschließt die Stadt Stuttgart, für die Weissenhofsiedlung Mittel aus dem städtischen Wohnbauprogramm zur Verfügung zu stellen. Die Gebäude der Siedlung sollen nach Vorschlägen des Deutschen Werkbunds erstellt, für die Dauer einer Bauausstellung der Öffentlichkeit zugänglich gemacht und danach von der Stadt vermietet werden. Ludwig Mies van der Rohe, der künstlerische Leiter, entwirft den Bebauungsplan und schlägt die Architekten vor. Die Zeit bis zum Ausstellungsbeginn ist knapp bemessen. Die kurze Ausführungszeit soll beweisen, dass die rationellen Bauweisen den hergebrachten Verfahren überlegen sind. Schnell häufen sich Schwierigkeiten: Die verfügbaren Mittel sind begrenzt. Bauvorschriften müssen berücksichtigt werden. Manche Bauunternehmer sind mit neuen Materialien und Verfahren überfordert.

PLANNING AND BUILDING / In spring 1926 the city of Stuttgart decided to appropriate funds for Weissenhofsiedlung from the municipal residential housing programme. The buildings of the estate were to be constructed according to proposals of Deutscher Werkbund, made accessible to the public for the duration of a building exhibition and then rented out by the city. Ludwig Mies van der Rohe, the art director, drew up the development plan and proposed the architects. The time remaining until the start of the exhibition was tight. The short project completion time was intended to demonstrate that the efficient building methods were superior to conventional procedures. Difficulties mounted rapidly: the available funds were limited and building regulations had to be observed. Some building contractors could not cope with new materials and methods.

1926

Deutschland wird in den Völkerbund aufgenommen und gewinnt nach dem Ersten Weltkrieg wieder internationales Ansehen.

Germany is accepted into the League of Nations and regains international standing once again following World War I.

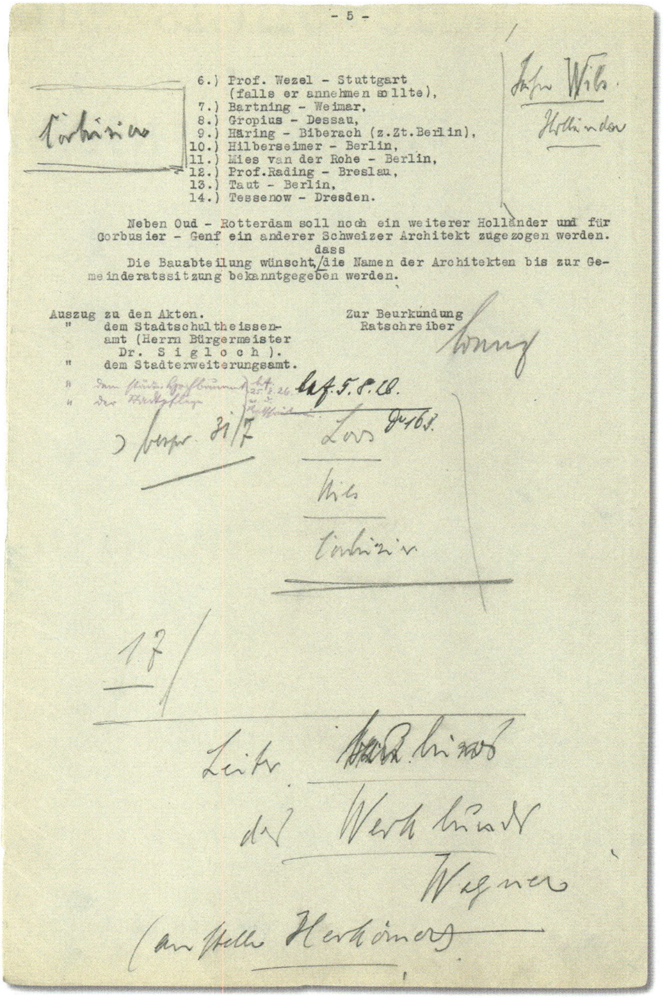

\- 5 -

6.) Prof. Wezel - Stuttgart
(falls er annehmen sollte),
7.) Bartning - Weimar,
8.) Gropius - Dessau,
9.) Häring - Biberach (z.Zt.Berlin),
10.) Hilberseimer - Berlin,
11.) Mies van der Rohe - Berlin,
12.) Prof.Rading - Breslau,
13.) Taut - Berlin,
14.) Tessenow - Dresden.

Neben Oud - Rotterdam soll noch ein weiterer Holländer und für Corbusier - Genf ein anderer Schweizer Architekt zugezogen werden.

Die Bauabteilung wünscht, dass die Namen der Architekten bis zur Gemeinderatssitzung bekanntgegeben werden.

Auszug zu den Akten.
" dem Stadtschultheissenamt (Herrn Bürgermeister Dr. Sigloch).
" dem Stadterweiterungsamt.

Zur Beurkundung
Ratschreiber

Leiter des Werkbunds Wagner (an Stelle Herkomers)

Bauabteilung des Gemeinderats. Aus der Niederschrift vom 24.07.1926
Building Department of the municipal council. From the minutes of 24 October 1926

AUSWAHL DER ARCHITEKTEN

Ludwig Mies van der Rohe will die „charakteristischsten Vertreter der modernen Bewegung" nach Stuttgart einladen. Ab September 1925 stimmt er mit Gustaf Stotz erste Auswahllisten von Architekten aus Deutschland und dem Ausland ab und legt sie der Stadt vor. Zwischen Werkbund, Bauabteilung des Gemeinderats, politischen Gruppierungen und Architektenzirkeln beginnt ein Ringen um die Vorschläge. Insgesamt werden zehn Listen erstellt, geändert und ergänzt. Erst acht Monate vor Ausstellungsbeginn wird endgültig festgelegt, welche Architekten zur Mitarbeit aufgefordert werden.

SELECTION OF THE ARCHITECTS / Ludwig Mies van der Rohe wanted to invite the "most characteristic representatives of the modern movement" from Germany and abroad to Stuttgart. From September 1925 on, he agreed on initial lists of selected architects with Gustaf Stotz and submitted them to the city. A struggle over the proposed names commenced between Werkbund, the building department of the municipal council, political groups and circles of architects. A total of ten lists of names were drawn up, changed and amended. Only eight months before the beginning of the exhibition, it was finally determined which architects would be requested to contribute.

HUGO HÄRING BERLIN

PETER BEHRENS BERLIN

HENDRIK BERLAGE DEN HAAG

VICTOR BOURGEOIS BRÜSSEL

RICHARD DÖCKER STUTTGART

PAUL BONATZ STUTTGART

KONSTANTY GUTSCHOW STUTTGART

ERNST WAGNER

HEINZ WETZEL STUTTGART

OTTO BARTNING WEIMAR

ALFRED GELLHORN BERLIN

HANS HER-KOMMER STUTTGART

LUDWIG HILBERS-EIMER BERLIN

LE CORBUSIER PARIS

ARTHUR KORN BRESLAU

HEINRICH TESSENOW DRESDEN

MART STAM ROTTERDAM

WASSILY LUCKHARDT BERLIN

HANS SCHAROUN BRESLAU

ERICH MENDEL-SOHN BERLIN

HANS LUCKHARDT BERLIN

J. J. P. OUD ROTTERDAM

LUDWIG MIES VAN DER ROHE BERLIN

RICHARD HERRE STUTTGART

HENRY VAN DE VELDE BRÜSSEL

HANS POELZIG POTSDAM

FRIEDRICH SIGMUND

BRUNO TAUT BERLIN

MAX TAUT BERLIN

ADOLF LOOS WIEN

ADOLF SCHNECK STUTTGART

WALTER GROPIUS DESSAU

PIERRE JEANNERET PARIS

THEO VAN DOESBURG PARIS

ADOLF RADING BRESLAU

HUGO KEUER-LEBER STUTTGART

JOSEF FRANK WIEN

FERDINAND KRAMER FRANKFURT

38 NOMINIERUNGEN

Im Zuge des Auswahlverfahrens werden insgesamt 38 Namen ins Spiel gebracht. Der Werkbund nominiert vor allem profilierte – meist jüngere – Architekten der Avantgarde. Diese sind zuvor eher mit kühnen und provokanten Entwürfen hervorgetreten als mit verwirklichten Bauten. Auch Architekten, die nur lokal in Erscheinung getreten sind, finden sich in den Auswahllisten, vor allem auf Vorschlag der Stadtverwaltung und des Gemeinderats.

38 NOMINATIONS / Altogether 38 names were brought into play in the course of the selection procedure. Werkbund nominated mostly younger architects of the avant-garde who had made their mark. They had previously distinguished themselves more with bold and provocative designs than with buildings that had actually been constructed. Architects who had emerged only locally were also found in the lists of selected candidates, primarily at the suggestion of the city administration and municipal council.

HUGO HÄRING BERLIN
PETER BEHRENS BERLIN
HENDRIK BERLAGE DEN HAAG
VICTOR BOURGEOIS BRÜSSEL
RICHARD DÖCKER STUTTGART
PAUL BONATZ STUTTGART
KONSTANTY GUTSCHOW STUTTGART
ERNST WAGNER
HEINZ WETZEL STUTTGART
OTTO BARTNING WEIMAR
ALFRED GELLHORN BERLIN
HANS HER-KOMMER STUTTGART
LUDWIG HILBERS-EIMER BERLIN
LE CORBUSIER PARIS
ARTHUR KORN BRESLAU
HEINRICH TESSENOW DRESDEN
MART STAM ROTTERDAM
WASSILY LUCKHARDT BERLIN
HANS SCHAROUN BRESLAU
ERICH MENDEL-SOHN BERLIN
HANS LUCKHARDT BERLIN
J. J. P. OUD ROTTERDAM
LUDWIG MIES VAN DER ROHE BERLIN
RICHARD HERRE STUTTGART
HENRY VAN DE VELDE BRÜSSEL
HANS POELZIG POTSDAM
FRIEDRICH SIGMUND
BRUNO TAUT BERLIN
MAX TAUT BERLIN
ADOLF LOOS WIEN
ADOLF SCHNECK STUTTGART
WALTER GROPIUS DESSAU
PIERRE JEANNERET PARIS
THEO VAN DOESBURG PARIS
ADOLF RADING BRESLAU
HUGO KEUER-LEBER STUTTGART
JOSEF FRANK WIEN
FERDINAND KRAMER FRANKFURT

38 NOMINIERUNGEN

Im Zuge des Auswahlverfahrens werden insgesamt 38 Namen ins Spiel gebracht. Der Werkbund nominiert vor allem profilierte – meist jüngere – Architekten der Avantgarde. Diese sind zuvor eher mit kühnen und provokanten Entwürfen hervorgetreten als mit verwirklichten Bauten. Auch Architekten, die nur lokal in Erscheinung getreten sind, finden sich in den Auswahllisten, vor allem auf Vorschlag der Stadtverwaltung und des Gemeinderats.

38 NOMINATIONS / Altogether 38 names were brought into play in the course of the selection procedure. Werkbund nominated mostly younger architects of the avant-garde who had made their mark. They had previously distinguished themselves more with bold and provocative designs than with buildings that had actually been constructed. Architects who had emerged only locally were also found in the lists of selected candidates, primarily at the suggestion of the city administration and municipal council.

HUGO HÄRING BERLIN

PETER BEHRENS BERLIN

RICHARD DÖCKER STUTTGART

OTTO BARTNING WEIMAR

LUDWIG HILBERS-EIMER BERLIN

ARTHUR KORN BRESLAU

HEINRICH TESSENOW DRESDEN

WASSILY LUCKHARDT BERLIN

HANS SCHAROUN BRESLAU

ERICH MENDEL-SOHN BERLIN

HANS LUCKHARDT BERLIN

LUDWIG MIES VAN DER ROHE BERLIN

HANS POELZIG POTSDAM

BRUNO TAUT BERLIN

MAX TAUT BERLIN

WALTER GROPIUS DESSAU

ADOLF RADING BRESLAU

DER RING

1924 entsteht aus Zusammenkünften bei Ludwig Mies van der Rohe und Hugo Häring in Berlin der „Zehnerring". Der Zusammenschluss junger Architekten richtet sich zunächst vor allem gegen die konservative Baupolitik in Berlin. 1926 öffnet er sich weiteren Architekten in Deutschland und vereinigt nun als „Ring" wichtige Protagonisten des Neuen Bauens. 17 der 27 Mitglieder finden sich in Stuttgart auf den Vorschlagslisten.

THE "RING" / In 1924 the "Zehnerring" ("Ring of Ten") resulted from meetings with Ludwig Mies van der Rohe and Hugo Häring in Berlin. At first this union of young architects formed principally to counter the conservative building policy in Berlin. In 1926 it opened itself to other architects in Germany and since then known as the „Ring" united important protagonists of the "Neues Bauen" movement. Seventeen of its 27 members could be found on the lists of proposed architects in Stuttgart.

HUGO HÄRING
BERLIN

PETER BEHRENS
BERLIN

RICHARD DÖCKER
STUTTGART

OTTO BARTNING
WEIMAR

LUDWIG HILBERS-EIMER
BERLIN

ARTHUR KORN
BRESLAU

HEINRICH TESSENOW
DRESDEN

WASSILY LUCKHARDT
BERLIN

HANS SCHAROUN
BRESLAU

ERICH MENDEL-SOHN
BERLIN

HANS LUCKHARDT
BERLIN

LUDWIG MIES VAN DER ROHE
BERLIN

HANS POELZIG
POTSDAM

BRUNO TAUT
BERLIN

MAX TAUT
BERLIN

WALTER GROPIUS
DESSAU

ADOLF RADING
BRESLAU

DER RING

1924 entsteht aus Zusammenkünften bei Ludwig Mies van der Rohe und Hugo Häring in Berlin der „Zehnerring". Der Zusammenschluss junger Architekten richtet sich zunächst vor allem gegen die konservative Baupolitik in Berlin. 1926 öffnet er sich weiteren Architekten in Deutschland und vereinigt nun als „Ring" wichtige Protagonisten des Neuen Bauens. 17 der 27 Mitglieder finden sich in Stuttgart auf den Vorschlagslisten.

THE "RING" / In 1924 the "Zehnerring" ("Ring of Ten") resulted from meetings with Ludwig Mies van der Rohe and Hugo Häring in Berlin. At first this union of young architects formed principally to counter the conservative building policy in Berlin. In 1926 it opened itself to other architects in Germany and since then known as the „Ring" united important protagonists of the "Neues Bauen" movement. Seventeen of its 27 members could be found on the lists of proposed architects in Stuttgart.

PETER BEHRENS
BERLIN

VICTOR BOURGEOIS
BRÜSSEL

RICHARD DÖCKER
STUTTGART

LUDWIG HILBERS-EIMER
BERLIN

LE CORBUSIER
PARIS

MART STAM
ROTTERDAM

HANS SCHAROUN
BRESLAU

J. J. P. OUD
ROTTERDAM

LUDWIG MIES VAN DER ROHE
BERLIN

BRUNO TAUT
BERLIN

MAX TAUT
BERLIN

ADOLF LOOS
WIEN

ADOLF SCHNECK
STUTTGART

WALTER GROPIUS
DESSAU

PIERRE JEANNERET
PARIS

ADOLF RADING
BRESLAU

JOSEF FRANK
WIEN

DIE WEISSENHOF-ARCHITEKTEN

Am 12. November 1926 stimmt die Mehrheit im Stuttgarter Gemeinderat nach heftigen politischen Auseinandersetzungen einer hochrangigen Architektenauswahl zu und setzt damit ein Zeichen der kulturellen Öffnung. Niemals vor der Stuttgarter Werkbundausstellung und niemals danach gelingt es, eine so große Zahl von Architekten, die mit ihrem Werk die Baukunst des 20. Jahrhunderts maßgeblich prägen, in einem Projekt zu vereinigen.

THE WEISSENHOF ARCHITECTS / On 12 November 1926 the majority of the Stuttgart municipal council voted for a selection of high-ranking architects after heated political debates, thus signalling a cultural opening. At no point before or after the Stuttgart Werkbund exhibition was anyone able to bring together in a project such a large number of architects who exerted a significant influence on the architecture of the 20th century through their work.

PETER BEHRENS BERLIN

VICTOR BOURGEOIS BRÜSSEL

RICHARD DÖCKER STUTTGART

LUDWIG HILBERS-EIMER BERLIN

LE CORBUSIER PARIS

MART STAM ROTTERDAM

HANS SCHAROUN BRESLAU

J.J.P. OUD ROTTERDAM

LUDWIG MIES VAN DER ROHE BERLIN

BRUNO TAUT BERLIN

MAX TAUT BERLIN

ADOLF LOOS WIEN

ADOLF SCHNECK STUTTGART

WALTER GROPIUS DESSAU

PIERRE JEANNERET PARIS

ADOLF RADING BRESLAU

JOSEF FRANK WIEN

DIE WEISSENHOF-ARCHITEKTEN

Am 12. November 1926 stimmt die Mehrheit im Stuttgarter Gemeinderat nach heftigen politischen Auseinandersetzungen einer hochrangigen Architektenauswahl zu und setzt damit ein Zeichen der kulturellen Öffnung. Niemals vor der Stuttgarter Werkbundausstellung und niemals danach gelingt es, eine so große Zahl von Architekten, die mit ihrem Werk die Baukunst des 20. Jahrhunderts maßgeblich prägen, in einem Projekt zu vereinigen.

THE WEISSENHOF ARCHITECTS / On 12 November 1926 the majority of the Stuttgart municipal council voted for a selection of high-ranking architects after heated political debates, thus signalling a cultural opening. At no point before or after the Stuttgart Werkbund exhibition was anyone able to bring together in a project such a large number of architects who exerted a significant influence on the architecture of the 20th century through their work.

HUGO HÄRING
BERLIN

Hugo Häring will das Weissenhof-Projekt als Angelegenheit des „Rings" durchführen und bringt damit den Werkbund gegen sich auf. Außerdem lehnt er das Pauschalhonorar der Stadt ab und besteht auf einer höheren Honorierung nach Gebührenordnung.

Paul Bonatz ist 1926 ein führendes Mitglied des Deutschen Werkbunds. Obwohl er die Planung Mies van der Rohes ablehnt, wird er in der ersten Liste benannt. Halbherzig will man so den traditionalistischen Flügel der Stuttgarter Architekten in das Projekt einbinden.

PAUL BONATZ
STUTTGART

Heinz Wetzels Name taucht nur in der lokal geprägten Liste vom April 1926 auf. Er baut auf Staatsgelände in der Nachbarschaft der Weissenhofsiedlung ein eigenes Haus, das aber nicht zur Werkbundausstellung zählt und auch nicht zu besichtigen ist.

HEINZ WETZEL
STUTTGART

Hans Herkommer wird als Stuttgarter Architekt nominiert. Er zieht später mit seiner Familie in das Haus von Hans Poelzig ein, bis das Haus der Familie mit acht Kindern zu klein wird.

HANS HERKOMMER
STUTTGART

Heinrich Tessenow sagt mit der Begründung ab, „dass solche Erstellungsarbeiten nur dann den richtigen Effekt ergeben, wenn man ihre Ausführungen bis in die kleinsten Kleinigkeiten hinein fortlaufend persönlich überwacht." Dies erscheint ihm von Berlin aus nicht möglich.

HEINRICH TESSENOW
DRESDEN

ERICH MENDELSOHN
BERLIN

Erich Mendelsohn schreibt an Mies van der Rohe, er könne sich an der Werkbundausstellung nicht beteiligen, da er „inzwischen neue Aufträge übernommen habe". In dieser Zeit baut er mehrere Kaufhäuser für den Handelskonzern Schocken, so auch in Stuttgart.

HENRY VAN DE VELDE
BRÜSSEL

Henry Van de Velde erfährt von seiner Nominierung nichts. Sein Rat ist allerdings gefragt, als man einen Architekten für ein Privathaus auf dem Ausstellungsgelände sucht. Er schlägt Victor Bourgeois vor.

Adolf Loos hält Ende 1926 in Stuttgart einen Vortrag. Er hätte sich gern beteiligt und ist als Architekt für eines der beiden privaten Häuser der Werkbundausstellung im Gespräch. Doch die Ausstellungsleitung lehnt ihn nach einer Auseinandersetzung um die Werkbundausstellung 1924 ab.

ADOLF LOOS
WIEN

Hugo Keuerleber befindet sich 1926 in einem Berufungsverfahren an die Technische Hochschule Stuttgart. Er wird vor die Alternative gestellt, entweder die Professur anzunehmen oder am Weissenhof-Projekt mitzuarbeiten. Er entscheidet sich für die Hochschule.

HUGO KEUERLEBER
STUTTGART

FERDINAND KRAMER
FRANKFURT

Ferdinand Kramer richtet Wohnungen in den Häusern von Jacobus Johannes Pieter Oud und Ludwig Mies van der Rohe ein. Er erfährt erst nach mehr als 50 Jahren, dass auch er 1927 als Architekt für ein Haus im Gespräch gewesen ist.

AUSGESCHIEDEN UND ABGESAGT

Einige Vorreiter der modernen Architektur und bekannte Mitglieder des „Rings" sind auf verschiedenen Listen nominiert, werden aber im weiteren Auswahlverfahren wieder ausgeschieden oder sagen ihre Teilnahme ab. In der Regel wurden sie zuvor nicht darüber informiert, dass sie für den Bau eines Hauses in der Weissenhofsiedlung in Erwägung gezogen worden waren. Die Gründe für ihr Ausscheiden sind meist nicht dokumentiert.

WITHDRAWALS AND REFUSALS / Some of the pioneers of modern architecture and well-known members of the "Ring" were nominated on different lists, but were later withdrawn during the further selection procedure or refused to take part. As a rule, they had not been previously informed that they had been considered to build one of the houses of Weissenhofsiedlung in the first place. In most cases the reasons for their dropping out have not been documented.

HUGO HÄRING BERLIN

Hugo Häring will das Weissenhof-Projekt als Angelegenheit des „Rings" durchführen und bringt damit den Werkbund gegen sich auf. Außerdem lehnt er das Pauschalhonorar der Stadt ab und besteht auf einer höheren Honorierung nach Gebührenordnung.

PAUL BONATZ STUTTGART

Paul Bonatz ist 1926 ein führendes Mitglied des Deutschen Werkbunds. Obwohl er die Planung Mies van der Rohes ablehnt, wird er in der ersten Liste benannt. Halbherzig will man so den traditionalistischen Flügel der Stuttgarter Architekten in das Projekt einbinden.

HEINZ WETZEL STUTTGART

Heinz Wetzels Name taucht nur in der lokal geprägten Liste vom April 1926 auf. Er baut auf Staatsgelände in der Nachbarschaft der Weissenhofsiedlung ein eigenes Haus, das aber nicht zur Werkbundausstellung zählt und auch nicht zu besichtigen ist.

HANS HER-KOMMER STUTTGART

Hans Herkommer wird als Stuttgarter Architekt nominiert. Er zieht später mit seiner Familie in das Haus von Hans Poelzig ein, bis das Haus der Familie mit acht Kindern zu klein wird.

HEINRICH TESSENOW DRESDEN

Heinrich Tessenow sagt mit der Begründung ab, „dass solche Erstellungsarbeiten nur dann den richtigen Effekt ergeben, wenn man ihre Ausführungen bis in die kleinsten Kleinigkeiten hinein fortlaufend persönlich überwacht." Dies erscheint ihm von Berlin aus nicht möglich.

ERICH MENDEL-SOHN BERLIN

Erich Mendelsohn schreibt an Mies van der Rohe, er könne sich an der Werkbundausstellung nicht beteiligen, da er „inzwischen neue Aufträge übernommen habe". In dieser Zeit baut er mehrere Kaufhäuser für den Handelskonzern Schocken, so auch in Stuttgart.

HENRY VAN DE VELDE BRÜSSEL

Henry Van de Velde erfährt von seiner Nominierung nichts. Sein Rat ist allerdings gefragt, als man einen Architekten für ein Privathaus auf dem Ausstellungsgelände sucht. Er schlägt Victor Bourgeois vor.

ADOLF LOOS WIEN

Adolf Loos hält Ende 1926 in Stuttgart einen Vortrag. Er hätte sich gern beteiligt und ist als Architekt für eines der beiden privaten Häuser der Werkbundausstellung im Gespräch. Doch die Ausstellungsleitung lehnt ihn nach einer Auseinandersetzung um die Werkbundausstellung 1924 ab.

HUGO KEUER-LEBER STUTTGART

Hugo Keuerleber befindet sich 1926 in einem Berufungsverfahren an die Technische Hochschule Stuttgart. Er wird vor die Alternative gestellt, entweder die Professur anzunehmen oder am Weissenhof-Projekt mitzuarbeiten. Er entscheidet sich für die Hochschule.

FERDINAND KRAMER FRANKFURT

Ferdinand Kramer richtet Wohnungen in den Häusern von Jacobus Johannes Pieter Oud und Ludwig Mies van der Rohe ein. Er erfährt erst nach mehr als 50 Jahren, dass auch er 1927 als Architekt für ein Haus im Gespräch gewesen ist.

AUSGESCHIEDEN UND ABGESAGT

Einige Vorreiter der modernen Architektur und bekannte Mitglieder des „Rings" sind auf verschiedenen Listen nominiert, werden aber im weiteren Auswahlverfahren wieder ausgeschieden oder sagen ihre Teilnahme ab. In der Regel wurden sie zuvor nicht darüber informiert, dass sie für den Bau eines Hauses in der Weissenhofsiedlung in Erwägung gezogen worden waren. Die Gründe für ihr Ausscheiden sind meist nicht dokumentiert.

WITHDRAWALS AND REFUSALS / Some of the pioneers of modern architecture and well-known members of the "Ring" were nominated on different lists, but were later withdrawn during the further selection procedure or refused to take part. As a rule, they had not been previously informed that they had been considered to build one of the houses of Weissenhofsiedlung in the first place. In most cases the reasons for their dropping out have not been documented.

HUGO HÄRING
BERLIN

Hugo Häring wanted the Weissenhof project to be carried out as a matter of the "Ring" and thus set Werkbund against him. Furthermore, he rejected the lump-sum fee offered by the city and insisted on a higher fee for the architects according to the rules that were applicable otherwise.

In 1926 Paul Bonatz was a leading member of Deutscher Werkbund. Although he rejected Mies van der Rohe's planning, he was nominated in the first list. This was a half-hearted endeavour to incorporate the traditionalist wing of the Stuttgart architects into the project.

PAUL BONATZ
STUTTGART

Heinz Wetzel's name appeared in the locally oriented list of April 1926, but was later omitted. On a state-owned site near Weissenhofsiedlung he built his own house, which was not considered part of the Werkbund exhibition, however, and could not be viewed.

HEINZ WETZEL
STUTTGART

Hans Herkommer was nominated as a Stuttgart architect. Later he moved into Hans Poelzig's house together with his family until it became too small for the family with eight children.

HANS HER-KOMMER
STUTTGART

Heinrich Tessenow declined to take part, stating "that such construction work has the right effect only if one personally monitors its execution continuously down to the smallest detail". From Berlin this did not appear possible to him.

HEINRICH TESSENOW
DRESDEN

ERICH MENDEL-SOHN
BERLIN

Erich Mendelsohn wrote to Mies van der Rohe that he could not take part in the Werkbund exhibition because he "had received new orders in the meantime". At that time he built several department stores for the Schocken retail group, i.e. in Stuttgart as well.

HENRY VAN DE VELDE
BRUSSELS

Henry van der Velde was not informed about his nomination. However, his advice was required when an architect was sought for a private house on the exhibition grounds and van de Velde suggested Victor Bourgeois.

Adolf Loos held a lecture in Stuttgart at the end of 1926. He would have liked to take part and was under consideration as the architect for one of the two private houses of the Werkbund exhibition. However, the exhibition director rejected him after an argument about the Werkbund exhibition in 1924.

ADOLF LOOS
VIENNA

At the time of the selection of the architects Hugo Keuerleber was in the midst of an appointment procedure at the Technical University of Stuttgart. He was given the alternative of either accepting the professor's chair or collaborating on the Weissenhof project. He decided in favour of the university.

HUGO KEUER-LEBER
STUTTGART

FERDINAND KRAMER
FRANKFURT

Ferdinand Kramer installed apartments in buildings of Jacobus Johannes Pieter Oud and Ludwig Mies van der Rohe. It was not until more than 50 years later that he learned that he, too, had been nominated as an architect for a house in 1927.

EIN NEUER STÄDTEBAU

Bereits im September 1925 entwirft Ludwig Mies van der Rohe einen ersten Plan für die Siedlung, den er in der Folge mehrfach überarbeitet. Er will „Neuland" erobern. Der Entwurf orientiert sich an der Topografie des Geländes. Höhere Gebäude betonen als „Rückgrat" die Bergkuppe, niedrigere schließen sich terrassenförmig hangabwärts an. Sie sind jeweils „auf Lücke" angeordnet und lassen so Ausblicke in den Stuttgarter Talkessel zu. Baugruppen mit Einzel- und Doppelhäusern werden von dichterer Bebauung mit Reihenhäusern und Wohnblocks umrahmt und ermöglichen so ein breites Spektrum von Gebäudetypen.

A NEW FORM OF URBAN DEVELOPMENT / Back in September 1925 Ludwig Mies van der Rohe drew up an initial plan for the estate which he revised several times afterwards. He wanted to tread "new ground". The design was oriented to the topography of the grounds. Higher buildings, as the "backbone", emphasized the mountaintop while lower ones adjoined them in terraced form down the slope. They were arranged in such a way that "gaps" were created, opening up views of the Stuttgart basin. Groups of buildings with detached and semi-detached houses were framed by denser areas with row houses and apartment buildings, thus enabling a broad spectrum of different types of buildings.

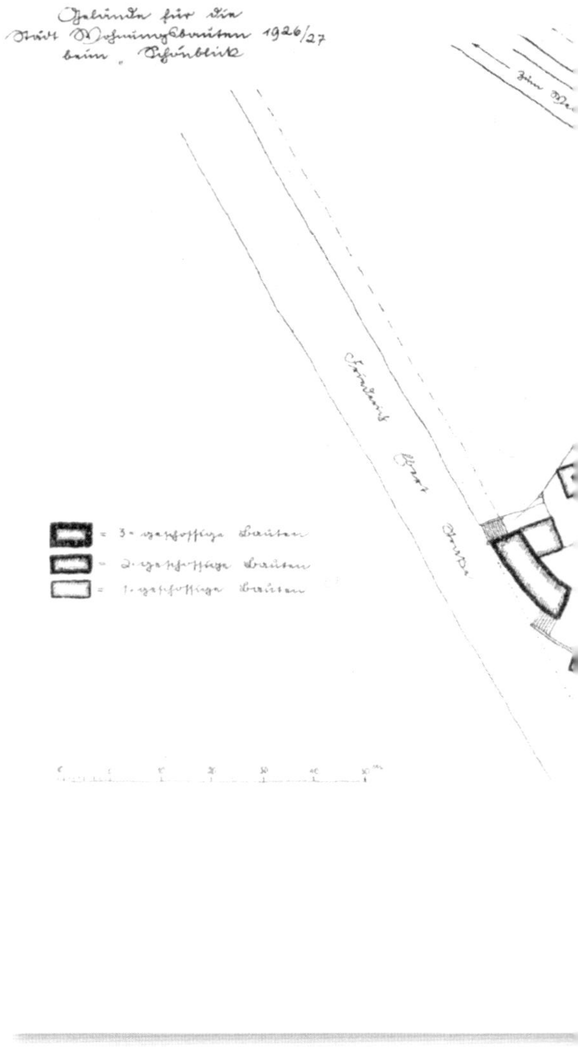

Lageplan nach dem Entwurf von Mies van der Rohe. Umzeichnung Stadterweiterungsamt Stuttgart, 14.10.1925
Site plan according to design by Mies van der Rohe. Drawing of Urban Development Department in Stuttgart, 14 October 1925

Ludwig Mies van der Rohe entwickelt sein städtebauliches Schema einer in sich zusammenhängenden Bebauung wie eine Plastik anhand von Gipsmodellen: „Auch war es mir bei der Aufstellung meines Bebauungsplanes wichtig, alles Schematische zu vermeiden und auch hier jede Behinderung der freien Arbeit auszuschalten." Das flache Dach ist allerdings für alle Gebäudeentwürfe verbindlich.
Ludwig Mies van der Rohe developed his urban planning scheme of a cohesive development like a sculpture on the basis of plaster models: "In the preparation of my development plan it was also important to me to avoid anything schematic and here again eliminate any impediment to working freely." However, the flat roof was mandatory for all building designs.

Modell des ersten Entwurfs von Mies van der Rohe, undatiert
Model of first design by Mies van der Rohe, undated

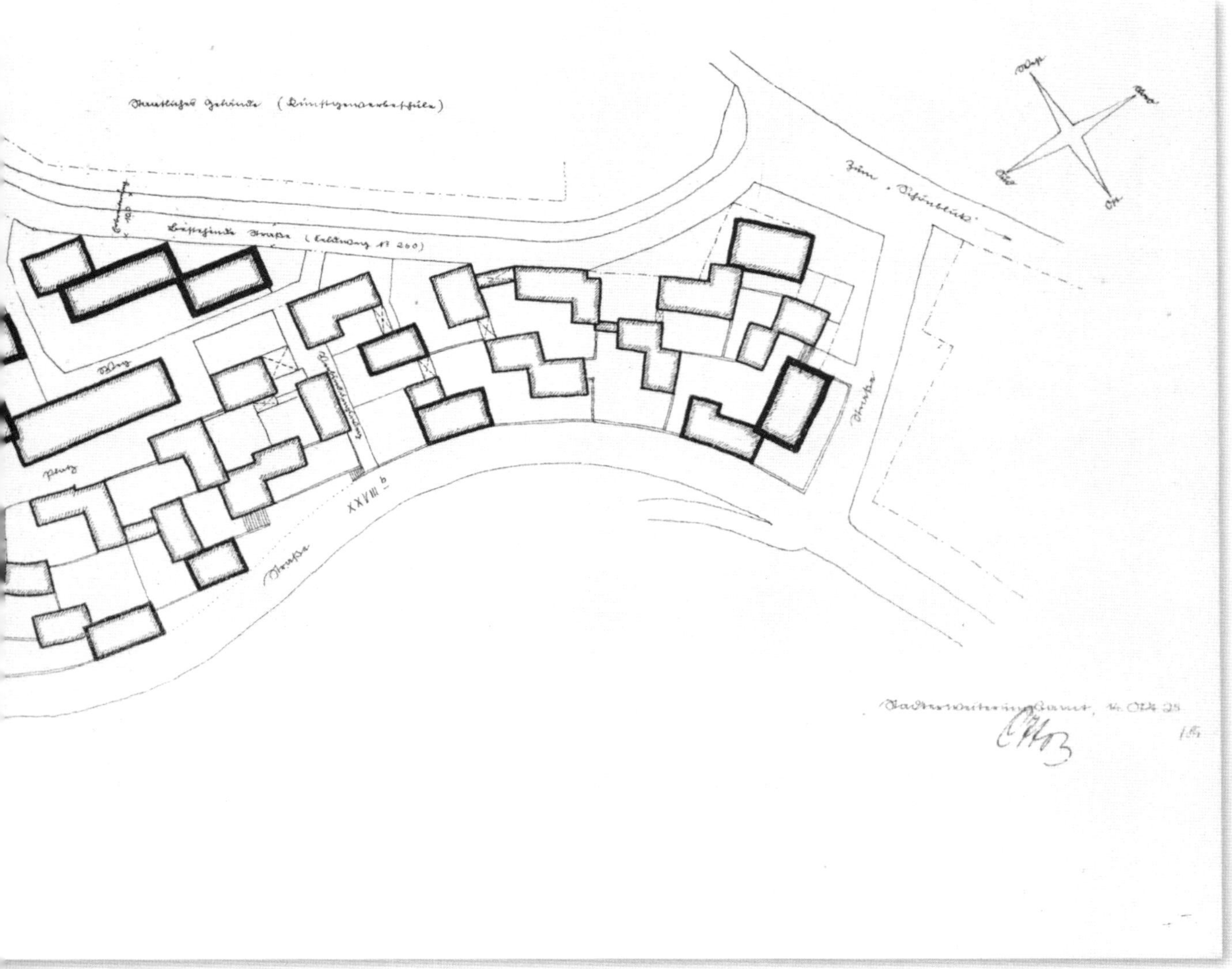

STÄDTISCHE PLANUNGEN

Zur Vorbereitung der Bebauung des Geländes am Weissenhof entwirft das damalige Stadterweiterungsamt einen Plan mit Reihenhäusern. Der Plan sieht bereits die geschwungene Führung der noch namenlosen Rathenaustraße vor und legt damit ein charakteristisches Element der künftigen Siedlung fest. Der Bau- und Heimstättenverein, der ursprünglich dort bauen sollte, verzichtet auf das Grundstück. Er kann aber auf der sich nördlich anschließenden Fläche eine große Wohnanlage mit einem markanten Wohnturm errichten. Dieser Komplex entsteht nahezu gleichzeitig mit der Weissenhofsiedlung nach den Plänen von Karl Beer.

PLANS OF THE LOCAL AUTHORITIES / To prepare for development of the Weissenhof grounds, the city's Urban Development Department at that time drew up a plan with row houses. The plan already provided for the curved route followed by Rathenaustrasse, which had no name yet, and thus defined a characteristic element of the future estate. Bau- und Heimstättenverein, which was originally supposed to build there, relinquished the property. However, it was able to construct a large housing estate with a striking tower block on the adjoining site to the north. This complex was set up at nearly the same time as Weissenhofsiedlung according to the plans of Karl Beer.

Daniel Sigloch leitet seit 1910 die Stuttgarter Bauverwaltung, ab 1916 als Baubürgermeister. Er betreut und fördert das Projekt der Weissenhofsiedlung von Seiten der Stadt. Sigloch vertritt die Stadt auch im Südwestdeutschen Kanalverein. Nach der Machtergreifung durch die Nationalsozialisten kann er sich zunächst noch im Amt halten, verlässt aber 1937 die Stadtverwaltung.

As of 1910 Daniel Sigloch headed the Stuttgart building authority, beginning in 1916 as deputy mayor responsible for urban planning. He was in charge of and supported the Weissenhofsiedlung project on behalf of the city. Sigloch also represented the city in Südwestdeutscher Kanalverein. After the Nazis' rise to power he initially stayed in office, but left the city administration 1937.

DANIEL SIGLOCH (1873–1961)

Skizze zu einer Ausstellungs-Siedlung am Schönblick-Weissenhof. Stadterweiterungsamt, 23.07.1925
Draft for an exhibition estate at Schönblick-Weissenhof. Urban Development Department, 23 July 1925

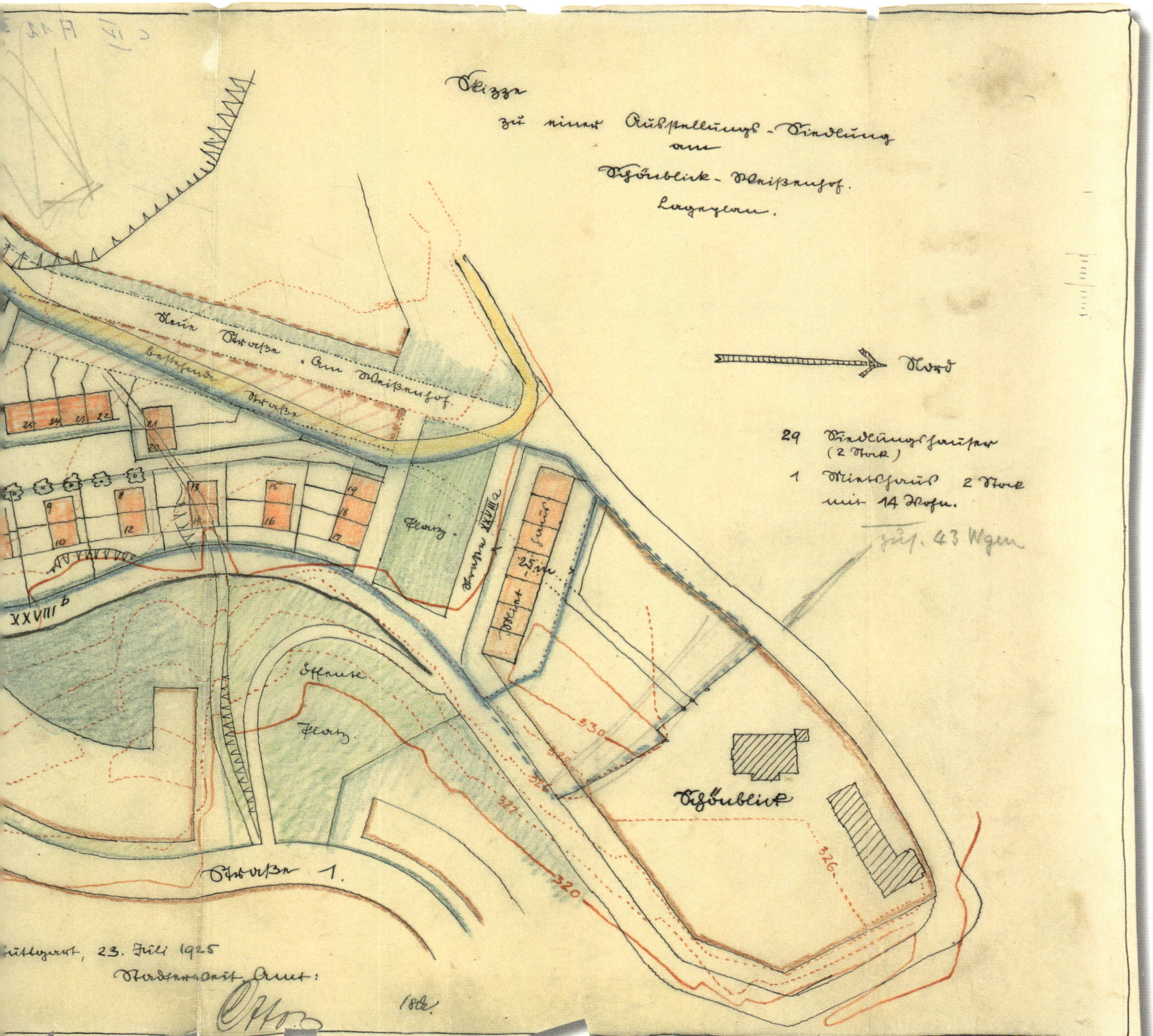

WERKBUND AUSSTELLUNG

DIE WOHNUNG STUTTGART 1927 E.V.

SCHIRMHERR: BAZILLE STAATSPRÄSIDENT VON WÜRTTEMBERG

UNTER MITWIRKUNG DER STADT STUTTGART
UNTERSTÜTZT VON STAATLICHEN STELLEN
UND WIRTSCHAFTLICHEN VERBÄNDEN

Herrn

Bürgermeister Dr.Sigloch

S t u t t g a r t
Rathaus.

BETRIFFT Fertigstellung Block Mies.

ANTWORT AN Abt.I/l.

DEN 6.Juli 1927.

Heute Nachmittag 5 Uhr hatten die beiden Unterfertigten zusammen
mit Herrn Mies und Herrn Architekt Strauss eine Beratung auf dem
Weissenhofgelände. Bei diesem Anlass war festzustellen, dass der
Block Mies offensichtlich eine der ruhigsten Baustellen ist, ob-
wohl es sich bei diesem Block von 24 Wohneinheiten um den im Inte
resse der Ausstellung am meisten förderungsbedürftigen Bau hande
Nach den in der vorigen Woche erhaltenen Auskünften sollte in de
laufenden Woche der Aussenputz angebracht werden. Heute Abend wa
auch noch nicht die geringsten Vorarbeiten für das Anbringen der
Gerüste geleistet. Zunächst wurde bei einer hierüber mit dem betr.
Unternehmer gepflogenen Aussprache behauptet, das Aufschlagen der
Gerüste sei mit Rücksicht auf die für die Flaschner noch angebrachten
Hängegerüste am Dach unmöglich. Kurz nachher wurde zugegeben, dass
diese Gerüste ein Hinderungsgrund an sich nicht seien. Die weitere
Frage,weshalb die Flaschnerarbeiten so langsam vorangehen, wurde
damit beantwortet, dass morgen einige weitere Flaschner kämen. Es ist
die Frage erlaubt, weshalb die für morgen in Aussicht gestellten Leu-
te nicht bereits angesetzt sind. Nach Ansicht unserer Bausachverstän-
digen wäre es möglich, die vielfache Zahl der zurzeit am Bau ange-
setzten Arbeiter zu beschäftigen. Kurz nach 6 Uhr abends konnte fest-
gestellt werden, dass am Bau Mies überhaupt nicht mehr gearbeitet wird
im Gegensatz zu einer Reihe anderer Bauten, bei denen noch flotter A
beitsgang festzustellen war. Wenn in diesem Tempo weitergearbeitet
wird, kann der Block Mies in diesem Jahr überhaupt nicht mehr ferti
werden. Für die Ausstellung sind damit nicht geringe Gefahren verbun
den, nachdem es mit grosser Mühe gelungen ist, die Innenausstattung
für diesen Block zum grössten Teil an Aussteller zu vergeben. Wir we
den genötigt sein, in den nächsten Tagen Rundschreiben an die für die
Innenausstattung des Blocks Mies verpflichteten Aussteller hinauszuge-
ben über die Unmöglichkeit der Fertigstellung bis zur Ausstellungseröff
nung, wobei wir uns nicht darüber im Zweifel befinden, dass sich hier-
aus eine Reihe ungünstiger Auswirkungen ergeben müssen.

Wir bitten, die vorstehenden Mitteilungen als Ausfluss der grossen

GESCHÄFTSSTELLE STUTTGART GEWERBEHALLEPLATZ 1 FERNRUF SA. 20050, 20059, 20650, 20659,
BANKVERBINDUNG: STÄDTISCHE GIROKASSE STUTTGART 1409 POSTSCHECK-KONTO STUTTGART 570

DIN A 4 TYPO WILLY BAUMEISTER

TERMIN- UND KOSTENDRUCK

Bereits einen Monat nach der endgültigen Architektenauswahl werden die Pläne der Architekten von der Ausstellungsleitung angenommen. In sehr kurzer Zeit, bis Mitte 1927, muss nun die Siedlung gebaut werden. Der erste Spatenstich am Weissenhof erfolgt am 1. März 1927. Noch im Mai wird erwogen, auf Häuser zu verzichten, mit deren Bau noch nicht begonnen worden ist. Auch die Entwürfe von Le Corbusier sind infrage gestellt. Immer wieder kommt es aufgrund von Kompetenzfragen und wegen des hohen Termin- und Kostendrucks zu Konflikten zwischen dem vom Werkbund beauftragten künstlerischen Leiter Ludwig Mies van der Rohe und Richard Döcker, der von der Stadt als Oberbauleiter bestellt ist. Mit Hochdruck wird bis zur Eröffnung am 23. Juli 1927 gearbeitet, doch erst am 6. September 1927 vermeldet die Ausstellungsleitung, dass die Ausstellung als fertiggestellt angesehen werden könne.

TIME AND COST PRESSURE / The plans of the architects were already accepted by the exhibition management a month after the final selection of architects. The estate now had to be constructed within a very short time, by mid-1927. The groundbreaking ceremony at Weissenhof took place on 1 March 1927. Even in May consideration was given to dispensing with houses whose construction had not been started. Le Corbusier's plans were also called into question. Conflicts repeatedly arose between the art director commissioned by Werkbund, Ludwig Mies van der Rohe, and Richard Döcker, who was appointed senior site manager by the city, due to competence issues and the great time and cost pressure. Work was carried out at top speed right up to the opening on 23 July 1927, but the exhibition management did not announce that the exhibition could be regarded as completed until 6 September 1927.

Gustaf Stotz an Daniel Sigloch, 06.07.1927
Gustaf Stotz to Daniel Sigloch, 06 July 1927

19. FEBRUAR 1927

RICHARD DÖCKER AN LUDWIG MIES VAN DER ROHE
RICHARD DÖCKER TO LUDWIG MIES VAN DER ROHE

„Ebenso werde ich die Pläne für Entwässerung, Kanalisation, Gas- und Wasserleitung für die gesamte Siedlung, d.h. für jedes Haus machen lassen, da ich nicht länger zuwarten kann, bis ich sie von den Architekten bekomme, obwohl das vertragliche Aufgabe der einzelnen Architekten wäre."
"Likewise I will have the drawings for drainage, sewage, gas and water lines prepared for the entire estate, i.e. for each house, since I cannot wait any longer until I get them from the architects although that is actually the contractual responsibility of the architects."

24. APRIL 1927

LUDWIG MIES VAN DER ROHE AN DIE AUSSTELLUNGS-LEITUNG
LUDWIG MIES VAN DER ROHE TO THE EXHIBITION MANAGER

„herr hilberseimer der sich einige tage in stuttgart aufhielt schildert mir den stand der arbeiten auf dem weissenhofgelaende und bezeichnet die lage als einfach trostlos."
"mr. hilberseimer, who stayed in the city a few days, described to me the status of work at the weissenhof grounds and called the situation simply hopeless."

24. APRIL 1927

LE CORBUSIER AN WILLI BAUMEISTER
LE CORBUSIER TO WILLI BAUMEISTER

„Ich habe mich entschlossen, einen unserer Zeichner, Herrn Roth, nach Stuttgart zu schicken, der Döcker bei der Fertigstellung unserer beiden Häuser helfen soll."
"I have decided to send one of our draughtsmen, Mr. Roth, to Stuttgart so he can help Döcker with completion of our two houses."

8. MAI 1927

LUDWIG MIES VAN DER ROHE AN DANIEL SIGLOCH
LUDWIG MIES VAN DER ROHE TO DANIEL SIGLOCH

„Ich wiederhole, dass ich lediglich die Verantwortung für den künstlerischen Wert der Ausstellung trage und verwahre mich nochmals dagegen, für Dinge verantwortlich gemacht zu werden, die Sache und Aufgabe anderer sind. Ich bin künstlerischer Oberleiter, nicht aber Sekretär der Ausstellung."
"I repeat that I merely assume responsibility for the artistic value of the exhibition and again protest against being made responsible for things that are the job of others. I am the artistic director, but not secretary of the exhibition."

16. JUNI 1927

RICHARD DÖCKER AN LUDWIG MIES VAN DER ROHE
RICHARD DÖCKER TO LUDWIG MIES VAN DER ROHE

„Die Fertigstellung des Blocks A1-A4 ist selbstverständlich ganz unmöglich bis zu diesem Termin, da einmal der Rohbau noch gar nicht fertig ist."
"Completion of block A1-A4 is, of course, completely impossible by this date since not even the shell of the structure is finished yet."

9. JUNI 1927

ALFRED ROTH AN LE CORBUSIER UND PIERRE JEANNERET
ALFRED ROTH TO LE CORBUSIER AND PIERRE JEANNERET

„Auf der Baustelle wird von 7h bis 8h abends gearbeitet. Wenn alles weiterhin gut geht, glaube ich schon, daß wir es bis zum großen Moment der Eröffnung schaffen werden."
"Work is carried out at the construction site from 7 in the morning until 8 in the evening. If everything continues to run smoothly, I think we will manage it by the big moment of the opening."

18. JULI 1927

ALFRED ROTH AN LE CORBUSIER
ALFRED ROTH TO LE CORBUSIER

„Die Stadt Stuttgart ist heute sehr froh, daß sie unsere Blocks bauen ließ; sie ist dankbar und zufrieden, ohne sie wäre die Ausstellung wirklich armselig."
"The city of Stuttgart is very happy today that it ordered construction of our blocks; it is grateful and satisfied, without them the exhibition would really be pitiful."

21. JULI 1927

PAUL MELLER AN JACOBUS JOHANNES PIETER OUD
PAUL MELLER TO JACOBUS JOHANNES PIETER OUD

„Ich kämpfe mit Göttern, Döcker, Schmid und Welt für unsere Sache! Gott erbarme der Siedlung! Aber ich bleibe oben!"
"I am fighting with gods, Döcker, Schmid and the world for our cause! Lord, have mercy on the estate! But I will stay on top!"

22. JULI 1927

BRUNO TAUT AN LUDWIG MIES VAN DER ROHE
BRUNO TAUT TO LUDWIG MIES VAN DER ROHE

Wenn meine Angaben befolgt worden sind, so ist es immerhin möglich, dass in dem heutigen unfertigen Zustand der ganzen Siedlung mein Haus als das einzige fertige in seiner Umgebung vielleicht herausfällt."
"If my instructions have been followed, it is at any rate possible that in the presently unfinished state of the entire estate my house may stand out as the only finished one in its surroundings."

Antwort Le Corbusier, 11.10.1926
Le Corbusier's reply, 11 October 1926

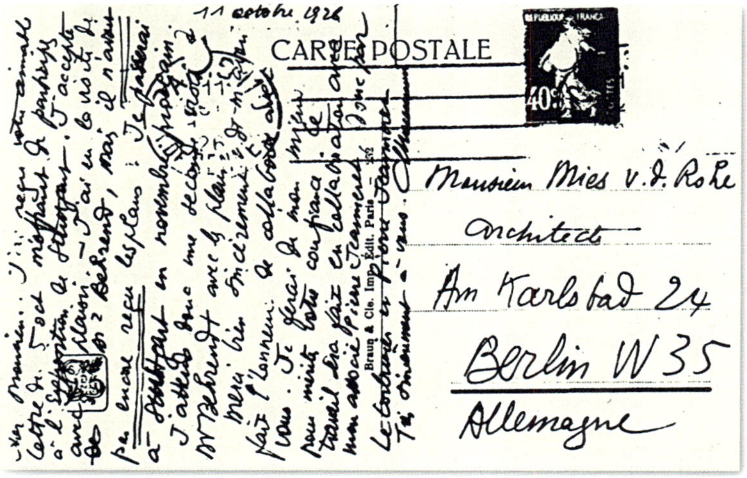
11 octobre 1926

CARTE POSTALE

Monsieur Mies v. d. Rohe
Architecte
Am Karlsbad 24
Berlin W35
Allemagne

Ludwig Mies van der Rohe an Le Corbusier, 05.10.1926
Ludwig Mies van der Rohe to Le Corbusier, 05 October 1926

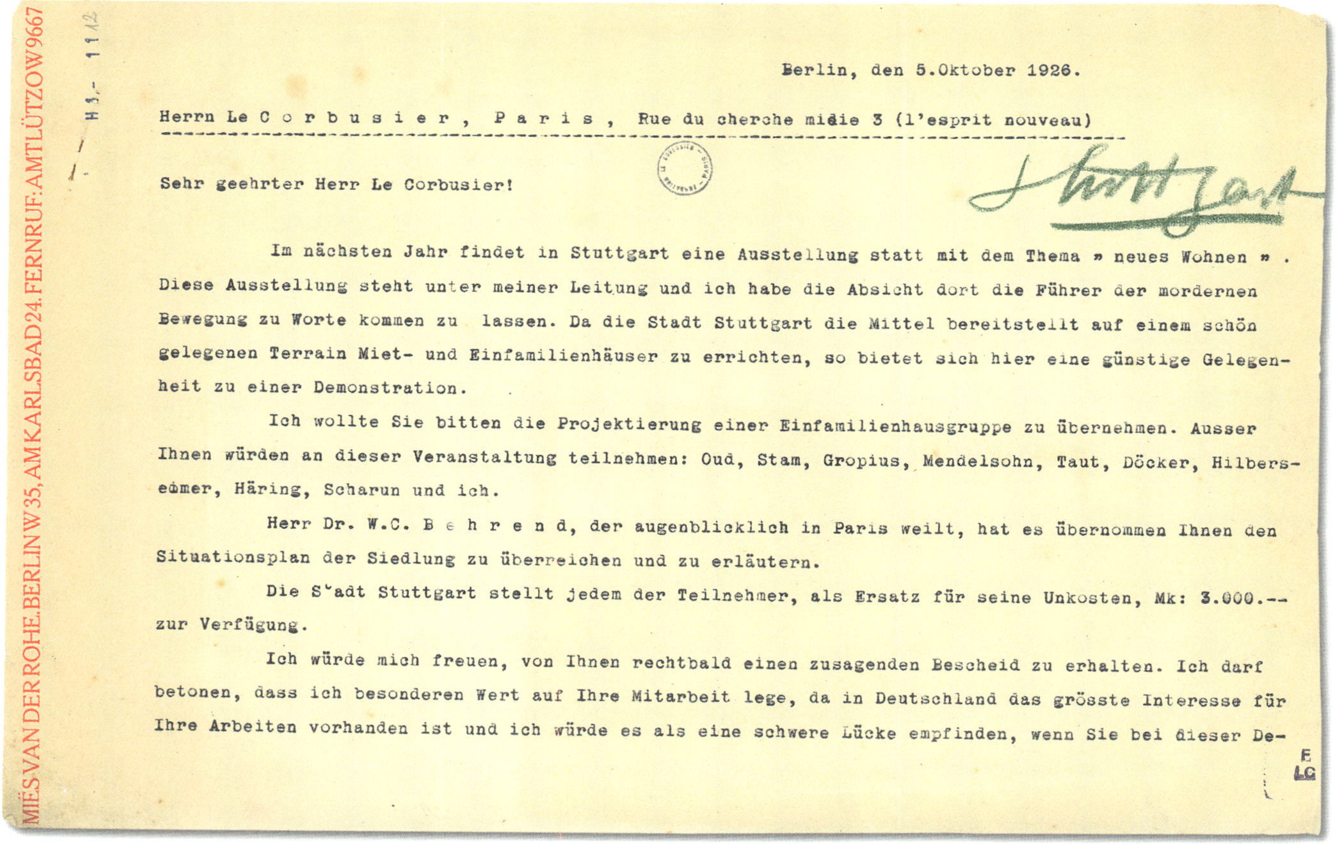
MIES VAN DER ROHE. BERLIN W 35, AM KARLSBAD 24. FERNRUF: AMT LÜTZOW 9667

Berlin, den 5.Oktober 1926.

Herrn Le C o r b u s i e r , P a r i s , Rue du cherche midie 3 (l'esprit nouveau)

Sehr geehrter Herr Le Corbusier!

Stuttgart

Im nächsten Jahr findet in Stuttgart eine Ausstellung statt mit dem Thema » neues Wohnen » . Diese Ausstellung steht unter meiner Leitung und ich habe die Absicht dort die Führer der mordernen Bewegung zu Worte kommen zu lassen. Da die Stadt Stuttgart die Mittel bereitstellt auf einem schön gelegenen Terrain Miet- und Einfamilienhäuser zu errichten, so bietet sich hier eine günstige Gelegenheit zu einer Demonstration.

Ich wollte Sie bitten die Projektierung einer Einfamilienhausgruppe zu übernehmen. Ausser Ihnen würden an dieser Veranstaltung teilnehmen: Oud, Stam, Gropius, Mendelsohn, Taut, Döcker, Hilberseimer, Häring, Scharun und ich.

Herr Dr. W.C. B e h r e n d, der augenblicklich in Paris weilt, hat es übernommen Ihnen den Situationsplan der Siedlung zu überreichen und zu erläutern.

Die Stadt Stuttgart stellt jedem der Teilnehmer, als Ersatz für seine Unkosten, Mk: 3.000.-- zur Verfügung.

Ich würde mich freuen, von Ihnen rechtbald einen zusagenden Bescheid zu erhalten. Ich darf betonen, dass ich besonderen Wert auf Ihre Mitarbeit lege, da in Deutschland das grösste Interesse für Ihre Arbeiten vorhanden ist und ich würde es als eine schwere Lücke empfinden, wenn Sie bei dieser De-

E
LG

STUTTGART UND PARIS

Der Name Le Corbusier steht bereits auf der ersten Vorschlagsliste des Werkbunds. Mit dieser Einladung verbindet Ludwig Mies van der Rohe die Hoffnung auf einen internationalen Erfolg der Ausstellung. Allerdings wird der in Paris tätige Le Corbusier von der Bauabteilung des Stuttgarter Gemeinderats zunächst „aus nationalen Gründen" abgelehnt. Wenige Jahre nach dem Ersten Weltkrieg sind die Ressentiments gegen einen „französischen" Architekten noch spürbar, obwohl Le Corbusier damals Schweizer Bürger ist. Nach heftiger Intervention des Werkbunds stimmt der Gemeinderat doch seiner Teilnahme zu. Auf die Einladung von Mies van der Rohe antwortet Le Corbusier prompt: „J'accepte avec plaisir" – „Ich nehme sehr gerne an."

STUTTGART AND PARIS / Le Corbusier's name already stood on Werkbund's first list of proposed architects. Through this invitation Ludwig Mies van der Rohe raised the hope of international success with the exhibition. However, Le Corbusier, who was working in Paris, was initially rejected by the building department of the Stuttgart municipal council "for national reasons". Resentment against a "French" architect was still noticeable a few years after World War I although Le Corbusier was a Swiss citizen at that time. Nonetheless, after the vehement intervention of Werkbund the municipal council agreed to his participation. At the invitation of Mies van der Rohe Le Corbusier promptly replied: "J'accepte avec plaisir" – "I accept with great pleasure."

Gustaf Stotz, Le Corbusier und Ludwig Mies van der Rohe am Weissenhof, November 1926
Gustaf Stotz, Le Corbusier and Ludwig Mies van der Rohe at Weissenhof, November 1926

H1- 11 129 3.

Pour les lits coulissants je vais
vous envoyer un croquis, je
vous prie de me donner votre avis
il faut savoir quoi faire et
il est dangereux de perdre trop
de temps.

Et le meuble au toutoir ?
qu'est-ce que vous en pensez ?

Pour les sols en linoleum
il faudrait savoir les tons
puisqu'on peut en même temps
arrêter la couleur du carrelage
En votre première description
Mr. Le Corbusier avait indiqué
tous tons du carrelage. Va-t-on
les garder ?

Pour l'éclairage j'ai trouvé
des appareils épatants, je

1928 verlässt Alfred Roth das Büro Le Corbusiers und gründet nach einer Tätigkeit in Schweden 1932 in Zürich ein eigenes Büro. Seine Verbindung zu Le Corbusier bleibt bis zu dessen Tod erhalten. Vor allem in der Schweiz setzt er sich für das Werk von Le Corbusier ein.
In 1928 Alfred Roth left Le Corbusier's office and established his own in Zurich. He retained his connection to Le Corbusier until the latter's death. He committed himself to Le Corbusier's works, especially in Switzerland.

ALFRED ROTH
(1903–1998)

BAULEITER ALFRED ROTH

Le Corbusier kommt nur drei Mal nach Stuttgart, im November 1926 und Mitte März 1927 vor Baubeginn, dann erst wieder kurz vor Ende der Werkbundausstellung Anfang Oktober 1927. Um die Fertigstellung seiner beiden Häuser sicherzustellen, beordert er den jungen Schweizer Architekten Alfred Roth als Bauleiter nach Stuttgart, der erst kurz zuvor in sein Büro eingetreten ist. Wenige Tage nach Roths Ankunft in Stuttgart beginnt der Erdaushub. Er steht vor der Aufgabe, die Häuser innerhalb von rund zweieinhalb Monaten bezugsfertig zu machen. So kommt ihm eine verantwortungsvolle Rolle beim Entwurf baulicher Details und der Innenausstattung zu. In vielen Anfragen versucht er, sich mit Le Corbusier in Paris abzustimmen.

SITE MANAGER ALFRED ROTH / Le Corbusier came to Stuttgart only three times, in November 1926 and around the middle of March 1927 prior to the start of construction, and then again briefly before the end of the Werkbund exhibition at the beginning of October 1927. To ensure completion of his two houses, he sent Alfred Roth, a young Swiss architect who had joined his office only shortly before, to Stuttgart as site manager. Excavation work began a few days after Roth's arrival in Stuttgart. He was faced with the job of getting the houses ready for occupancy within around two and a half months. This meant he played a key role in designing structural details and the interior decoration. In many inquiries he attempted to coordinate his decisions with Le Corbusier in Paris.

Alfred Roth an Le Corbusier, 09.06.1927: „Für die Schiebebetten habe ich Ihnen eine Zeichnung geschickt und bitte Sie um Ihre Meinung."
Alfred Roth to Le Corbusier, 09 June 1927: "I have sent you a drawing for the rollaway beds and request your opinion."

BAUKUNST UND VERWALTUNG

Ludwig Mies van der Rohe ist von seiner baukünstlerischen Bedeutung überzeugt: „Es war nicht unsere Aufgabe schulhafte Pläne der Bauabteilung vorzulegen. (...) Ich halte es doch für notwendig, dass man uns nach unserem Gewicht und Bedeutung wertet." Die Baupläne für die Weissenhofsiedlung müssen jedoch einem ordnungsgemäßen Baugenehmigungsverfahren unterzogen werden. Es kommt zu Konflikten mit der Baurechtsbehörde, die auf die Einhaltung verfahrensrechtlicher und technischer Normen dringt. Das Baugesuch von Le Corbusier ist in einem in Deutschland ungebräuchlichen Maßstab gezeichnet. Es muss deshalb von Richard Döcker umgezeichnet werden, damit es zur Baueingabe zugelassen wird.

ARCHITECTURE AND ADMINISTRATION / Ludwig Mies van der Rohe was convinced of his architectural importance: "It was not our job to submit textbook plans to the building department, ... However, I feel it is necessary that we are rated according to our weight and importance." Nevertheless, the building plans for Weissenhofsiedlung had to be subjected to a proper building approval procedure. Conflicts arose with the construction supervisory board, which urged compliance with procedural and technical standards. Le Corbusier's building application was drawn on a scale that was uncommon in Germany. It therefore had to be redrawn by Richard Döcker so it could be approved for submission.

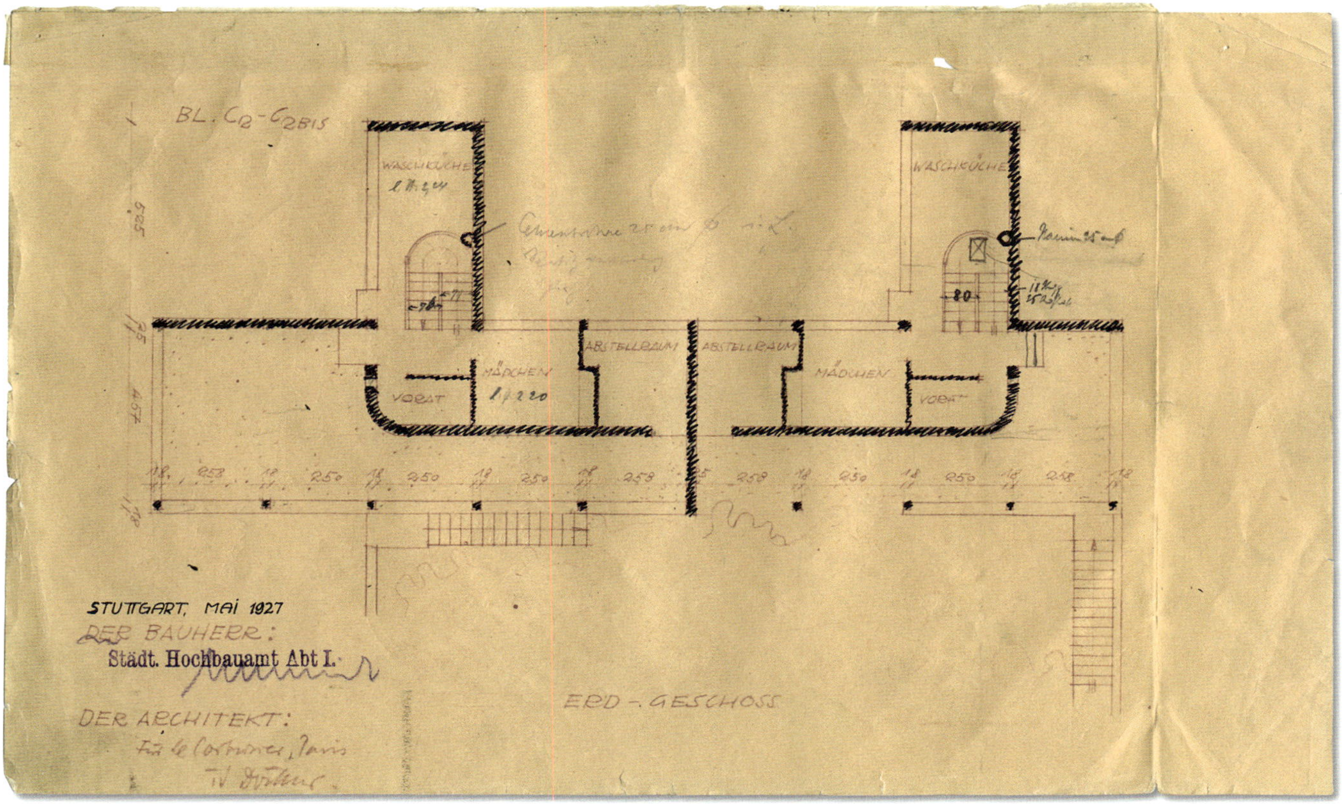

Baugesuch Le Corbusier, Umzeichnung Richard Döcker, Mai 1927. Doppelhaus, Grundriss Erdgeschoss
Le Corbusier's building application, drawing by Richard Döcker, May 1927, pair of semi-detached houses, floor plan of ground floor

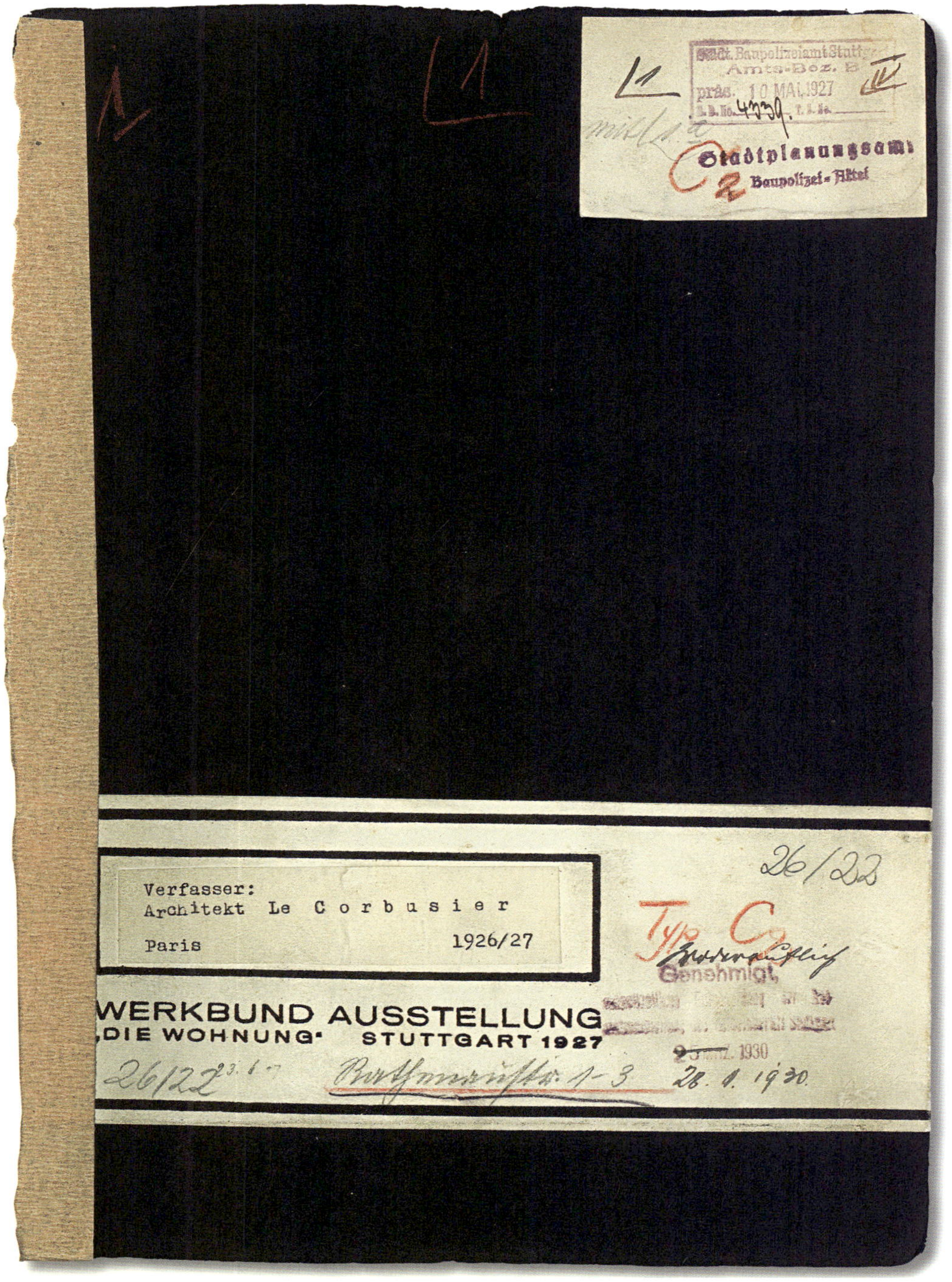

Planmappe Baugesuch Le Corbusier
Folder of drawings for Le Corbusier's building application

1927

Eröffnung der Werkbundausstellung „Die Wohnung" am 23. Juli 1927.
Opening of the exhibition Die Wohnung („The Dwelling"), organized by the Werkbund on 23 July 1927.

1927

Am 6. September 1927 vermeldet die Ausstellungsleitung, dass die Werkbundausstellung jetzt als „fertiggestellt bzw. ausstellungsfähig" angesehen werden könne.
On 6 September 1927 the exhibition director reports that the Werkbund exhibition can now be regarded as "completed and ready for public display".

3 | die ausstellung

Die Weissenhofsiedlung ist eine neue Art von Bauausstellung. Erstmals entstehen Experimentalbauten, die anschließend als voll funktionsfähige Gebäude dauerhaft genutzt werden. Sie sind während der Ausstellung nach den Prinzipien des Neuen Bauens möbliert. Es sind Häuser für den „modernen Großstadtmenschen": berufstätig, mobil und gesundheitsbewusst. Unter dem programmatischen Titel „Die Wohnung" zeigt der Deutsche Werkbund weitere Ausstellungsbereiche in Stuttgart. Sie geben ein umfassendes Bild vom Neuen Bauen und von zukunftsweisenden Wohnformen. Zwischen dem 23. Juli und dem 31. Oktober 1927 strömen rund 500 000 Besucher in die Werkbundausstellung, die weltweit Resonanz findet.

THE EXHIBITION / Weissenhofsiedlung was a new type of building exhibition. For the first time experimental buildings were constructed that were subsequently used as fully functional buildings on a long-term basis. They were furnished during the exposition according to the principles of "Neues Bauen". They were houses for "modern city dwellers": working, mobile and health-conscious. Using the programmatic title "Die Wohnung" ("The Dwelling"), Deutscher Werkbund displayed further exhibition areas in Stuttgart. They provided a comprehensive picture of "Neues Bauen" and forward-looking forms of housing. Between 23 July and 31 October 1927 around 500,000 visitors flocked to the Werkbund exhibition, which met with a worldwide response.

Werbekarte mit Siedlungsmodell, 1927. Gestaltung Willi Baumeister
Promotional card with estate model, 1927. Designed by Willi Baumeister

Werbemarke, 1927. Gestaltung Willi Baumeister
Promotional stamp, 1927. Designed by Willi Baumeister

Ehrenkarte für Le Corbusier, 1927. Gestaltung Willi Baumeister
Complimentary ticket for Le Corbusier, 1927. Designed by Willi Baumeister

DER TAG DER ERÖFFNUNG

Am 23. Juli 1927 wird die Werkbundausstellung „Die Wohnung" in Stuttgart feierlich eröffnet. Die Häuser der Weissenhofsiedlung mit ihren kubischen Formen und flachen Dächern künden von einer neuen Zeit. Mit dem Katalog können sich Besucherinnen und Besucher über die Gebäude und die anderen Ausstellungsbereiche informieren. Die Kassen sind täglich ab 8 Uhr geöffnet; der Eintritt kostet 2 Reichsmark. Le Corbusier erhält wie alle anderen Architekten der Siedlung eine Ehrenkarte.

THE DAY OF THE OPENING / The Werkbund exhibition "Die Wohnung" ("The Dwelling") was formally opened in Stuttgart on 23 July 1927. The houses of Weissenhofsiedlung with their cubic forms and flat roofs heralded a new era. Visitors could obtain information on the buildings and the other exhibition sections from the catalogue. The ticket offices opened at 8 am every day and the price of admission was 2 reichsmarks. Le Corbusier, like all other architects, received a complimentary ticket.

Ausstellungskatalog, 1927. Gestaltung Willi Baumeister
Exhibition catalogue, 1927. Designed by Willi Baumeister

HALLENAUSSTELLUNG

Ansichtskarte, 1927. Halle 2. Stuttgarter Küche
Postcard, 1927. Hall 2. Stuttgart kitchen

Ansichtskarte, 1927. Halle 5. Werberaum der Deutschen Linoleumwerke AG
Postcard, 1927. Hall 5. Promotional room of Deutsche Linoleumwerke AG

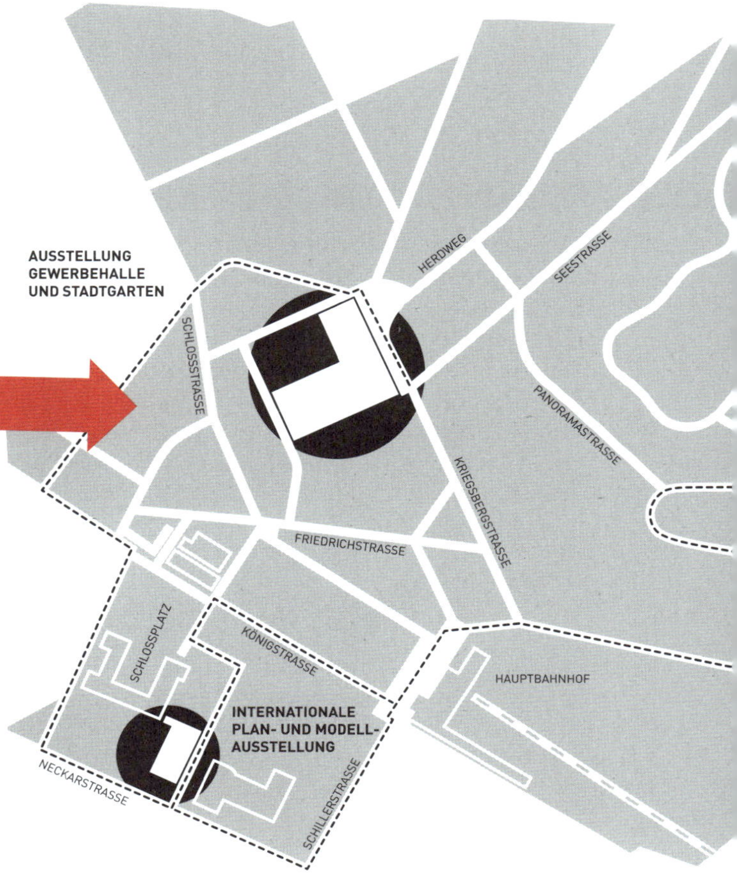

Aus dem Ausstellungskatalog, 1927
El Lissitzky, Moskau. „Wolkenbügel"
From the exhibition catalogue, 1927
El Lissitzky, Moscow. "Wolkenbügel"

PLAN- UND MODELLAUSSTELLUNG

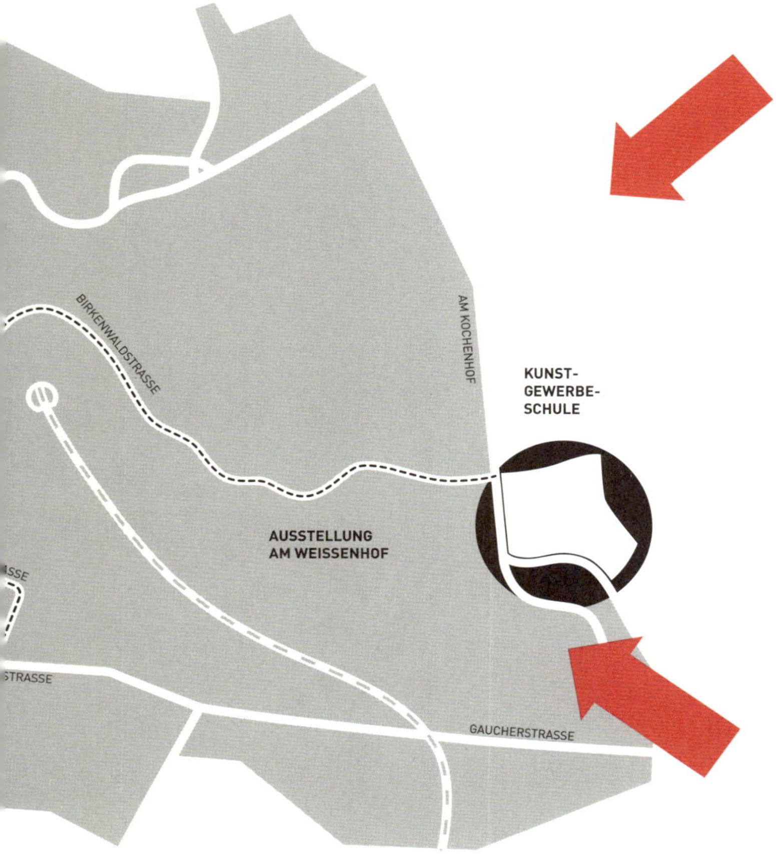

DIE SIEDLUNG

Deutscher Werkbund (Hrsg.), Bau und Wohnung, Stuttgart 1927
Deutscher Werkbund (ed.), "Bau und Wohnung" ("Building and Home"), Stuttgart 1927

EXPERIMENTIERGELÄNDE

Ansicht, 1927
View, 1927

VON DER EINBAUKÜCHE ZUR BRIEFMARKE

Die Besucher der Werkbundausstellung werden in einem Parcours zu vier Orten in der Stadt geführt. In der Weissenhofsiedlung sind die Musterhäuser zu besichtigen. Auf dem benachbarten Experimentiergelände stellen Firmen neue Baumaterialien und Konstruktionsmethoden vor. Die Hallenausstellung im Stadtzentrum, gestaltet von Lilly Reich, zeigt moderne Innenräume und arbeitssparende Hausgeräte. Es sind funktionale Kücheneinrichtungen zu sehen, so die „Stuttgarter Küche" von Erna Meyer. Ludwig Hilberseimer stellt die „Internationale Plan- und Modellausstellung Neuer Baukunst" zusammen. Die Ausstellung gibt einen umfassenden Überblick über das Schaffen der Architektur-Avantgarde von Moskau bis Chicago und wandert anschließend durch mehrere Städte Europas. Einheitlich gestaltete Veröffentlichungen verbreiten die Anliegen der Ausstellung.

FROM THE FITTED KITCHEN TO STAMPS / The visitors to the Werkbund exhibition were taken along a route to four sites in the city. The model houses could be seen in Weissenhofsiedlung. Companies presented new building materials and methods of construction at the adjacent experimental site. The indoor exhibition in the city centre, designed by Lilly Reich, displayed modern interiors and work-saving appliances. Functional kitchen fittings and furnishings could be seen, such as Erna Meyer's "Stuttgart kitchen". Ludwig Hilberseimer arranged the "International Exhibition of Plans and Models of New Architecture". The exhibition provided a comprehensive overview of the works of the architectural avant-garde from Moscow to Chicago and subsequently travelled to several European cities. Publications with a standardized layout disseminated the ideas of the exhibition.

Leporelloprospekt, 1927. Gestaltung Werner Gräff

Leaflet, 1927. Designed by Werner Gräff

NICHT DER UNTERHALTUNG DIENT DIESE AUSSTELLUNG

Sie will studiert sein. Aber sie greift ein Problem auf, das alle Schichten unserer Bevölkerung angeht, das gegenwärtig brennendste Problem des europäischen kulturellen Lebens: die Frage der **Neugestaltung unseres Wohnwesens.**

Die letzten Jahre haben wesentliche Wandlungen der Lebensformen gebracht. Allein schon die wichtigsten Faktoren: gesteigerter Sinn für Luft, Farbe und Mechanik, Drang zu sportlicher Betätigung, soziale Umschichtung, wirtschaftliche Nöte, müssen auf die Dauer unleugbar zu starken Umbildungen des Wohnwesens führen. Die üblichen alten Wohnungen genügen den Ansprüchen moderner Menschen nicht mehr — klare neue Wohnformen konnten sich jedoch bis heute noch nicht herausbilden, selbstverständlich nicht, da ja die Wandlungen selbst noch in voller Bewegung sind. Vielleicht auch darum, weil die neue Generation die Möglichkeiten noch nicht ahnt?

DER DEUTSCHE WERKBUND, eine Vereinigung hervorragender Vertreter der Kunst, der Industrie und des Handwerks, die sich der Förderung hochwertiger Leistungen auf allen Gebieten formgestaltender Arbeit widmen, hat im Verein mit der Stadt Stuttgart und unterstützt von staatlichen Stellen und wirtschaftlichen Verbänden die Ausstellung DIE WOHNUNG ins Leben gerufen. Ziel war, die neuen technischen Voraussetzungen des Wohnungsbaus zu zeigen und die breite Öffentlichkeit mit den neuesten und zweckmäßigsten Wohnungsausstattungen und Apparaten zur Vereinfachung der Hauswirtschaft bekannt zu machen. Vor allem sollte in einer Mustersiedlung gezeigt werden, was führende europäische Baukünstler an neuen Gedanken und Erfahrungen zum Wohnproblem zu sagen haben. Mies van der Rohe, Berlin, stellte den Bebauungsplan für eine städtische Siedlung am Weißenhof auf und erhielt die künstlerische Oberleitung über die gesamte Ausstellung. Die Durchbildung der einzelnen Bauten übernahmen folgende 16 Architekten:

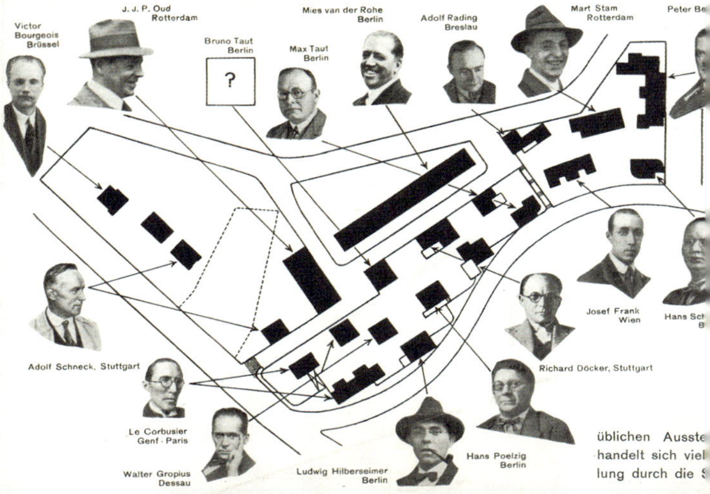

üblichen Ausste
handelt sich viel
lung durch die S

GROSSE HALLENAUSSTELLUNG: In 10 Hallen werden arbeitsparende Geräte und Einrichtungen für die Hauswirtschaft gezeigt. Eine wärmewirtschaftliche Abteilung ist angeschlossen, die besten Textilien, Tapeten, Beleuchtungskörper, Hygieneeinrichtungen und Bauteile, neue Linoleumsorten, Spiegelglas und Sperrholz und andere Materialien für den Innenausbau des Hauses und die Ausstattung von Wohnungen sind vertreten. Die Zulassung erfolgte auf Grund strenger Wertauslese. Schlichte, zweckmäßige Formen, gediegenes Material, saubere Verarbeitung, Preiswürdigkeit waren bestimmend für die Wahl. Hausfrauenführerinnen und -verbände arbeiteten mit. Mehrere **Musterküchen** werden im Betrieb vorgeführt.

Die Abteilung

INTERNATIONALE PLAN- und MODELL-AUSSTELLUNG NEUER BAUKUNS

zeigt die letzten Arbeiten und Projekte der Führer der Neuen Arc[h]tektur aus Deutschland, Amerika, Holland, Rußland, der Tschech[o]slowakei, der Schweiz, Italien, Frankreich, Belgien. Hier wird in üb[er] 500 großen Photos, Zeichnungen und Modellen die erste umfassen[de] Übersicht über den Stand der Neuen Baukunst gegeben.

DIE AUSSTATTUNG DER WOHNUNGEN

wurde von Gruppen deutscher, österreichischer, schweizerischer und holländischer Architekten mit der einschlägigen Industrie und dem Handwerk durchgeführt. Sie beschränkt sich bewußt auf das Einfachste, Sauberste, Notwendigste. Für die Befriedigung ausgesprochener Luxusbedürfnisse ist in der Ausstellung kein Raum. Auch im Möbelbau wurde weitgehend auf die Erprobung neuer Materialien eingegangen.

JSERN

4 neue Woh-
geschaffen.
tersiedlung
Einfamilienhäuser, neuartige Miets-
nd Reihenhaustypen. Für die sonst
wurde kein Geld ausgeworfen, es
auten, die nach Schluß der Ausstel-
gsuchende vergeben werden.

BESONDERS AUFFÄLLIG

sind dem Besucher die großen Fensterflächen, die lichten Farben, die weiten Terrassen und Sonnenbäder (auch in Mietshäusern!) und die geräumigen Dachgärten, die einen herrlichen Rundblick über die Stadt und das Neckartal gewähren. Der Siedlung schließt sich ein **Experimentiergelände** an. Hier werden die bei den Bauten der Weißenhofsiedlung angewandten neuen Baumaterialien und Baukonstruktionen sowie eine Anzahl weiterer neuer Baustoffe und Bauverfahren in klarer, sachlicher Form erläutert.

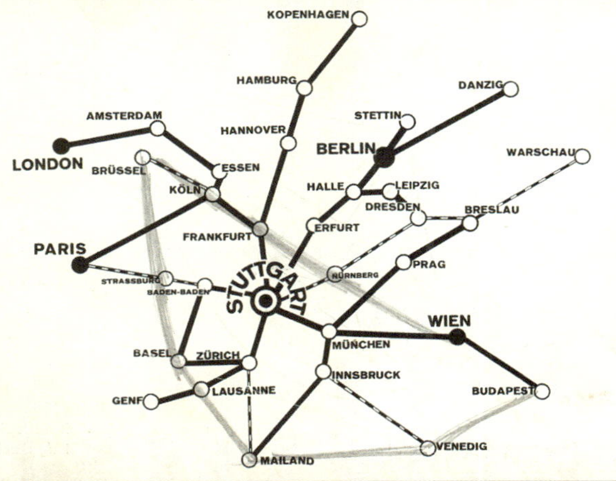

NACH STUTTGART! BESUCHEN SIE
E WERKBUNDAUSSTELLUNG DIE WOHNUNG!

Union, Stuttgart

WERKBUNDAUSSTELLUNG
DIE WOHNUNG
STUTTGART
23. Juli bis Mitte Oktober 1927

Torfotekt-Werbeblatt, um 1925
Torfotekt promotional leaflet, around 1925

Bodo und Heinz Rasch, Wie bauen?, Stuttgart um 1927
Bodo and Heinz Rasch, "How to build?", Stuttgart around 1927

EXPERIMENTELLES BAUEN

Ein zentrales Anliegen des Werkbunds und der Stadt Stuttgart ist die Erprobung rationeller Bautechniken für eine kostengünstige Herstellung von Wohnungen in Serienfabrikation. Durch industriell gefertigte Materialien, Typisierung von Bauteilen und Konstruktionen sowie einen durchorganisierten Bauablauf sollen Bauzeiten verkürzt und Kosten gesenkt werden. Im Vordergrund stehen vom Industriebau übernommene Skelettbauweisen, die in mehreren Häusern eingesetzt werden. Neuartig ist beispielsweise der große Wohnblock mit Stahlskelett von Ludwig Mies van der Rohe. Daneben wird – vor allem von Walter Gropius – mit Trockenbauweisen experimentiert. Mehrere Häuser werden in der „Feifel-Zickzack-Bauweise" errichtet, die sich jedoch auf Dauer nicht bewährt.

EXPERIMENTAL BUILDING / A key focal point of Werkbund and the city of Stuttgart was the testing of efficient building techniques for inexpensive mass production of housing units. Construction times were to be shortened and costs reduced by means of industrially produced materials, standardization of components and structures as well as a meticulously organized construction procedure. The emphasis was on skeleton construction methods adopted from industrial construction and applied in several houses. One of the innovative features was the large apartment building with a steel skeleton designed by Ludwig Mies van der Rohe. In addition, experiments were carried out with dry construction, especially by Walter Gropius. Several buildings were constructed using the "Feifel zigzag" method, which did not prove effective in the long run, however.

TROCKENBAUWEISE
Es werden fabrikmäßig vorgefertigte Elemente eingesetzt. Witterungsabhängige Arbeiten auf der Baustelle verkürzen sich. Auch entfallen lange Austrocknungszeiten wie bei massiven Bauweisen in Mauerwerk und Beton.
Haus 17, Walter Gropius
DRY CONSTRUCTION
Prefabricated elements were used. Construction site work dependent on the weather was shortened. In addition, long drying periods, as in the case of solid construction using brickwork and concrete, were no longer necessary.
House 17, Walter Gropius

„FEIFEL-ZICKZACK-BAUWEISE"
Bei dieser Konstruktion werden Bretter zickzackförmig zusammengenagelt. Sie kann für Wände, Böden und Decken eingesetzt werden und bietet Vorteile durch geringe Kosten, kurze Bauzeit und geringes Eigengewicht.
Haus 18, Ludwig Hilberseimer
„FEIFEL ZIGZAG" METHOD
In this type of construction boards were nailed together in zigzag form. This construction method could be applied for walls, floors and ceilings and offered advantages based on low cost, short construction time and low dead weight.
House 18, Ludwig Hilberseimer

STAHLSKELETTBAU
Das Tragwerk setzt sich aus Stahlprofilen zusammen, die verschraubt werden. Damit ist ein schneller Baufortschritt möglich. Statt massiver Steine können auch leichte Materialien zur Ausfachung verwendet werden.
Haus 1–4, Ludwig Mies van der Rohe
STEEL SKELETON CONSTRUCTION
The supporting framework was composed of steel sections that were bolted together. This enabled rapid construction progress. Instead of solid stones, light materials could also be used for infilling.
House 1–4, Ludwig Mies van der Rohe

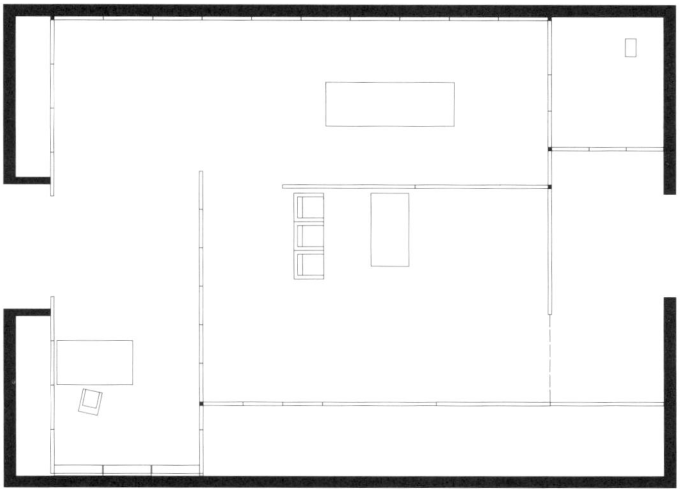

Grundriss Spiegelglashalle, M 1:200
Ground plan plate glass hall, scale 1:200

PROTOTYP SPIEGELGLASHALLE

Ende März 1927 bieten Ludwig Mies van der Rohe und Lilly Reich dem Verein Deutscher Spiegelglasfabriken an, sich an der Hallenausstellung mit einem repräsentativen Beitrag zu beteiligen. In nur zwei Monaten wird das Konzept der Spiegelglashalle entwickelt und realisiert. Mit raumhohen Glaselementen in unterschiedlichen Ausführungen und Farben sowie farblich akzentuierten Linoleumböden entsteht ein Raumerlebnis von strenger Modernität. Die Spiegelglashalle ist der Prototyp des Barcelona-Pavillons von Mies van der Rohe, mit dem sich Deutschland auf der Weltausstellung 1929 präsentiert.

PROTOTYPE SPIEGELGLASHALLE (PLATE GLASS HALL) / At the end of March 1927 Ludwig Mies van der Rohe and Lilly Reich offered Verein Deutscher Spiegelglasfabriken (Association of German Plate Glass Plants) the opportunity of taking part in the indoor exhibition with a representative contribution. The concept of the Spiegelglashalle was developed and implemented in only two months. Using room-high glass elements in different designs and colours as well as colour-accentuated linoleum, a spatial experience of rigid modernity was created. The Spiegelglashalle is the prototype of Mies van der Rohe's Barcelona pavilion, which represented Germany at the 1929 world exposition.

Der Stuttgarter Maler, Grafiker und Bühnenbildner Willi Baumeister zählt zu den wichtigsten deutschen Künstlern der Moderne. Über seine Bekanntschaft mit französischen Künstlern entsteht eine Freundschaft mit Le Corbusier, der in seinem Doppelhaus in der Weissenhofsiedlung Werke von Baumeister ausstellt. Baumeister übernimmt 1928 eine Professur für das Fachgebiet Typografie und Fotografie an der Städelschen Kunstgewerbeschule Frankfurt am Main.

Painter, graphics designer and set designer Willi Baumeister from Stuttgart numbered among the major German artists of the modern age. His acquaintance with French artists led to his friendship with Le Corbusier, who displayed works by Baumeister in his pair of semi-detached houses in Weissenhofsiedlung. In 1928 Baumeister took over a chair as professor for typography and photography at Städelsche Kunstgewerbeschule (school of arts and crafts) in Frankfurt/Main.

WILLI BAUMEISTER (1889–1955)

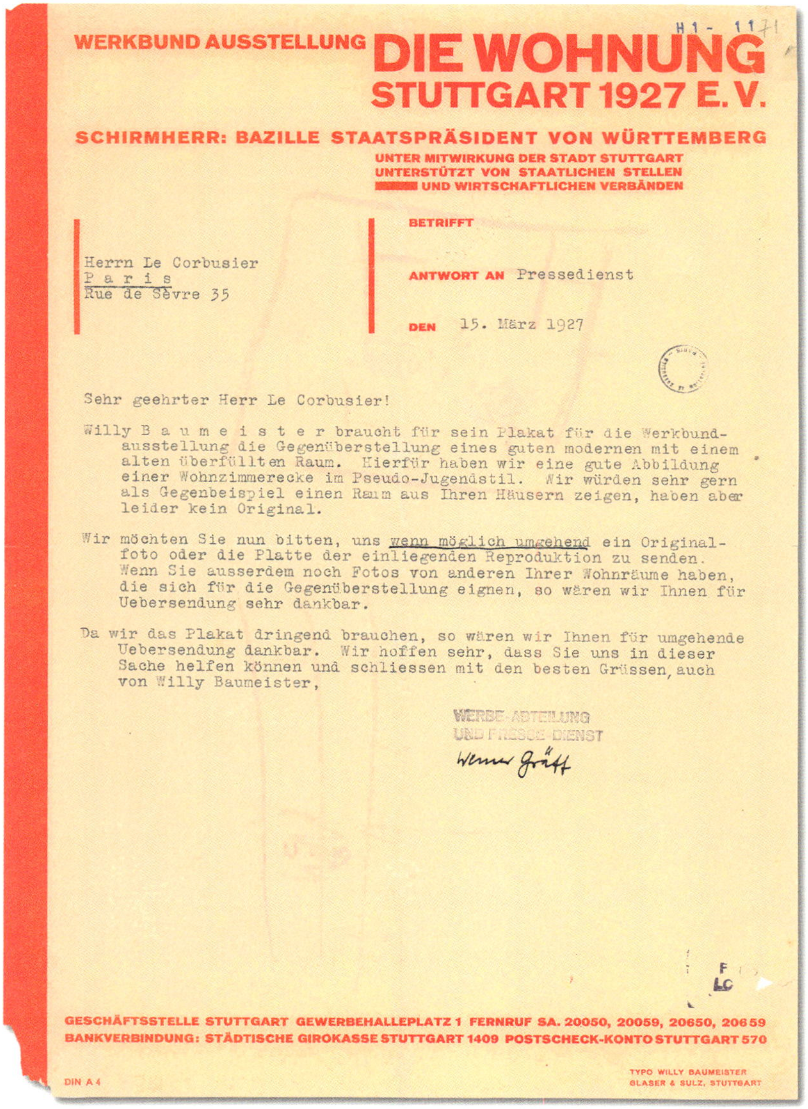

H1- 1171

WERKBUND AUSSTELLUNG DIE WOHNUNG STUTTGART 1927 E.V.

SCHIRMHERR: BAZILLE STAATSPRÄSIDENT VON WÜRTTEMBERG

UNTER MITWIRKUNG DER STADT STUTTGART
UNTERSTÜTZT VON STAATLICHEN STELLEN
UND WIRTSCHAFTLICHEN VERBÄNDEN

Herrn Le Corbusier
P a r i s
Rue de Sèvre 35

BETRIFFT

ANTWORT AN Pressedienst

DEN 15. März 1927

Sehr geehrter Herr Le Corbusier!

Willy B a u m e i s t e r braucht für sein Plakat für die Werkbundausstellung die Gegenüberstellung eines guten modernen mit einem alten überfüllten Raum. Hierfür haben wir eine gute Abbildung einer Wohnzimmerecke im Pseudo-Jugendstil. Wir würden sehr gern als Gegenbeispiel einen Raum aus Ihren Häusern zeigen, haben aber leider kein Original.

Wir möchten Sie nun bitten, uns wenn möglich umgehend ein Originalfoto oder die Platte der einliegenden Reproduktion zu senden. Wenn Sie ausserdem noch Fotos von anderen Ihrer Wohnräume haben, die sich für die Gegenüberstellung eignen, so wären wir Ihnen für Uebersendung sehr dankbar.

Da wir das Plakat dringend brauchen, so wären wir Ihnen für umgehende Uebersendung dankbar. Wir hoffen sehr, dass Sie uns in dieser Sache helfen können und schliessen mit den besten Grüssen, auch von Willy Baumeister,

WERBE-ABTEILUNG
UND PRESSE-DIENST
Werner Gräff

GESCHÄFTSSTELLE STUTTGART GEWERBEHALLEPLATZ 1 FERNRUF SA. 20050, 20059, 20650, 20659
BANKVERBINDUNG: STÄDTISCHE GIROKASSE STUTTGART 1409 POSTSCHECK-KONTO STUTTGART 570

DIN A 4

TYPO WILLY BAUMEISTER
GLASER & SULZ, STUTTGART

Briefbogen, Gestaltung Willi Baumeister 1926/27
Letter paper. Designed by Willi Baumeister, 1926/27

Entwurf einer Briefmarke, Willi Baumeister, 1926/27
Draft for a stamp. Designed by Willi Baumeister, 1926/27

Willi Baumeister kennzeichnet mit dicken roten Strichen, welche bürgerlichen Wohnformen es zu überwinden gilt. Das Plakat, das er in mehreren Varianten entwirft, ist sehr prägnant, ruft aber Kritik hervor. Ein weniger radikaler Plakatentwurf stammt von Karl Straub.

Willi Baumeister depicted the bourgeois forms of housing that were to be overcome using thick red lines. The poster, which he designed in several variants, was very succinct, but evoked criticism. A less radical poster design was provided by Karl Straub.

Plakat „Jugendstil", 1927
Poster "Art Nouveau", 1927

Plakat „Historismus", 1927
Poster "Historicism", 1927

Plakat. Entwurf Karl Straub, 1927
Poster. Designed by Karl Straub, 1927

TYPOGRAFIE

Alle Drucksachen und Veröffentlichungen der Ausstellung sowie die Beschriftung der Hallenausstellung entwirft Willi Baumeister in einheitlicher typografischer Gestaltung. Er gestaltet auch Plakate, Postkarten, Eintrittskarten und Briefmarken, die allerdings nicht in den Umlauf kommen. Zusammen mit den von ihm gestalteten Büchern erhält die Werkbundausstellung damit einen einprägsamen „Auftritt". Die Prinzipien seiner Gestaltung brechen mit der Tradition: Die Mittelachse wird bewusst vermieden, asymmetrische Kompositionen dominieren. Schriftgrößen, Farben und Ausrichtungen variieren je nach Bedeutung der Aussagen. Baumeister wählt die nach ihrem Entwerfer Jakob Erbar aus Köln benannte Schrifttype „Erbar-Grotesk" aus, die direkte Vorläuferin der bekannten „Futura".

TYPOGRAPHY / All printed matter and publications of the exhibition as well as the lettering for the indoor exhibition were designed by Willi Baumeister with uniform typography. He also designed posters, postcards, admission tickets and stamps, which never went into circulation, however. Together with the books he designed, the Werkbund exposition was thus given a distinctive appearance. The principles of his design broke with tradition. A centre axis was deliberately avoided, asymmetrical compositions dominated. Type sizes, colours and alignment varied according to the significance of the statements. Baumeister chose the font "Erbar-Grotesk", named after its designer, Jakob Erbar from Cologne, the direct precursor of the well-known "Futura".

Neue Lebensformen.

Das „Corbusierspiel" oder „Durch diese hohle Gasse muss er kommen". oder „das Kamel im Nadelöhr."

Neue Lebensformen.

„Der olle Dussel schnarcht wieder mal zu doll! Rin mit ihm in den Bettschrank!"
oder
Die werktätige Frau.

Neue Lebensformen.

Praktische Ausnützung der Stam'schen Fuss-bodenheizung' oder moderne fliegende „Holländer"?

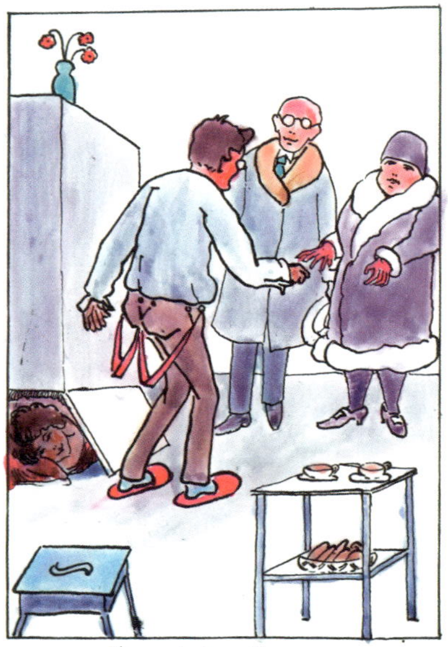

Neue Lebensformen.

Das verschobene Gschpusi
oder
Corbusier ist an allem schuld!

REAKTIONEN

In deutschen und ausländischen Tageszeitungen erscheinen bis September 1927 mehr als 400 Berichte über die Werkbundausstellung. Auch die Fachpresse des In- und Auslands nimmt mit illustrierten Aufsätzen zu der Stuttgarter Veranstaltung Stellung. Die ungewöhnlichen Häuser am Weissenhof sind aber auch Gegenstand populärer Meinungsäußerungen. So werden die Ideen des Neuen Bauens in Karikaturen persifliert.

RESPONSES / Until September 1927, German and foreign newspapers published more than 400 reports about the Werkbund exhibition. The specialized press in Germany and abroad like-wise commented the event in Stuttgart in illustrated professional articles. But the unorthodox buildings at the Weissenhof estate also attracted popular comments, such as in caricatures that satirized the ideas of the Neues Bauen movement.

„Neue Lebensformen. Nach Mies van der Rohe. Motto: Der Kampf um die neue Wohnung ist ein Kampf um neue Lebensformen". Illustriert von einem Zeitgenossen. Handgemalte Diapositive, 1927

„New ways of life. According to Mies van der Rohe. Motto: The struggle for new housing is a struggle for new ways of life". Illustrated by a contemporary. Hand-painted slides, 1927

1929

Auf der Weltausstellung in Barcelona präsentiert sich Deutschland als modernes Land mit dem „Barcelona-Pavillon" von Ludwig Mies van der Rohe.
At the Barcelona World Exhibition Germany presents itself as a modern nation, reflected in the Barcelona Pavilion designed by Ludwig Mies van der Rohe.

1933

Der Nationalsozialismus errichtet in Deutschland ein rassistisches Gewaltregime, das zum Zweiten Weltkrieg führt. Das politische und kulturelle Leben wird „gleichgeschaltet".
The National Socialists set up a racist regime built on violence, Germany's first step toward World War II. Politics, the arts and culture are forced to toe the line of Nazi ideology.

1989

Der Fall der Berliner Mauer führt zur Wiedervereinigung Deutschlands. Ost- und Westeuropa rücken wieder näher zusammen.

The fall of the Berlin Wall ushers in the reunification of Germany. Eastern and western Europe move closer together.

1969

Neil Armstrong betritt als erster Mensch den Mond.

Neil Armstrong is the first person to set foot on the surface of the moon.

4 die geschichte der siedlung

Die Weissenhofsiedlung setzt Zeichen für das Neue Bauen. In ihrer Radikalität polarisiert sie schnell. Avantgarde und Traditionalismus in der Architektur stehen sich bald unversöhnlich gegenüber. In der Zeit des Nationalsozialismus, des Zweiten Weltkriegs und danach ist die Siedlung Verfall und Zerstörung preisgegeben. Erst gegen Ende des 20. Jahrhunderts wird die Weissenhofsiedlung als Kulturdenkmal der modernen Architektur anerkannt. Das wechselhafte Schicksal der Siedlung ist damit auch ein Spiegelbild der Zeitgeschichte.

THE HISTORY OF THE ESTATE / The Weissenhof estate set an example for "Neues Bauen". It quickly led to a polarization because of its radicalness. Avant-garde and traditionalism in architecture were soon irreconcilably positioned on two sides of the fence. During the period of Nazism, World War II and thereafter the estate fell victim to decay and destruction. It was only towards the end of the 20th century that the Weissenhof estate was recognized as a cultural monument of modern architecture. The shifting fate of the estate has thus also been a reflection of contemporary history.

Die Werkbundausstellung in Stuttgart festigt Kontakte über Ländergrenzen hinweg. Ein Jahr später, im Juni 1928, reisen 28 Architekten aus Europa nach La Sarraz in der Schweiz zur Gründungsversammlung der Vereinigung „Congrès Internationaux d'Architecture Moderne" (CIAM) . Le Corbusier, einer der Mitbegründer, zählt zu den profiliertesten Mitgliedern und verfasst 1933 mit der „Charta von Athen" eines der wirkungsvollsten Thesenpapiere zum Städtebau der Industriegesellschaft.
The Werkbund exhibition in Stuttgart strengthened contacts across national borders. A year later, in June 1928, 28 architects from Europe travelled to La Sarraz in Switzerland for the foundation meeting of the organization "Congrès Internationaux d'Architecture Moderne" (CIAM). Le Corbusier, one of the co-founders, numbered among the most prominent members and the "Charter of Athens", which he wrote in 1933, is one of the most effective theoretical writings on urban development in an industrial society.

CIAM
1928

AVANTGARDE – TRADITIONALISMUS

Die Weissenhofsiedlung markiert den Durchbruch eines neuen Baustils. Moderne Bauten prägen nun auch das Stadtbild Stuttgarts und anderer Städte. Die Avantgarde, von Anfang an international ausgerichtet, formiert sich in den „Congrès Internationaux d'Architecture Moderne" (CIAM). Sie führen in jährlichen Treffen die Architekten der modernen Bewegung zusammen. Für die Vertreter einer traditionellen Architekturauffassung sind die Häuser am Weissenhof jedoch eine Provokation. Vor allem die Häuser von Le Corbusier spalten die Lager. Zustimmung und Kritik prallen aufeinander. Als Gegenposition gründen die Traditionalisten 1928 den „Block". Während der Nationalsozialismus in Deutschland die Propaganda gegen das Neue Bauen verstärkt und viele Weissenhof-Architekten ins Exil treibt, bildet sich im Ausland der „Internationale Stil" heraus.

AVANT-GARDE – TRADITIONALISM / The Weissenhofsiedlung marked the breakthrough of a new style of architecture. Modern buildings now also characterized Stuttgart's townscape as well as that of other cities. Internationally oriented right from the beginning, the avant-garde formed at the "Congrès Internationaux d'Architecture Moderne" (CIAM). These congresses brought architects of the modern movement together at annual meetings. For the advocates of a traditional view of architecture, however, the houses at Weissenhof were a provocation. Especially Le Corbusier's houses split the architects into two camps. Approval and criticism clashed. As a counterposition, the traditionalists founded the "Block" in 1928. While the Nazis in Germany reinforced propaganda against "Neues Bauen", driving many Weissenhof architects into exile, the "International Style" formed abroad.

Seit 1918 prägt Paul Schmitthenner als einer der einflussreichsten Lehrer an der damaligen Technischen Hochschule die Architektenausbildung der „Stuttgarter Schule". In der Auseinandersetzung um die Weissenhofsiedlung gehört er zum traditionalistischen Flügel. Er vertritt eine an regionalen Gegebenheiten und Traditionen des Handwerks orientierte Architektur. Die Internationalität der modernen Bewegung hält er für einen Irrweg. 1928 tritt er wie Paul Bonatz aus dem Deutschen Werkbund aus und nähert sich in seinem konservativen Weltbild dem völkischen Denken des Nationalsozialismus.

Paul Schmitthenner, one of the most influential teachers at the then Technical University, shaped the architectural education of the "Stuttgart school" from 1928 onward. In the debate over the Weissenhof estate he belonged to the traditionalist wing. He represented an architecture oriented to regional circumstances and traditions of the craft trades. He felt the internationality of the modern movement was a mistake. Like Paul Bonatz, he left the German Werkbund in 1928 and, based on his conservative view of life, approached the völkisch thinking of National Socialism.

PAUL SCHMITTHENNER
(1884–1972)

Im März 1927 kommentiert Ludwig Mies van der Rohe den Konflikt zwischen Avantgarde und Tradition noch ironisch auf einer Werbekarte: „Siedlung am Weissenhof, wie sie würde, wenn Rechtsmittel zur Verfügung stünden". Wenige Jahre später wird daraus bitterer Ernst.

In March 1927 Ludwig Mies van der Rohe ironically commented on the conflict between avant-garde and tradition on a promotional card: "Estate at Weissenhof, what it would be like if means of legal redress were available." A few years later this becomes deadly earnest.

Ansichtskarte, um 1928. Kaufhaus Schocken. Architekt Erich Mendelsohn, 1926-1928. Tagblattturm. Architekt Otto Osswald, 1927/28
Postcard, around 1928. Schocken department store. Architect Erich Mendelsohn, 1926-1928. Tagblattturm. Architect Otto Osswald, 1927/28

Walter Curt Behrendt, Der Sieg des neuen Baustils, Stuttgart 1927
Walter Curt Behrendt, "The victory of the new building style", Stuttgart 1927

Ansichtskarte, um 1928. Kaufhaus Schocken. Erfrischungsraum
Postcard, around 1928. Schocken department store. Refreshment room

Paul Schmitthenner schreibt zum Haus Le Corbusiers: „Erstarrte Gedankenlosigkeit eines geistreichen Ästheten von Geschmack. Diese ‚neue Sachlichkeit' hat internationale Gültigkeit, denn es ist gleichgültig, in welchem Erdteil dieses Gebäude steht." Dem stellt er seinen eigenen Entwurf gegenüber: „Wohnhaus auf der Höhe in Stuttgart, erbaut 1930. Deutsche Bürgerlichkeit mit geistiger Haltung. In jedem Punkt sachlich. Häuser dieser Art sind für Reklame nicht geeignet. Dieses Haus ist nicht überall zu Hause, denn es ist nicht international."

Paul Schmitthenner wrote about the Le Corbusier House: "Rigid thoughtlessness of an ingenious aesthete of taste. This 'new objectivity' has gained international acceptance because it does not matter in what part of the world this building stands." He compared this to his own design: "Dwelling on a hill in Stuttgart, built in 1930. German bourgeoisie with an intellectual style. Objective in every respect. Buildings of this kind are not suitable for advertising. This house is not at home everywhere for it is not international."

Paul Schmitthenner, Baukunst im neuen Reich, München 1934

Paul Schmitthenner, "Architecture in the New Reich", Munich 1934

Werbemarke, Werkbundausstellung Breslau, 1929. Entwurf Johannes Molzahn
Advertising stamp. Werkbund exhibition Breslau, 1929. Designed by Johannes Molzahn

VORBILD WEISSENHOF

Der Erfolg der Stuttgarter Werkbundausstellung schlägt Wellen. Ähnliche Projekte an anderen Orten entstehen. Bis 1933 werden insgesamt fünf Mustersiedlungen vom Deutschen, Schweizerischen, Tschechischen und Österreichischen Werkbund errichtet. Sie können allerdings keine mit Stuttgart vergleichbare internationale Wirkung entfalten. Große Bauausstellungen, die der Deutsche Werkbund um 1930 plant, bleiben wegen der Weltwirtschaftskrise eher bedeutungslos oder entfallen ganz.

WEISSENHOF AS A MODEL / The success of the Werkbund exhibition in Stuttgart created a stir. Similar projects were initiated in other places. By 1933 a total of five model estates had been set up by the German, Swiss, Czech and Austrian Werkbund organizations. However, they were not able to unfold the same international impact as in Stuttgart. Because of the world economic crisis, large building exhibitions that were planned by Deutscher Werkbund around 1930 remained rather insignificant or did not take place at all.

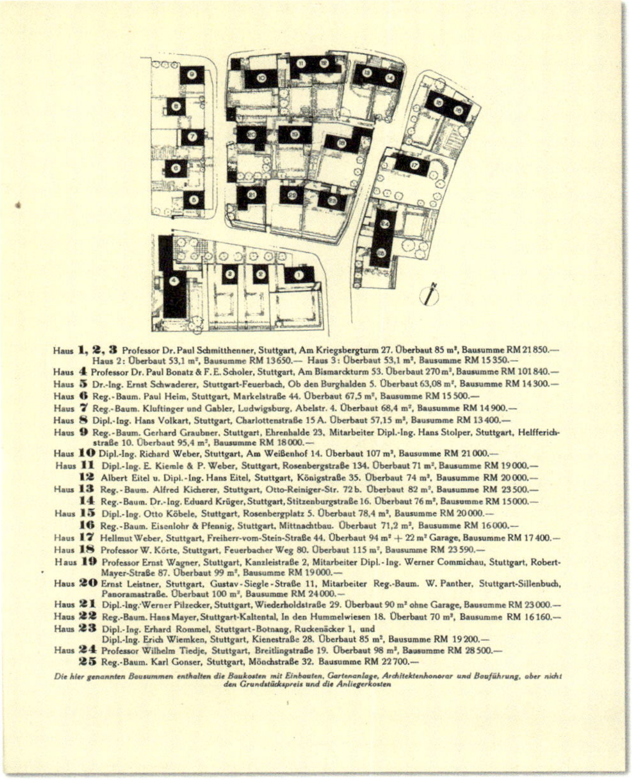

Kochenhofsiedlung. Lageplan, 1933
Kochenhof estate. Site plan, 1933

Häuser von Paul Schmitthenner (rechts) und von Karl Gonser, Wilhelm Tiedje, 1933
Buildings designed by Paul Schmitthenner (right) and Karl Gonser, Wilhelm Tiedje, 1933

GEGENPROJEKT KOCHENHOF

Die scharfe Kritik Paul Schmitthenners an der Weissenhofsiedlung mündet in ein Gegenprojekt. Bereits 1926 entstehen erste Planungen für eine Mustersiedlung aus Holzbauten am benachbarten Kochenhof. Nach der Machtergreifung durch die Nationalsozialisten wird Schmitthenner die Leitung übertragen. Er kann 1933 mit dem „Kampfbund für deutsche Kultur" eine Siedlung mit Häusern in traditioneller Baukonstruktion zeigen, die seinen Vorstellungen vom „deutschen Wohnhaus" entsprechen.

COUNTER-EXHIBITION AT KOCHENHOF / Paul Schmitthenner's sharp criticism of the Weissenhofsiedlung resulted in a counter-project. Initial planning for a model estate consisting of wooden structures at the neighbouring Kochenhof site was carried out back in 1926. After the Nazis' rise to power Schmitthenner was appointed head of the project and with the "Kampfbund für deutsche Kultur" (Combat League for German Culture) in 1933 he displayed an estate with houses of traditional architectural design that conformed to his ideas of the "German dwelling".

VERFEMUNG
BAN
1932

Die Fotomontage als Araberdorf wird zum Sinnbild nationalistischer Verfemung. Ansichtskarte, um 1932
The photomontage as an Arab village became the symbol of the nationalistic ban. Postcard, around 1932

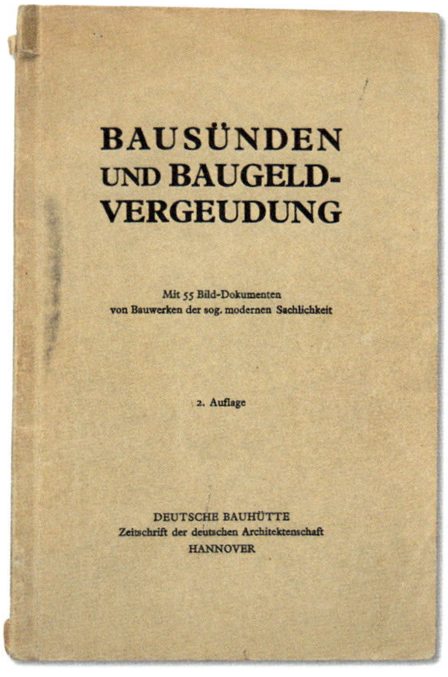

Schwächen der experimentellen Baukonstruktionen dienen als Vorwand zu grundlegender Kritik an der neuen Architektur.
Weaknesses of experimental building structures served as a pretext for fundamental criticism of new architecture.

Curt R. Vincentz, Bausünden und Baugeldvergeudung, Hannover 1932
Curt. R. Vincentz, "Building sins and waste of building funds", Hanover 1932

Die Siedlung, um 1930
The estate, around 1930

Wohnhaus von Le Corbusier und Pierre Jeanneret, um 1932
Dwelling designed by Le Corbusier and Pierre Jeanneret, around 1932

ZERSTÖRUNG UND BEWAHRUNG

Die experimentelle Weissenhofsiedlung wird bald ideologisch angefeindet. Der von den Nationalsozialisten eingesetzte Oberbürgermeister Karl Strölin bezeichnet sie 1933 als „Schandfleck Stuttgarts". Die Stadt verkauft die Siedlung 1939 an das Deutsche Reich, das die Häuser abreißen und einen militärischen Verwaltungskomplex errichten will. Dieser Plan wird nicht realisiert, doch werden 1944 zehn Häuser durch Bomben zerstört oder schwer beschädigt. Nach dem Krieg, in einer Zeit großer Wohnungsnot, entstehen auf den Ruinen unpassende Neubauten. Andere Häuser erhalten An- und Aufbauten. Als Anfang der 1950er Jahre die Häuser von Le Corbusier grundlegend umgebaut werden sollen, regt sich erstmals Widerstand. Damit beginnt eine Phase allmählicher Wertschätzung dieser Siedlung. 1958 wird sie als Kulturdenkmal unter Schutz gestellt. Allerdings ist weiterer öffentlicher Druck notwendig, bis die Siedlung zwischen 1981 und 1987 grundlegend instandgesetzt wird.

DESTRUCTION AND PRESERVATION / The experimental Weissenhofsiedlung soon aroused ideological animosity. In 1933 Mayor Strölin, who was installed by the Nazis, called it "a blot on Stuttgart". The city sold the estate in 1939 to the German Reich, which wanted to tear down the houses and set up a military administration complex. This plan was not implemented, but ten buildings were destroyed or severely damaged by bombs in 1944. After the war, in times of a great housing shortage, inappropriate new buildings were constructed on the ruins. Extensions were added onto other edifices. When Le Corbusier's houses were slated to be extensively rebuilt at the beginning of the 1950s, resistance arose for the first time. This marked the start of a phase of gradual appreciation for this estate. In 1958 it was classified as a cultural monument. However, further public pressure was necessary before the estate underwent fundamental repair and maintenance work between 1981 and 1987.

VERKAUF
SALE
1939

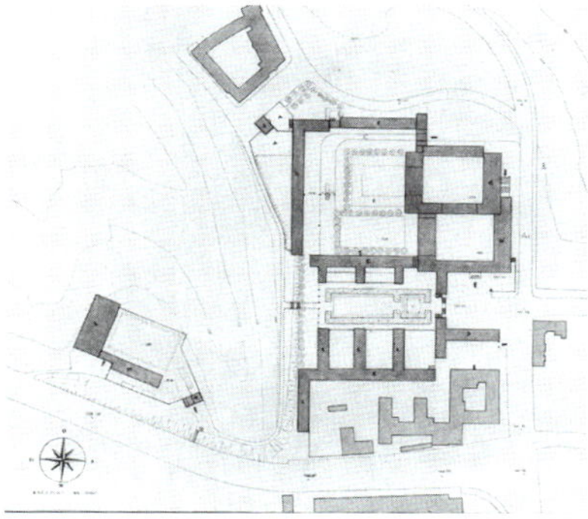

Bereits 1938 findet ein Wettbewerb für einen Gebäudekomplex der Wehrmacht auf dem Gelände der Weissenhofsiedlung statt.
Entwurf Paul Schmitthenner, Lageplan. Die Rathenaustraße liegt im Bild oben.
Back in 1938 a competition took place for a building complex of the German Wehrmacht on the grounds of the Weissenhof estate.
Design by Paul Schmitthenner, layout plan; Rathenaustrasse located at top edge.

Nach dem Verkauf der Siedlung an das Deutsche Reich wird der Abriss vorbereitet. Allen Mietern wird gekündigt. Nach dem Krieg geht die Siedlung in das Eigentum der Bundesrepublik Deutschland über.
After sale of the estate to the German Reich preparations were made for demolition. Notice was given to all tenants. After Wordl War II the estate became the property of the Federal Republic of Germany.

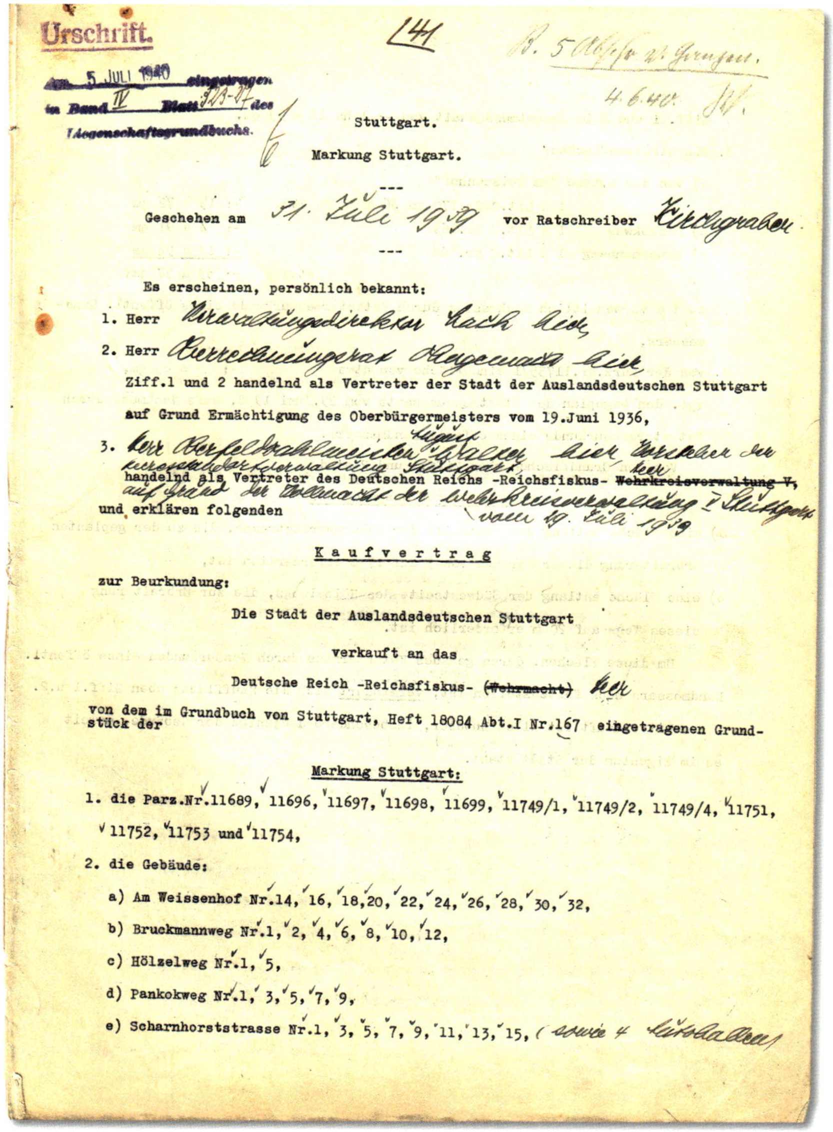

Urschrift.

141

Am 5. JULI 1940 eingetragen in Band IV Blatt 923-27 des Liegenschaftsgrundbuchs.

4.6.40.

Stuttgart.

Markung Stuttgart.

Geschehen am 31. Juli 1939 vor Ratschreiber [illegible]

Es erscheinen, persönlich bekannt:

1. Herr [illegible] hier,
2. Herr [illegible] hier,

Ziff.1 und 2 handelnd als Vertreter der Stadt der Auslandsdeutschen Stuttgart auf Grund Ermächtigung des Oberbürgermeisters vom 19.Juni 1936,

3. Herr [illegible] hier [illegible] Stuttgart,
handelnd als Vertreter des Deutschen Reichs -Reichsfiskus- ~~Wehrkreisverwaltung V,~~ Heer auf Grund der Vollmacht der Wehrkreisverwaltung V Stuttgart vom 19. Juli 1939

und erklären folgenden

K a u f v e r t r a g

zur Beurkundung:

Die Stadt der Auslandsdeutschen Stuttgart

verkauft an das

Deutsche Reich -Reichsfiskus- ~~(Wehrmacht)~~ Heer

von dem im Grundbuch von Stuttgart, Heft 18084 Abt.I Nr.167 eingetragenen Grundstück der

Markung Stuttgart:

1. die Parz.Nr.11689, 11696, 11697, 11698, 11699, 11749/1, 11749/2, 11749/4, 11751, 11752, 11753 und 11754,
2. die Gebäude:
   a) Am Weissenhof Nr.14, 16, 18, 20, 22, 24, 26, 28, 30, 32,
   b) Bruckmannweg Nr.1, 2, 4, 6, 8, 10, 12,
   c) Hölzelweg Nr.1, 5,
   d) Pankokweg Nr.1, 3, 5, 7, 9,
   e) Scharnhorststrasse Nr.1, 3, 5, 7, 9, 11, 13, 15, (sowie 4 [illegible])

Kaufvertrag 1939
Contract of sale, 1939

ZERSTÖRUNG
DESTRUCTION
1944

Zu den vollständig zerstörten Gebäuden zählen die Häuser von Walter Gropius. Aufnahme 1947
The houses of Walter Gropius numbered among the completely destroyed buildings. Photo taken in 1947

Die beiden Häuser von Le Corbusier überstehen den Krieg, wenngleich beschädigt. Sie werden notdürftig instand gesetzt. Aufnahme 1947
The two houses designed by Le Corbusier survived the war, though damaged. They were repaired in makeshift fashion. Photo taken in 1947

UMBAUTEN
REBUILDING WORK
1955

Das Einfamilienhaus von Le Corbusier entspricht nicht den wohnungswirtschaftlichen Erfordernissen der Nachkriegszeit. Es soll 1955 zum Zweifamilienhaus umgebaut werden. Da sich das Projekt als unwirtschaftlich erweist, erwägt die staatliche Hochbauverwaltung den Abriss.
Le Corbusier's single-family dwelling did not meet the housing sector requirements of the post-war period. It was to be rebuilt into a two-family house in 1955. Since the project proved to be uneconomical, the state building department gave consideration to demolition.

Umbauplan, 2. Obergeschoss, 1955
Rebuilding plan, 2nd floor, 1955

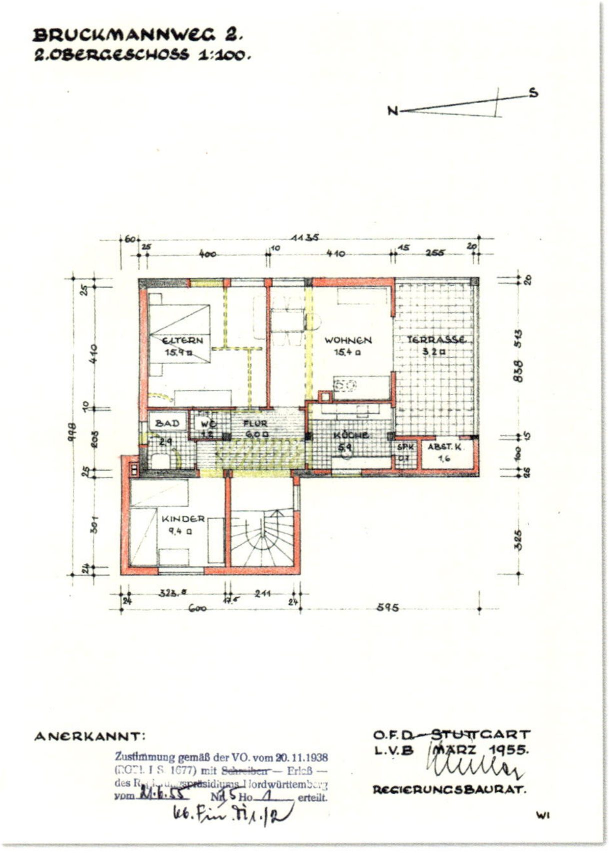

DENKMALSCHUTZ
CULTURAL MONUMENT
1958

Der drohende Abriss des Einfamilienhauses von Le Corbusier bewirkt ein Umdenken. Nach Protesten wird die Siedlung unter Denkmalschutz gestellt. Es entsteht eine Bewegung für die Erhaltung der Weissenhofsiedlung. Sie gewinnt mit einem Aufruf von Bodo Rasch, Frei Otto und anderen zum 50. Jahrestag der Werkbundausstellung 1977 neue Kraft.
Stuttgarter Nachrichten, 10.07.1956

Imminent demolition of Le Corbusier's single-family dwelling brought about a rethinking. After protests the estate was classified as a cultural monument. A movement for preservation of the Weissenhof estate came into being. It gained new force thanks to an appeal by Bodo Rasch and Frei Otto on the 50th anniversary of the Werkbund exhibition in 1977.
"Stuttgarter Nachrichten", 10 July 1956

Die beiden Wohnhäuser von Le Corbusier und Pierre Jeanneret, um 1960
Two dwellings by Le Corbusier and Pierre Jeanneret, around 1960

Schutzwürdig

Dr. Klett gegen Abbruch des Corbusier-Hauses

In einem Schreiben an die Oberfinanzdirektion hat Oberbürgermeister Dr. Klett dieser Tage den Abbruch des Corbusier-Hauses in der Weißenhofsiedlung abgelehnt. Er bittet darum, bei der weiteren Wiederherstellung der Siedlung ihrem ehemaligen Charakter Rechnung zu tragen, und kündigt die Absicht an, die Eintragung der noch erhaltenen Gebäude in die Denkmalliste zu beantragen.

Dr. Klett beantwortete damit die Frage, ob die Stadt gegen den Abbruch eines der beiden Corbusier-Häuser, Bruckmannweg 2, Einwendungen erhebe. Er erinnerte daran, daß die Häuser der Siedlung von international anerkannten Architekten aus den verschiedensten Ländern gebaut worden sind und bahnbrechend für den Wohnungsbau gewirkt haben. Aus zahlreichen Zuschriften, darunter aus einem Schreiben des Bundespräsidenten und des Werkbundes, sei zu entnehmen, daß überall gegen den Abbruch des Hauses Bruckmannweg 2 Bedenken bestehen. Auch das Landesamt für Denkmalpflege halte es für nötig, einer weiteren Zerstörung der Siedlung energisch Einhalt zu gebieten und den ursprünglichen Zustand des fraglichen Gebäudes im Innern und Äußern wiederherzustellen.

Wohnhaus von Ludwig Mies van der Rohe, 1968
Dwelling by Ludwig Mies van der Rohe, 1968

GENERALSANIERUNG
GENERAL RESTORATION
1981–87

Wohnhaus von J. J. P. Oud, 1984
Dwelling designed by J. J. P. Oud, 1984

Haus von Peter Behrens, 1953 (oben) und 1987 (unten)
House designed by Peter Behrens, 1953 (top) and 1987 (bottom)

Wohnhaus von J. J. P. Oud, 1987
Dwelling designed by J. J. P. Oud, 1987

Von der Staatlichen Hochbauverwaltung wird mit finanzieller Unterstützung der Stadt Stuttgart die äußere Erscheinung der erhaltenen Häuser wieder dem Zustand von 1927 angepasst. In einzelnen Wohnungen können auch die Innenräume wiederhergestellt werden.
The external appearance of the preserved buildings was restored to their state in 1927 by the state building department with the financial support of the city of Stuttgart. It was also possible to restore the interior space in individual housing units.

2002

Der 75. Jahrestag der Weissenhofsiedlung bringt die Diskussion um ein Weissenhofmuseum in Gang.

The 75th anniversary of the Weissenhof estate ignites a discussion about a Weissenhof museum.

2002

Der Euro wird als gemeinsame Währung in zwölf Ländern Europas eingeführt.

The euro is introduced as the common currency for twelve European countries.

2007

Eine internationale Arbeitsgruppe bereitet einen Antrag vor, das architektonische und städtebauliche Werk Le Corbusiers in das UNESCO-Weltkulturerbe aufzunehmen.
An international working group prepares an application for including Le Corbusier's architectural and urban design oeuvre in the UNESCO World Heritage List.

5 die geschichte des hauses

Das experimentelle Wohnkonzept Le Corbusiers findet bei Mietern keine Resonanz. Bereits ab 1932 werden Umbauten am Haus durchgeführt, Zug um Zug gehen originale Einrichtungen und Bauteile verloren. Erst mit der Sanierung 1983/1984 wird eine neue Wertschätzung des Gebäudes erkennbar. Die Aufwertung als ein Baudenkmal von besonderer Bedeutung setzt sich fort mit der aufwändigen Instandsetzung durch die Wüstenrot Stiftung in den Jahren 2002 bis 2005 und findet ihren Höhepunkt in der Bestrebung, das Haus mit anderen wichtigen Werken Le Corbusiers in die Welterbeliste der UNESCO aufzunehmen.

THE HISTORY OF THE HOUSE / Le Corbusier's experimental housing concept meets with no response among tenants. Modifications are carried out on the house starting back in 1932. Little by little original furnishings and structural components are lost. It was only through the restoration in 1983/1984 that a new appreciation of the building emerges. Upgrading of the edifice as a historical monument of special importance continues with the elaborate restoration work by the Wüstenrot Foundation in the period from 2002 to 2005 and reaches its high point in efforts to include the house along with other major works of Le Corbusier in UNESCO's World Heritage List.

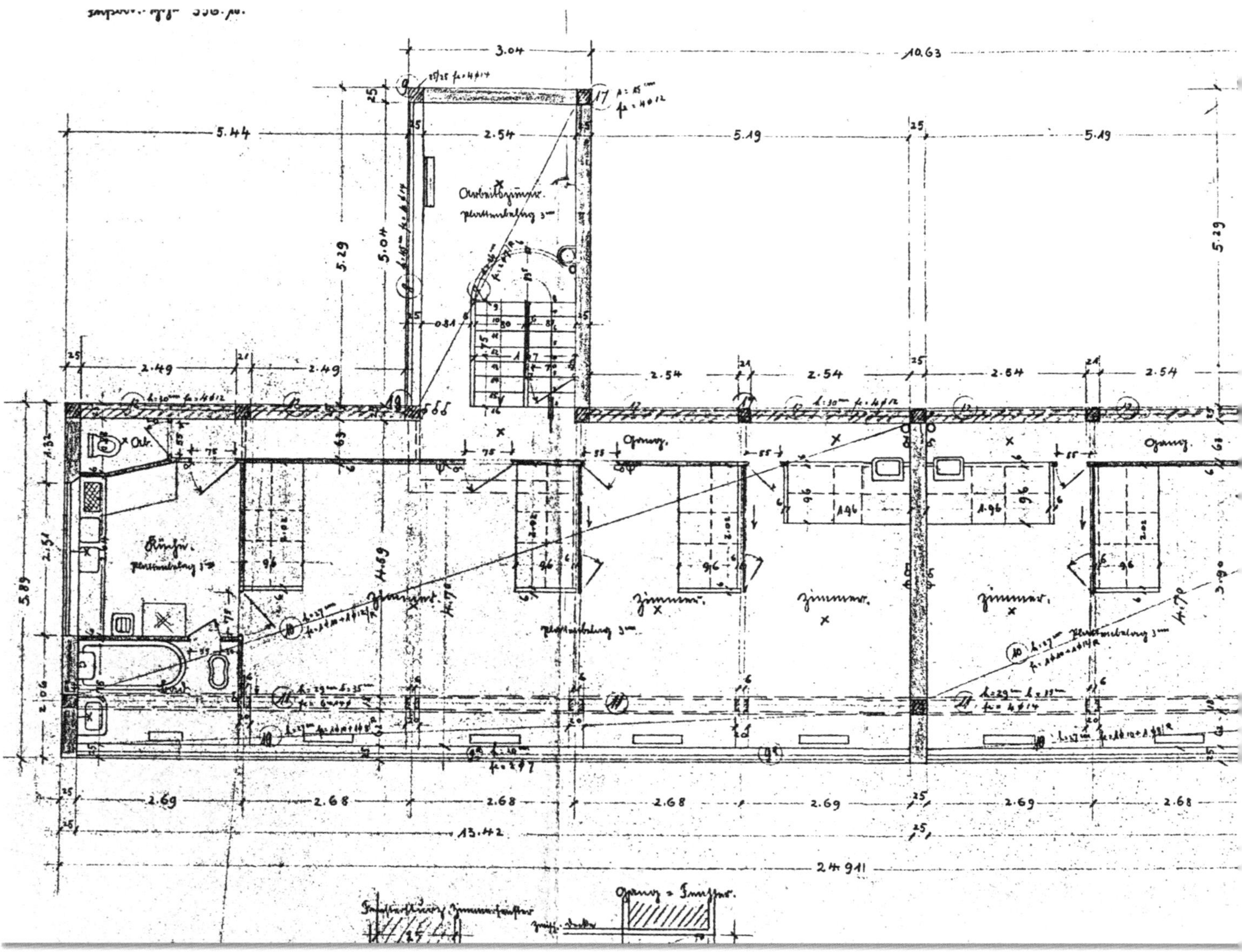

1927 EXPERIMENT

Ausgangspunkt des denkmalpflegerischen Konzepts ist die Bauausführung von 1927. Entwurf und Konzeption stammen von Le Corbusier. Pierre Jeanneret, sein Vetter und damaliger Büropartner in Paris, wirkt bei der Planung mit. Aber auch Alfred Roth hat als Bauleiter bedeutenden Anteil. In nur zweieinhalb Monaten Bauzeit werden beide Häuser von Le Corbusier und Pierre Jeanneret errichtet. Die Architekten sind während der Bauzeit nicht ein einziges Mal in Stuttgart. Wegen des Zeitdrucks muss Roth viele Entscheidungen ohne endgültige Absprache mit Le Corbusier direkt auf der Baustelle treffen.

1927 EXPERIMENT / The starting point of the monument protection concept was the construction of the building in 1927. Le Corbusier worked up the design and concept. Pierre Jeanneret, his cousin and office partner in Paris at that time, was involved in the planning, but Alfred Roth also played a major role as the site manager. The two houses designed and planned by Le Corbusier and Pierre Jeanneret were built within a construction period of only two and a half months. The architects did not come to Stuttgart even once during the time of construction. Because of the time pressure, Roth had to make many decisions right at the construction site without final consultation with Le Corbusier.

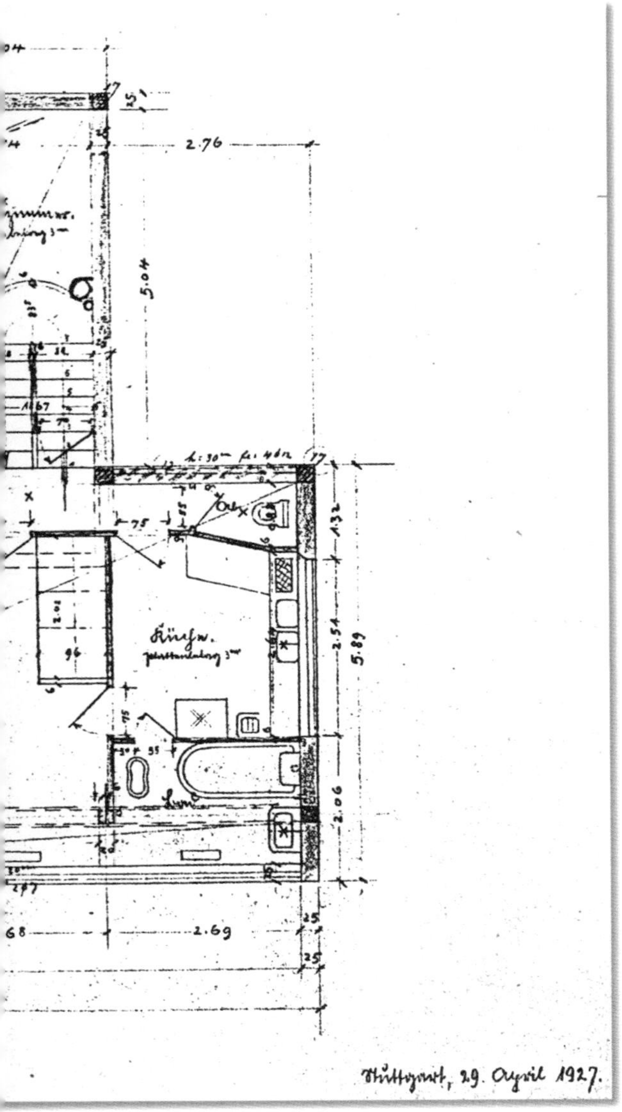

Ausführungsplan Obergeschoss, 1927
Construction plan for top floor, 1927

Baustelle des Doppelhauses von Le Corbusier und Pierre Jeanneret, Mai 1927
Construction site of two semi-detached houses designed by Le Corbusier and Pierre Jeanneret, May 1927

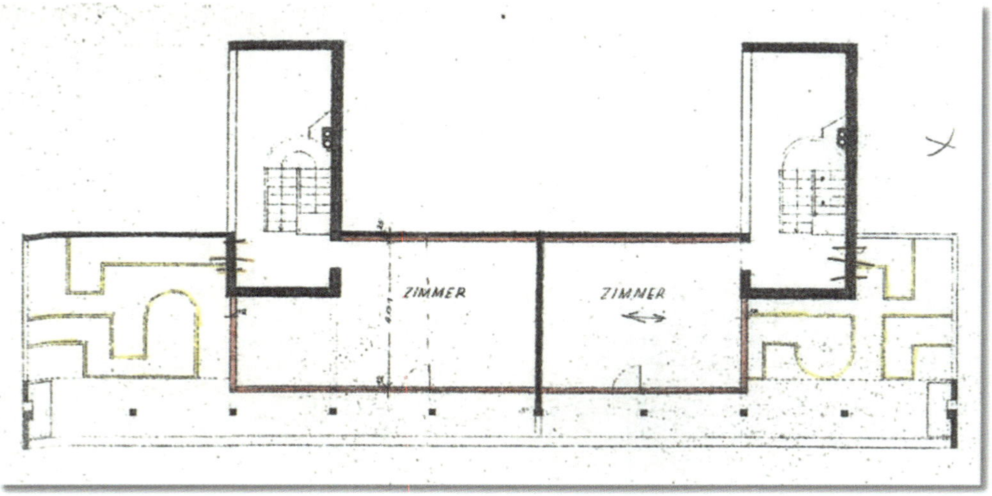

Umbaupläne 1934,
Dachgeschoss
Rebuilding plans 1934,
top floor

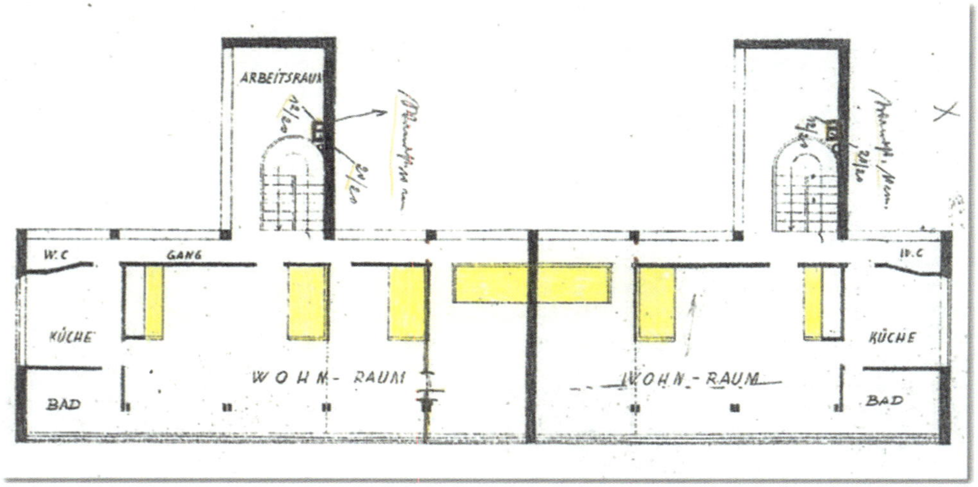

Obergeschoss
First floor

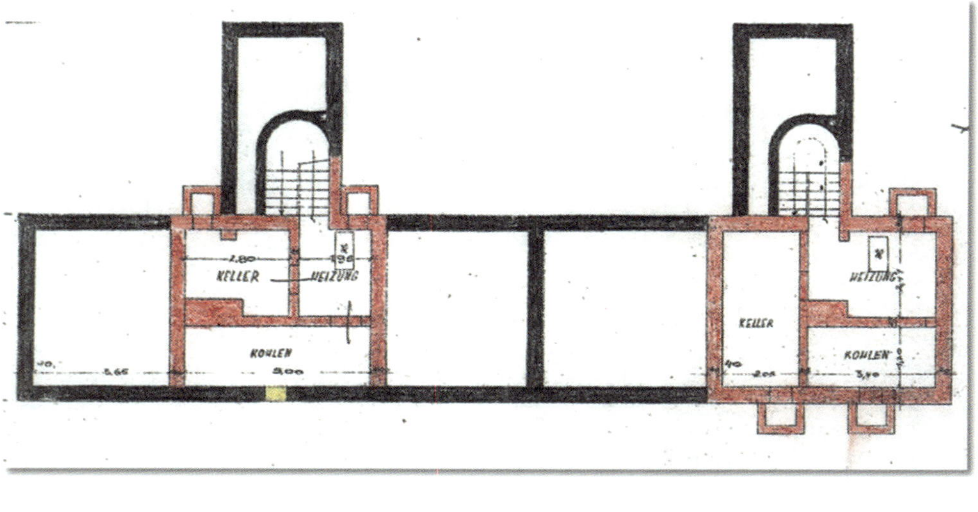

Kellergeschoss
Basement floor

1932–1933 NORMALITÄT

Das Doppelhaus wird 1932/33 so umgebaut, dass es traditionellen Wohnvorstellungen entspricht. Der variable Grundriss sowie die Einbaumöbel werden entfernt und an deren Stelle feste Raumwände errichtet. Auf dem Dachgarten entsteht ein zusätzliches Wohngeschoss. Die Schiebefenster, für die Le Corbusier 1927 ein Patent erhielt, werden durch kleinteilige Drehkippfenster ersetzt. Unter Teilen des Erdgeschosses und der Eingangsterrasse werden nachträglich Kellerräume eingebaut. Diese Maßnahme zieht die Erhöhung der äußeren Stützmauer nach sich.

1932–1933 BACK TO NORMAL / The two semi-detached houses were rebuilt in 1932/33 in such a way that they corresponded to traditional ideas about housing. The variable floor plan as well as the built-in furniture was removed and fixed partitions were installed in its place. An additional floor with living space was created on the roof garden. The sliding windows, for which Le Corbusier obtained a patent in 1927, were replaced by small-scale turn-and-tilt windows. Basement rooms were subsequently built under the entrance terrace. This work made it necessary to raise the outer retaining wall.

Zusätzlicher Aufbau auf dem ehemaligen Dachgarten. Aufnahme 1935
Additional floor on former roof garden. Photo taken in 1935

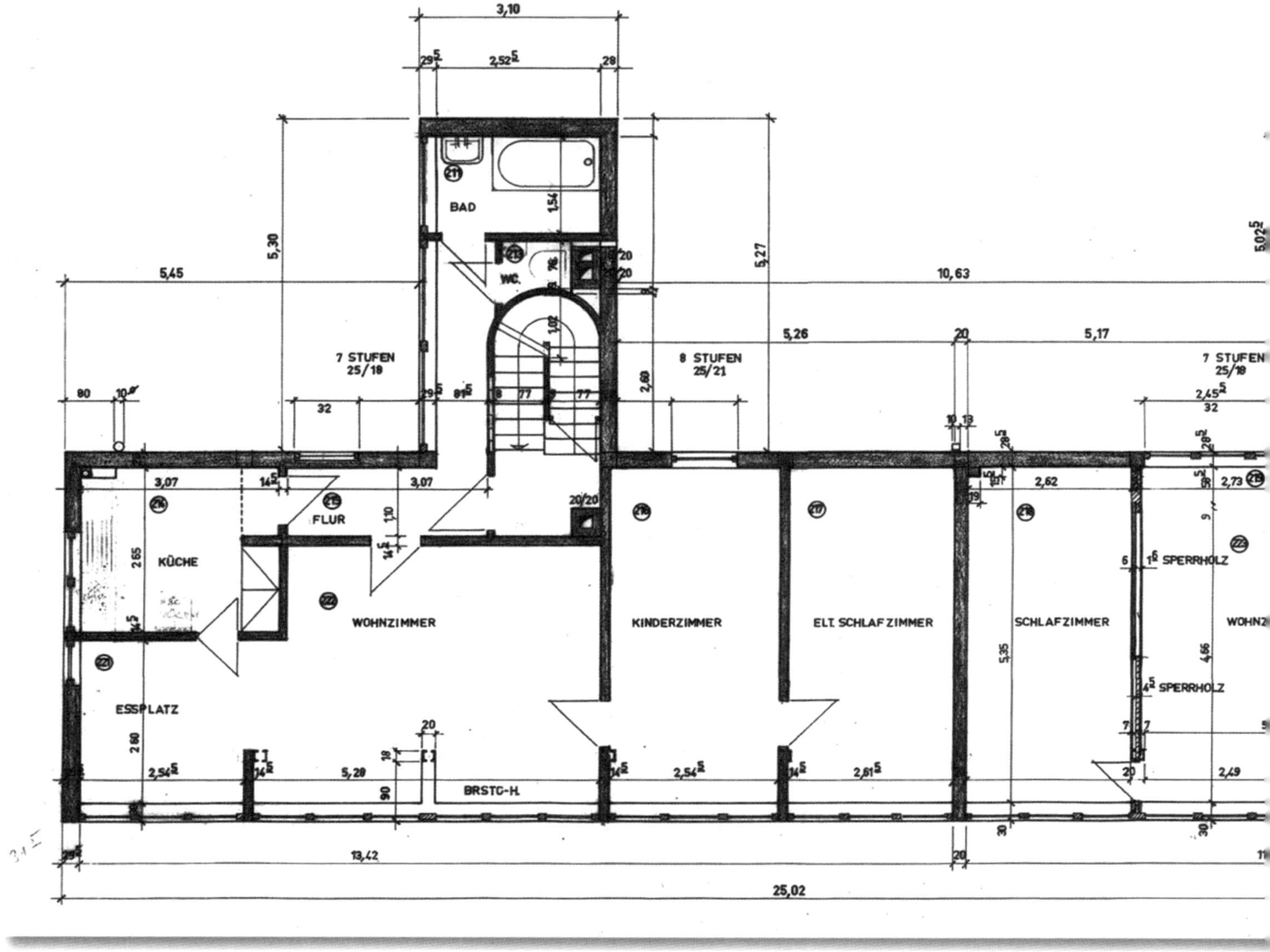

1957–1964 WIRTSCHAFTLICHKEIT

Umbauten 1957 in der linken und 1964 in der rechten Haushälfte sollen eine intensivere Wohnnutzung ermöglichen. Die noch verbliebenen Inneneinrichtungen der Küchen und Bäder werden entfernt, neue Bäder an anderer Stelle eingebaut. Damit ist Ende der 1960er Jahre nichts mehr von der originalen Inneneinrichtung vorhanden.

1957–1964 ECONOMIC EFFICIENCY / Modifications in the left half in 1957 and in the right half of the building in 1964 were intended to provide for more intensive housing use. The remaining interior furnishings and fittings in the kitchens and bathrooms were removed and new bathrooms were installed at other places. This meant nothing was left of the original interior furnishings at the end of the 1960s.

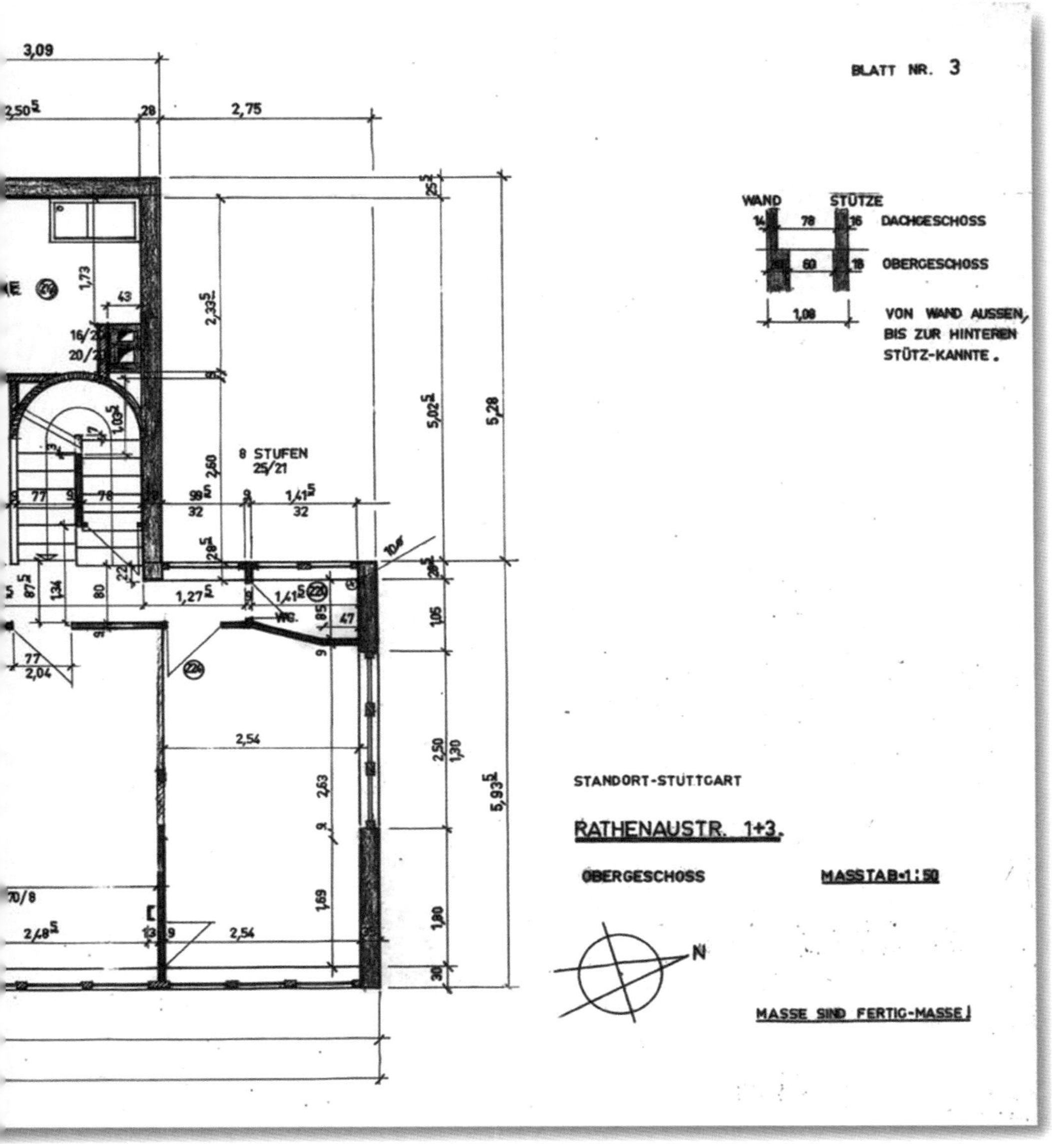

Umbauplan Obergeschoss, 1964
Rebuilding plan for top floor, 1964

Das Doppelhaus, 1974
The two semi-detached houses in 1974

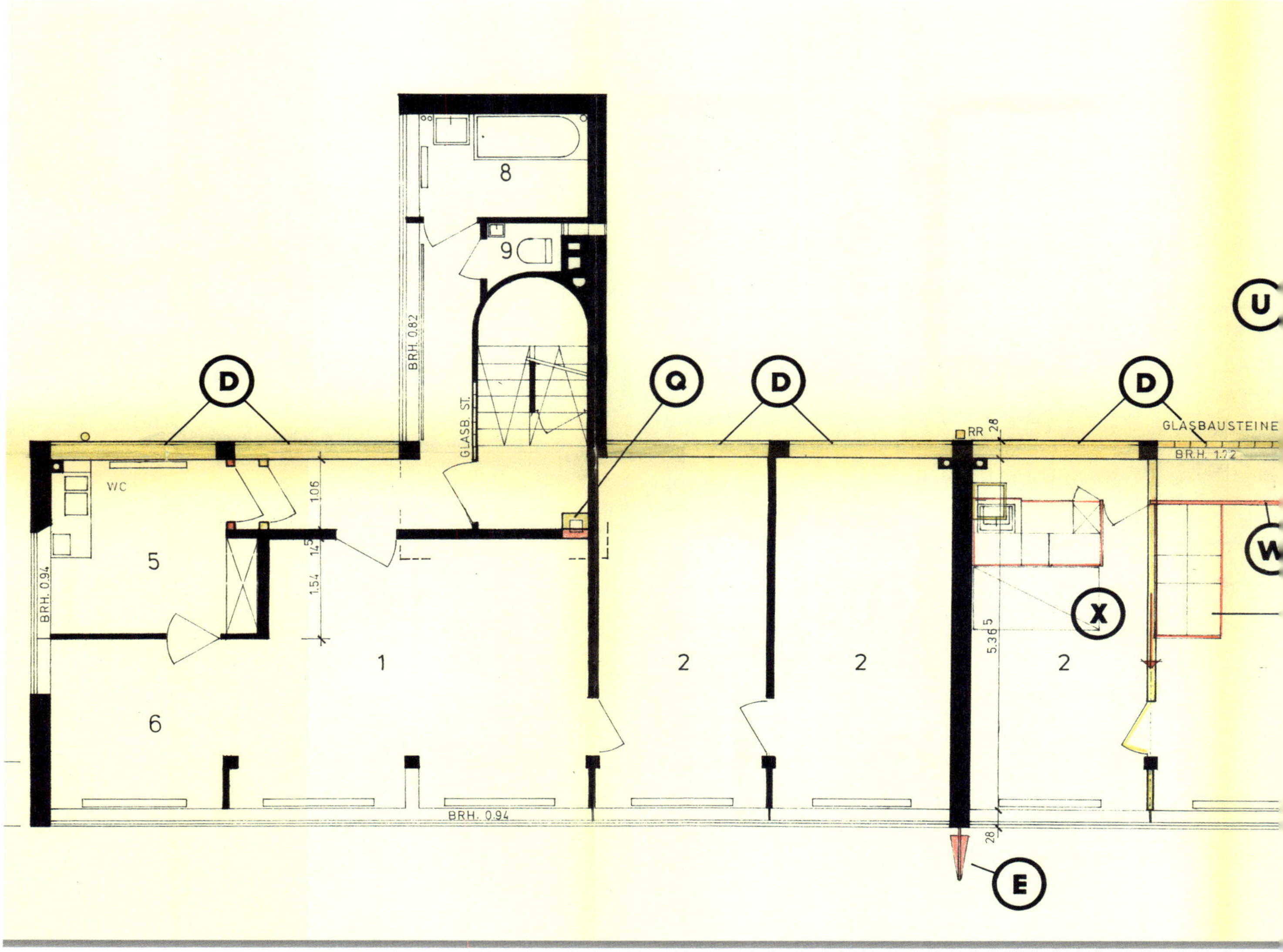

1983–1984 GENERALSANIERUNG

Mit der großen Sanierung 1983/84 werden am Doppelhaus erstmals konstruktive Schäden behoben und nachträgliche Eingriffe in die Bausubstanz teilweise zurückgebaut. In der rechten Haushälfte wird der ursprüngliche Grundriss wiederhergestellt einschließlich der Schiebetüren und Bettschränke. Doch werden Abweichungen in Form und Material hingenommen, um zeitgemäßen Wohnkomfort zu erreichen. Alle bauzeitlichen Außenputze fallen Maßnahmen des Wärmeschutzes zum Opfer.

1983–1984 GENERAL RESTORATION / Through the large-scale restoration in 1983/84 structural damage to the two semi-detached houses was eliminated for the first time and subsequent changes to the structural fabric were dismantled in part. In the right half of the building the original floor plan was restored, including the sliding doors and bed cupboards. Nevertheless, deviations from the original design and materials were accepted in order to meet contemporary standards of living comfort. All plaster surfaces dating back to the time of original construction fell victim to thermal insulation measures.

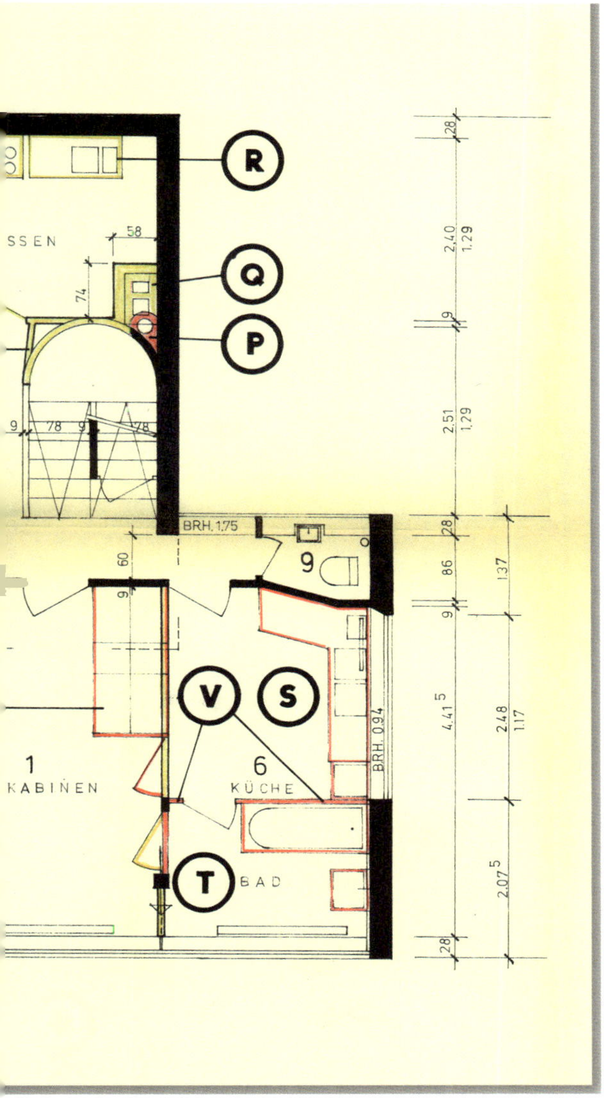

Umbauplan Obergeschoss, 1983
Rebuilding plan for top floor, 1983

Rückbau des nachträglichen Dachgeschossaufbaus, Aufnahme 1984
Dismantling of subsequently added floor on roof garden, photo taken in 1984

Privates Leben im Doppelhaus seit 1928
Private life in the pair of semi-detached houses since 1928

„ich bin noch weit davon entfernt, dieses sehr eigenwillige haus
mit meinem geiste zu durchdringen und zu beherrschen.
dafür regt es meine phantasie in hohem maße an und auf."

anton kolig, erster mieter 1929

MIETER UND WOHNWÜNSCHE 1928–2002

Nur mit Mühe findet die Stadt Stuttgart 1928 für das Doppelhaus von Le Corbusier in Anton Kolig, Professor an der damaligen Kunstgewerbeschule, einen ersten Mieter. Das variable Raumkonzept steht in zu großem Widerspruch zu deutschen Wohnvorstellungen. Deshalb wird das Haus seit den 1930er Jahren mehrfach umgebaut. 1983 zieht der Künstler K. R. H. Sonderborg in die rekonstruierte Haushälfte ein.

TENANTS AND HOUSING DEMANDS / Only with great effort was the city of Stuttgart able to find the first tenant for Le Corbusier's two semi-detached houses in 1928, Anton Kolig, professor at the school of arts and crafts at that time. The variable room concept contrasted starkly with German ideas about housing. For this reason the whole edifice was modified several times from the 1930s on. In 1983, artist K. R. H. Sonderborg moved into the reconstructed semi-detached house.

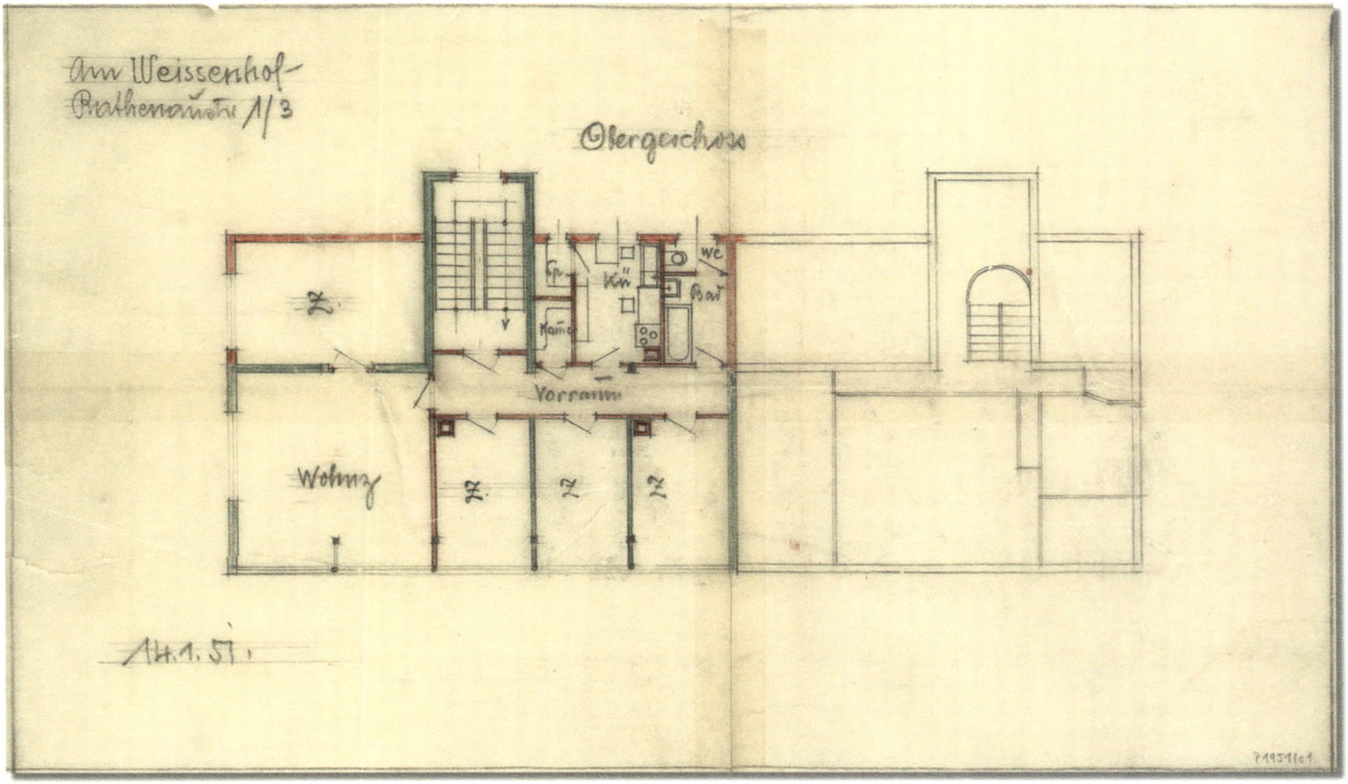

Umbauplan Doppelhaus, Obergeschoss, 1951. Nicht ausgeführt
Rebuilding plan for pair of semi-detached houses, top floor, 1951. Not implemented

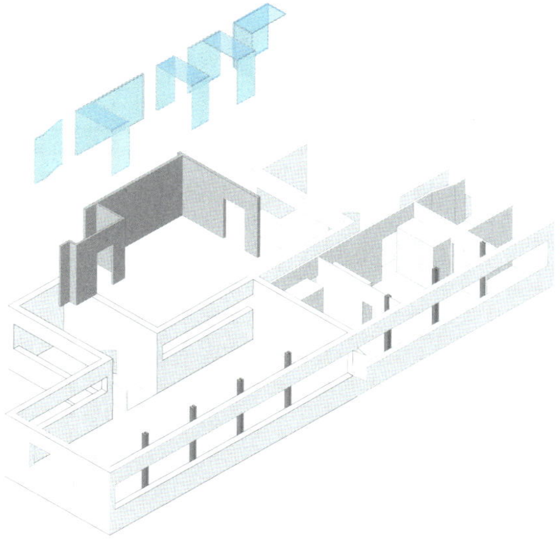

Museale Konzeption 2006: Ausstellungsstruktur und Grundriss mit didaktischen Schichten
Museum concept 2006: exhibition structure and ground plan with didactic layers

2006 DENKMAL UND MUSEUM

2006 wird das Doppelhaus von Le Corbusier zum Museum. Die Landeshauptstadt Stuttgart, die Bauherrin von 1927, hat es 2002 wiedererworben. Im gleichen Jahr nimmt die Wüstenrot Stiftung das Gebäude in ihr Denkmalprogramm auf. Die neue Nutzung und konstruktive Schäden machen die Instandsetzung notwendig. Der unterschiedliche denkmalpflegerische Umgang in den beiden Haushälften bestimmt das Museumskonzept. Die rechte Haushälfte dokumentiert als ein „begehbares Exponat" den Zeithorizont 1927; die linke Haushälfte wird zum Ort der Information über die Weissenhofsiedlung. Die Museumseinrichtung entsteht als „Echo" auf den ursprünglichen Grundriss, ohne die Spuren baulicher Veränderungen zu verwischen. Gläserne Einbauten bilden einen Kontrast zur vorgefundenen Situation und überlagern die verbliebene Originalbausubstanz sowie die späteren Umbauten.

MONUMENT AND MUSEUM / In 2006 Le Corbusier's pair of semi-detached houses became a museum. The state capital of Stuttgart, the owner in 1927, acquired the building again in 2002. In the same year it was included in Wüstenrot Foundation's monument protection programme. The new use and structural damage called for restoration. The different monument protection approaches chosen for the two halves of the house determine the museum concept. The right half of the building became an "accessible exhibit" which documents the time horizon of 1927 while its left half now serves as a place of information about the Weissenhofsiedlung. The museum was set up as an "echo" of the original floor plan, but without covering the traces of structural changes. Glass displays contrast with the situation encountered and superpose the remaining original building fabric and subsequent modifications.

2002

Die Wüstenrot Stiftung übernimmt die Bauherrschaft für die Instandsetzung des Baudenkmals.

The Wüstenrot Foundation acted as the building principal in contracting restoration of the historical monument.

2003

Die denkmalpflegerischen Zielsetzungen werden verbindlich festgelegt.

The objectives of the architectural conservation efforts were stipulated on a binding basis.

2005

Nach Abschluss der Instandsetzung Ende 2005 wird das Haus an die Stadt zurückgegeben. Die Einrichtung des Museums beginnt.

After completion of restoration work at the end of 2005 the building was returned to the city. The initial phase of setting up the museum was launched.

6 instandsetzung 2002–2005

Die Instandsetzung des Doppelhauses von Le Corbusier und Pierre Jeanneret durch die Wüstenrot Stiftung beginnt 2002 mit intensiven Untersuchungen. Ziel ist eine Annäherung an die Qualität der Architektur zur Erbauungszeit. Allerdings sollen die eingreifenden Veränderungen der letzten Jahrzehnte nicht vollständig getilgt, vielmehr das Haus auch als geschichtliches Zeugnis akzeptiert werden.

RESTORATION 2002–2005 / Restoration of the two semi-detached houses of Le Corbusier and Pierre Jeanneret by Wüstenrot Foundation began in 2002 with thorough investigations. The objective was to achieve a level of architectural quality corresponding to that at the time of construction. However, the far-reaching changes of the past decades were not to be completely eliminated, but rather the house was also to be accepted as historical evidence.

Überlagerung eines Fotos von 1927 mit der Bauaufnahme von 2003 (rot). Nach Einbau eines Kellers 1932/33 liegt die Eingangsterrasse höher (Schraffur).
Survey of the structure from 2003 (red) superimposed on a photo of the building taken in 1927. Raising of retaining wall after addition of a basement in 1932/33 (hachures).

EINGANGSTERRASSE
ENTRANCE TERRACE

FLUGDACH FLYING ROOF

Dem Rückbau der Brüstung auf der Dachterrasse gehen Schadensuntersuchungen des Flugdaches voraus. 85 Prozent der Betonflächen sind so schadhaft, dass eine Erneuerung des Daches und der Stützen unausweichlich ist.

Dismantling of the parapet on the roof terrace was preceded by investigations of damage to the flying roof. 85 percent of the concrete surfaces were damaged to such an extent that renewal of the roof and supports was unavoidable.

Schäden am Flugdach, 2003/04
Damage to flying roof, 2003/04

Das erneuerte Flugdach, 2005
The restored flying roof, 2005

GEBÄUDEHÜLLE

Le Corbusier hat ein Haus auf Stützen entworfen – einen Bau, der zu schweben scheint. Mit dem nachträglichen Einbau eines Kellers 1932/33 verliert das Haus einen Teil seiner Leichtigkeit. Die äußere Stützmauer des Hauses muss angehoben werden. Dadurch versinken die freien Stützen tiefer im Fundament. Mit der Sanierung 1983/84 wird zwar der Dachgarten wieder angelegt, allerdings gleichzeitig die Brüstungsmauer erhöht. Damit verschieben sich auch im Dachgeschossbereich die Proportionen. 2005 wird im äußeren Erscheinungsbild der Zustand von 1927 wieder anschaulich gemacht.

BUILDING SHELL / Le Corbusier designed a building on columns – an edifice that seems to float. By virtue of the subsequent addition of a basement in 1932/33, the building lost some of its lightness. The external retaining wall of the house had to be raised. As a result, the exposed columns sank deeper in the foundation. As part of the restoration work in 1983/84, the roof garden was laid out again, but at the same time the parapet was raised. This resulted in a shift in the proportions in the top floor section as well. In 2005, the outer appearance was restored to reflect the state of the building in 1927.

EINGANGSTERRASSE ENTRANCE TERRACE

Automobilwerbung, 1927
Automobile advertising, 1927

Ausschnittvergrößerung, 1927
Enlarged section, 1927

Ursprüngliche Putzoberfläche mit Abdruck des Bodenprofils
Original plaster surface with impression of soil profile

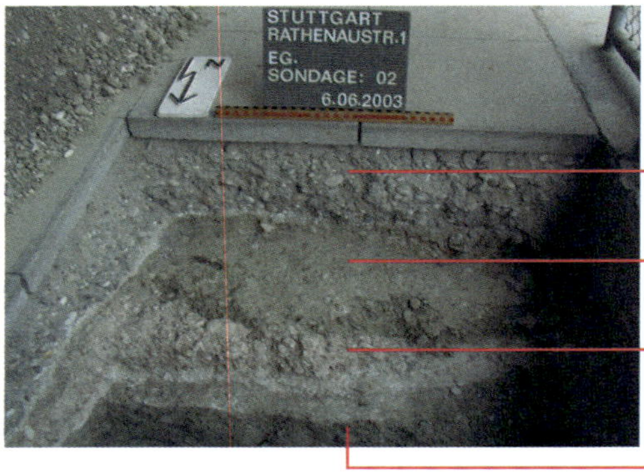

Grabungsbefunde, 2004
Excavation finds, 2004

Aufbau 1984 Layer added in 1984

Aufbau 1932/33 Layer added in 1932/33

Grober Estrich, bauzeitliche Oberfläche
Coarse screed, surface at time of construction

Lehmboden Clayey soil

Proben des ursprünglichen Oberflächenmaterials
Samples of original surface material

Bevor die Eingangsterrasse neu errichtet werden kann, ist zu klären, wie die ursprüngliche Oberfläche beschaffen war. Den Fotos und Plänen ist lediglich ein Anstieg des Oberflächenniveaus zu entnehmen. Erst die archäologischen Sondierungen bringen genauere Hinweise: Das ursprüngliche Niveau stieg um bis zu zwölf Prozent an. Die Oberfläche bestand aus einem rötlichen Steinsplitt.

Before the entrance terrace could be rebuilt, the question of what the original surface was like had to be clarified. The photos and plans merely indicated a rise in the surface level. It was not until the archaeological investigations were conducted that precise information became available. The original level rose by up to twelve percent. The surface consisted of reddish stone chips.

ERGEBNIS / Der nachträglich eingebaute Keller ist so weit zurückgebaut, dass die äußere Stützmauer wieder um 30 Zentimeter auf ihre ursprüngliche Höhe zurückgeführt werden kann. Allerdings wird aufgrund der öffentlichen Nutzung eine ebene und mit Platten belegte Oberfläche gewählt. Ein zusätzliches Treppenpodest am Haus gleicht den Höhensprung aus.

RESULT / The subsequently added basement was dismantled to such an extent that the external retaining wall could be reduced by 300 millimetres and thus restored to its original height. However, because of the public use, a flat surface covered with slabs was chosen. An additional landing compensated for the difference in level.

Erdgeschossterrasse, 2005
Ground floor terrace, 2005

1983/84 rekonstruierte Haushälfte, Zustand 2003
Half of house reconstructed in 1983/84, condition in 2003

Ehemaliges Bad, Zustand 2003
Former bathroom, condition in 2003

FARBE COLOUR

Rekonstruktion 1987
Restoration 1987

Farbigkeit 1927
Colouring 1927

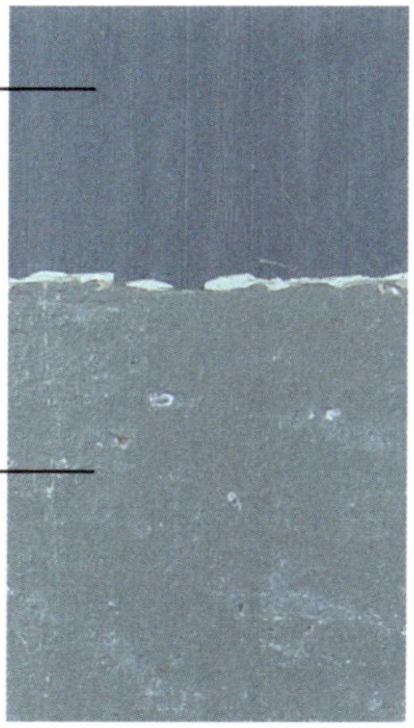

Fassung der Stützen 1927 und 1983/84
Colour scheme of columns 1927 and 1983/84

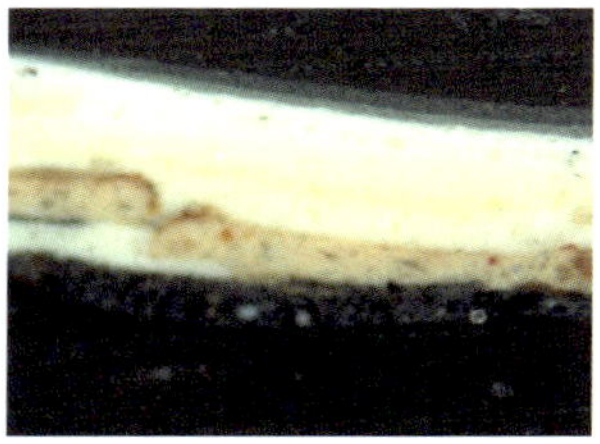

Auflicht
Incident light

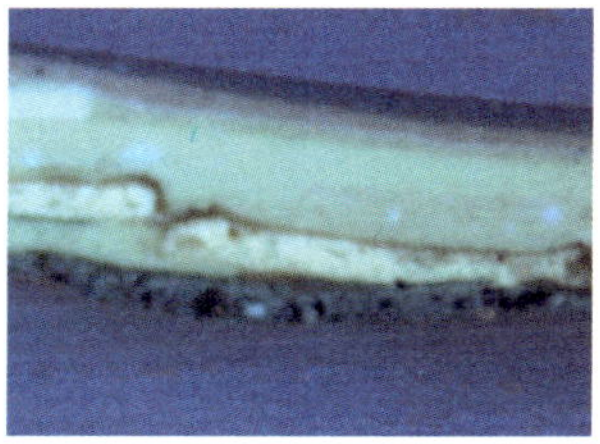

UV- Fluoreszenz
Ultraviolet fluor-escence

Querschliff mit Abfolge der Farbschichten
Cross-cut revealing sequence of paint layers

BETTSCHRÄNKE BED CUPBOARDS

OBERFLÄCHEN SURFACES

Originale Badeinrichtung, 1927
Original bathroom furnishings, 1927

Rekonstruktion der Einrichtung, 2005
Reconstruction of furnishings, 2005

Durch archäologische und restauratorische Untersuchungen werden an den Wänden Spuren der ursprünglichen Ausstattung entdeckt. Beispielsweise lässt sich so anhand von Farbbefunden und Dübellöchern die Einrichtung des Bads von 1927 nachvollziehen.
As a result of archaeological and restoration investigations, traces of the original furnishings were discovered on the walls. For example, on the basis of paint findings and plug holes, it was possible to reconstruct the furnishings of the 1927 bathroom.

Durch restauratorische Untersuchungen können für fast jeden Raum die Farben von 1927 bestimmt werden. Da ursprünglich beide Haushälften eine identische Gestaltung besaßen, lassen sich die Befunde auf die andere Haushälfte übertragen.
By virtue of restoration investigations, the colours in 1927 were able to be determined for nearly every room. Since both halves of the house had an identical design, the findings can be applied to the other half of the house.

Putzreste mit originaler Farbfassung
Plaster remains with original colour scheme

INNENRÄUME

Le Corbusier entwirft feste Einbaumöbel, in denen Betten und Hausrat aufbewahrt werden. Nachts können die Betten aus den Schränken herausgezogen und die Räume durch Schiebewände in Schlafkabinen unterteilt werden. 1932/33 werden diese Möbel entfernt und die Grundrisse verändert. Zwar werden die Bettschränke in der rechten Haushälfte 1984 wieder „originalähnlich“ rekonstruiert, doch in Material und vielen Konstruktionsdetails verändert. 2004 entscheidet man sich für eine erneute Rekonstruktion der Möbel. Bei der Sanierung 1984 wird auch die Farbigkeit der Häuser weitgehend wiederhergestellt. Dabei werden die Oberflächen verändert: außen durch einen neuen Putz, innen durch Raufasertapeten. Nach erneuten Untersuchungen 2003 werden die Fassaden sowie das Innere der rechten Haushälfte farblich entsprechend dem Zustand von 1927 gestaltet.

INTERIOR SPACE / Le Corbusier designed fixed built-in furniture in which beds and household items were stored. At night the beds could be pulled out of the cupboards and the rooms divided into sleeping sections by means of sliding walls. In 1932–33 this furniture was removed and the floor plans changed. The bed cupboards in the right half of the building were reconstructed in a form similar to the original in 1984, but were also changed in terms of material and many design details. In 2004 a decision was made to reconstruct this furniture once again. During renovation work in 1984 the colourfulness of the houses was also extensively restored. In the course of this work the surfaces were altered: by virtue of new plaster outside and woodchip wallpaper inside. After further investigations in 2003 the colour design of the façades and of the reconstructed right half of the twin residence were reconverted to the original 1927 colour scheme.

Die erneute Rekonstruktion der Schränke nach Plänen von 1927 setzt eine intensive Recherche voraus. Es sind keine originalen Teile mehr vorhanden. Daher müssen Briefe, Zeichnungen und Fotos herangezogen werden, um den Originalzustand belegen zu können.
The renewed reconstruction of the cupboards according to plans of 1927 required intensive research. No original parts were available any more. For this reason letters, drawings and photos had to be used to document the original state.

Ursprüngliche Inneneinrichtung mit den massiven Bettschränken, 1927
Original interior furnishings with solid bed cupboards, 1927

BETTSCHRÄNKE BED CUPBOARDS

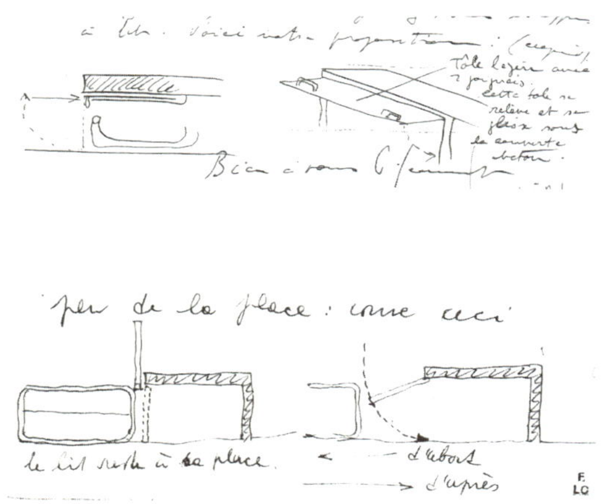

Skizzen zur Konstruktion der Bettklappen.
Oben: Le Corbusier an Alfred Roth, 08.06.1927
Unten: Alfred Roth an Le Corbusier, 27.06.1927
Drawings for construction of the bed cupboards.
Top: Le Corbusier to Alfred Roth, 08 June 1927
Bottom: Alfred Roth to Le Corbusier, 27 June 1927

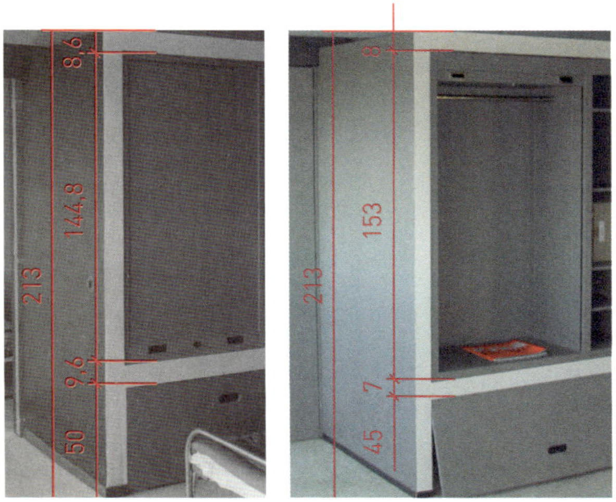

Rekonstruktion der Maße und Größenvergleich der Bettschränke von 1927 und 1983/84
Reconstruction of dimensions and comparison in size between bed cupboards of 1927 and 1983/84

ERGEBNIS / Die erneute Rekonstruktion der Möbel kommt dem Original von 1927 in den Abmessungen und der Oberflächengestaltung möglichst nahe, bleibt aber in Details aufgrund fehlender Nachweise ungesichert. Der neue Farbanstrich der Wände wird nach Entfernung der Raufasertapete auf den geglätteten Putz aufgetragen.

RESULT / The renewed reconstruction of the furniture corresponded very closely to the original of 1927 in terms of dimensions and surface design, but remained unverified with respect to details due to the lack of documented proof. The new coat of paint on the walls was applied to the smoothed plaster after removal of the woodchip wallpaper.

Bettschrank, 2005
Bed cupboard, 2005

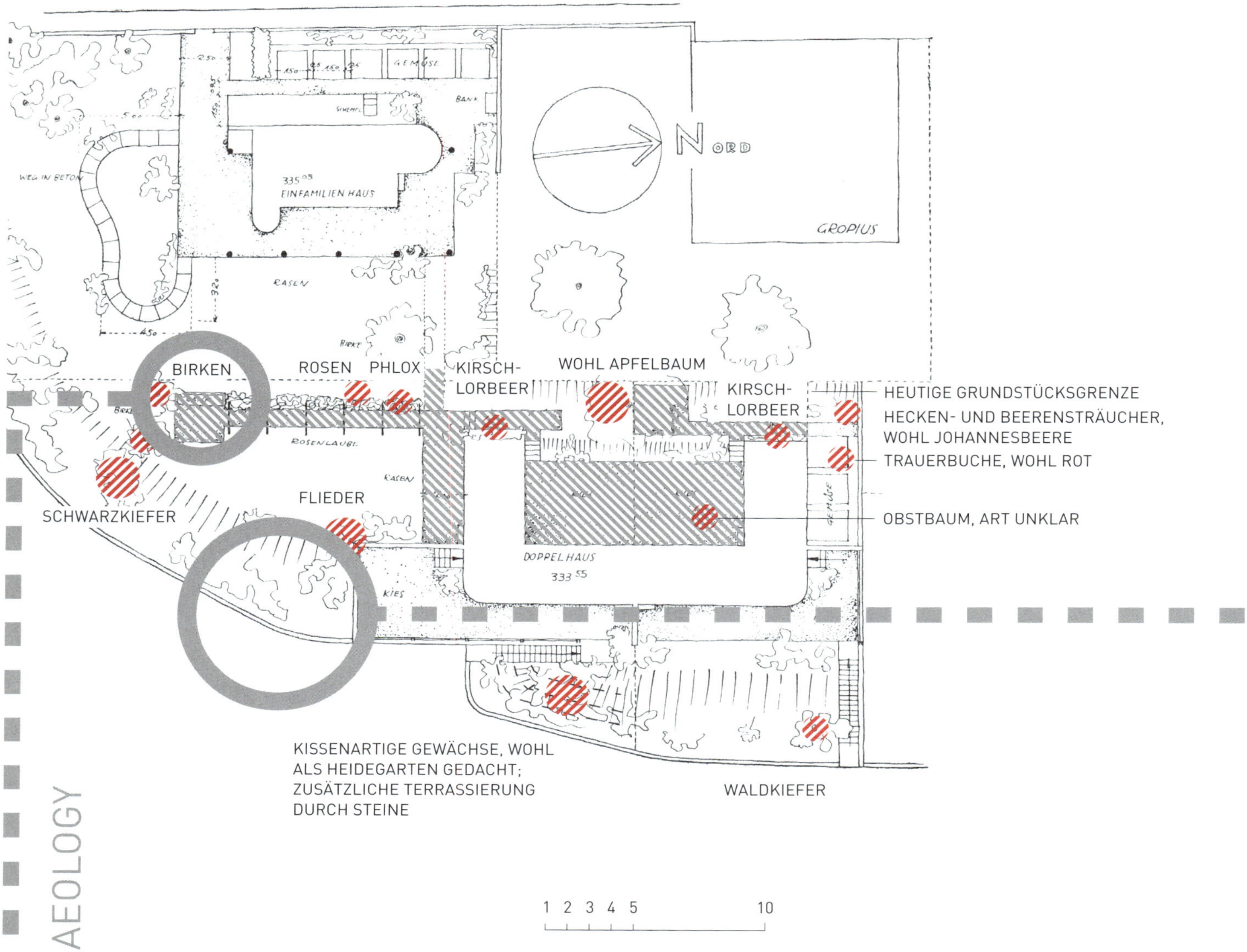

Bereiche mit möglichen archäologischen Befunden
Areas with possible archaeological finds

Pflanzenbestand
Plants

Terrassierung des Gartens mit Bruchsteinen
Garden terrace with rough, undressed stones

Gartenplan. Alfred Roth, 1927
Ursprünglicher Pflanzenbestand, anhand von Plänen und Fotos bestimmt
Drawing of garden. Alfred Roth, 1927
Original set of plants, determined on the basis of plans and photos

Garten, 1927
Garden, 1927

Nutzgarten, 1947
Kitchen garden, 1947

Baustellenzufahrt, 1983
Construction site entrance, 1983

Der Garten ist in den letzten Jahrzehnten sehr vernachlässigt worden. Seit den 1930er Jahren wird er zunehmend Nutzgarten. Nach der Sanierung 1983/84 erfolgt eine Neuanpflanzung, die nicht dem Zustand von 1927 angepasst wird.

The garden was very much neglected in the past decades. As of the 1930s, it increasingly became a kitchen garden. After restoration in 1983/84, new plants were added but were not adapted to the 1927 layout.

VERÄNDERUNGEN CHANGES

GARTEN

Le Corbusier plant einen zusammenhängenden Garten für seine beiden Häuser, der in separate Nutzungsabschnitte gegliedert ist. Auf dem abfallenden Gelände entsteht eine Rasenfläche mit einzelnen Gehölzen, die durch Wege strukturiert ist. Der Garten wird 1927 in großer Eile angelegt. Wenige Tage vor Eröffnung der Ausstellung befürchtet Alfred Roth, dass die Gärtner wohl nicht „nach unseren Prinzipien, sondern nach ihren fixen Ideen" arbeiten. Es ist also nicht sicher, wie detailgenau die Pläne tatsächlich umgesetzt worden sind. Deshalb sollen archäologische Grabungen im Garten Erkenntnisse liefern. Die Auswertung der Funde sowie historischer Fotos und Pläne erlauben es, den Garten wieder in Anlehnung an den Zustand von 1927 herzustellen.

GARDEN / For his two houses Le Corbusier planned a single garden divided into separate sections of use. On the sloping grounds a lawn was created with individual wooded areas and interspersed with paths. The garden was laid out in a great hurry in 1927. A few days before the opening of the exhibition Alfred Roth was afraid that the gardeners would probably not work "according to our principles, but according to their own ideas". Thus, it was not certain to what extent the plans were actually implemented true to detail. Archaeological excavations were carried out in the garden to shed light on this issue. An evaluation of the finds and of historical photographs and plans made it possible to restore the garden to its state in 1927.

Durch archäologische Grabungen können die Unterkonstruktion der Wege und die abgesägten Stützen der Rosenlaube nachgewiesen werden.
It was possible to verify the substructures of the footpaths and the cut-off tubular frame of the rose gazebo through archaeological excavations. The original set of plants was determined on the basis of photos.

Ursprungszustand, 1927
Original state, 1927

Gartenarchäologie, 2004
Garden archaeology, 2004

Grabungsfunde mit Schalter, vermutlich 1927
Excavation finds, with ceramic switch, presumably 1927

ARCHÄOLOGIE ARCHAEOLOGY

ERGEBNIS / Die Rosenlaube wird rekonstruiert und die Bepflanzung weitgehend dem Zustand von 1927 angenähert. Durch die Nutzung des benachbarten Einfamilienhauses als privates Wohnhaus ist die Einbeziehung dieses Gartenteils nicht möglich. Der ursprünglich einheitliche Garten endet deshalb an der Grundstücksgrenze.

RESULT / The rose gazebo was reconstructed and the plants were laid out in such a way that they largely corresponded to the state in 1927. Due to the current use of the neighbouring single-family house as a private dwelling, it was not possible to incorporate this part of the garden. The originally uniform garden therefore ends at the property boundary.

Garten, 2005
Garden, 2005

1926

Am 22. November besucht Le Corbusier Stuttgart und besichtigt das Baugelände am Weissenhof.
On 22 November Le Corbusier visited Stuttgart and inspected the building site at Weissenhof.

1927

Kosten- und Terminprobleme machen Mitte März einen zweiten Besuch von Le Corbusier in Stuttgart notwendig.
Cost and deadline problems made a second visit to Stuttgart by Le Corbusier necessary around the middle of March.

1927

Kurz vor Ende der Werkbundausstellung besichtigt Le Corbusier Anfang Oktober erstmals seine fertiggestellten Häuser.
Shortly before the end of the Werkbund exhibition Le Corbusier inspected his completed houses for the first time at the beginning of October.

7

le corbusier in stuttgart

Mit der Einladung an Le Corbusier, eine Hausgruppe in der Weissenhofsiedlung zu errichten, will Ludwig Mies van der Rohe internationale Aufmerksamkeit für die Werkbundausstellung wecken. Le Corbusiers Teilnahme ist in Stuttgart zunächst umstritten, doch bald sieht auch die Stadt in ihm einen der wichtigsten Architekten für die Siedlung. Der Gemeinderat bewilligt zusätzliche Finanzmittel, damit seine Entwürfe gebaut werden können. Diese zeigen exemplarisch die neuen Prinzipien, die ihn zu einem der bedeutendsten Ideengeber der Moderne werden lassen. In den Häusern Le Corbusiers in Stuttgart sind die „Fünf Punkte zu einer neuen Architektur" verwirklicht, die seine Arbeit seit Beginn der 1920er Jahre kennzeichnen. Diese Leitsätze werden erstmals für die Weissenhofsiedlung als Programm veröffentlicht.

LE CORBUSIER IN STUTTGART / By inviting Le Corbusier to build a group of buildings at the Weissenhofsiedlung, Ludwig Mies van der Rohe wanted to arouse international attention for the Werkbund exhibition. His participation was initially controversial in Stuttgart, but soon the city, too, viewed Le Corbusier as one of the major architects for the estate. The municipal council appropriated additional funds so his designs could be built. They were exemplary in showing the new principles that made him one of the most significant innovators of the modern age. The "five points for a new architecture", which characterized his work from the beginning of the 1920s, were implemented in Le Corbusier's houses in Stuttgart. These guiding principles were published as a programme for the first time for the Weissenhofsiedlung.

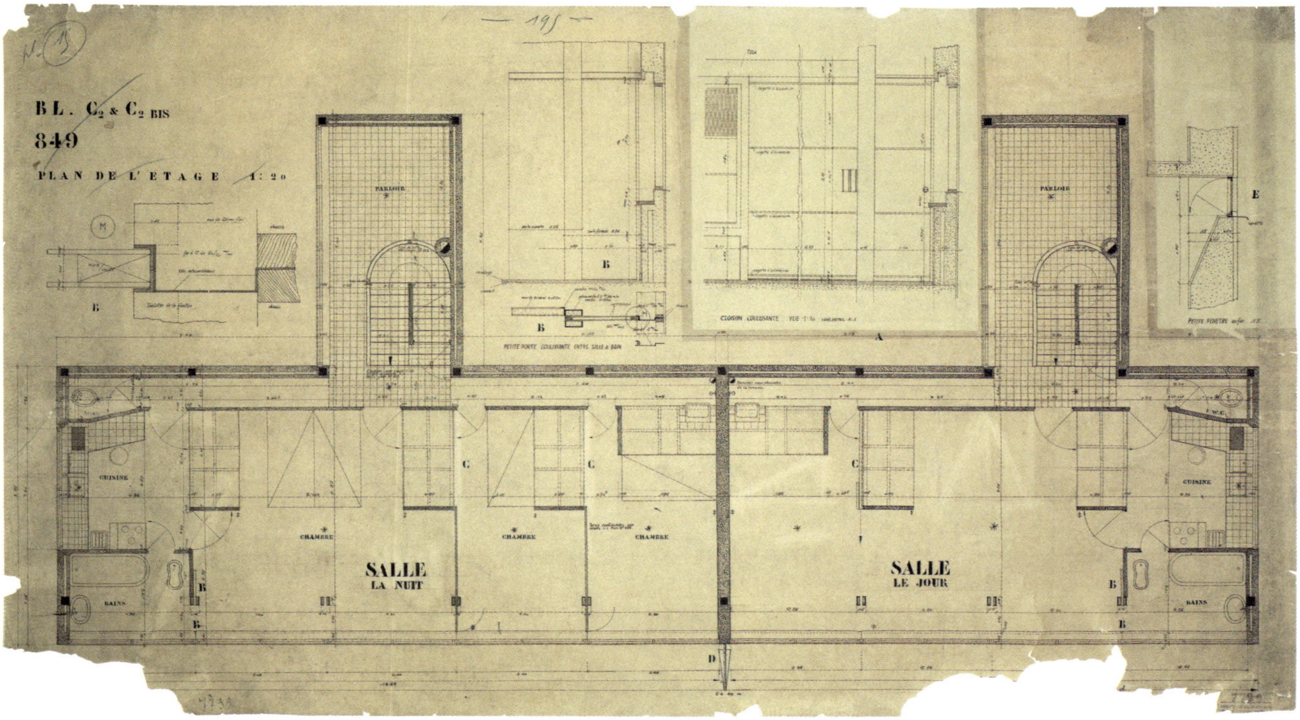

Stuttgart, Doppelwohnhaus von Le Corbusier und Pierre Jeanneret, 1926
Stuttgart, pair of semi-detached houses by Le Corbusier and Pierre Jeanneret, 1926

ZWEI WEGE ZUR STANDARDISIERUNG

Le Corbusier entwickelt Serienhäuser mit einem Stahlbetonskelett. Er plant „Wohnmaschinen", ebenso rationell hergestellt wie Automobile. Rohbau und Ausbau werden im Taktverfahren mit möglichst nur einem Gewerk ausgeführt. So sind auch Schränke, Regale und Arbeitsplatten in Beton errichtet. Das Typenhaus „Citrohan" ist die einzige kompromisslose Realisierung eines ab 1920 entwickelten Konzepts, das Le Corbusier von Pariser Kutscherkneipen abgeleitet hat. Er entwirft das Haus als einfachen kubischen Baukörper. Den zentralen Bereich bildet ein zweigeschossiger Raum, um den sich offene Schlaf- und Nebenräume auf mehreren Ebenen gruppieren. Das „transformable Haus" ist eine „Verbindung von Schlaf- und Salonwagen". Wie in einem komfortablen Schnellzug werden die Tag- und Nachteinrichtungen, die zu unterschiedlichen Zeiten erforderlich sind, mit Schiebetüren und leicht beweglichem Mobiliar hergestellt. Dieses flächensparende Konzept entwickelt Le Corbusier erstmals für die Weissenhofsiedlung.

TWO APPROACHES TO STANDARDIZATION / Le Corbusier developed standard houses with a reinforced concrete framework. He planned "housing machines", produced just as efficiently as automobiles. The shell construction and finishing work were carried out according to a timed sequence procedure with only one craft trade as far as possible. Thus cupboards, shelves and worktops, for example, were built of concrete. The "Citrohan" prototype house is the only uncompromising realization of a concept that Le Corbusier developed from 1920 on based on Paris coachmen pubs. He designed the house as a simple cubic structure. A two-storey space forms the central section, around which open bedrooms and utility rooms are grouped on several levels. The "transformable house" was a "combination of sleeping and Pullman car". As in a comfortable express train, the day-time and night-time furnishings and fittings necessary at different times of the day were provided for with sliding doors and easily movable furniture. Le Corbusier developed this space-saving concept for the first time for the Weissenhofsiedlung.

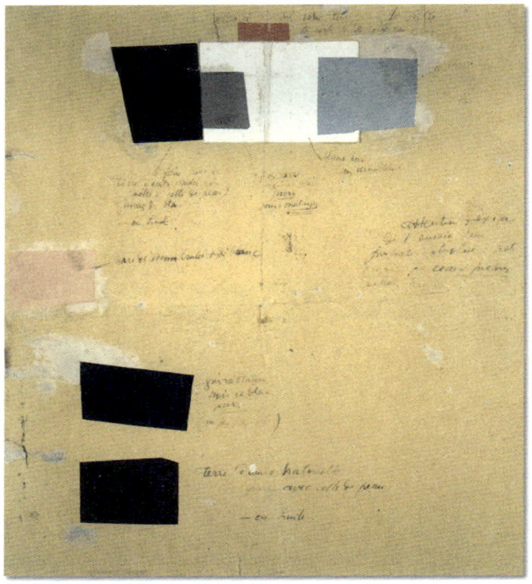

Stuttgart, zwei Wohnhäuser von Le Corbusier und Pierre Jeanneret, Farbtonmuster von Le Corbusier, 1927
Stuttgart, two dwellings by Le Corbusier and Pierre Jeanneret, colouring example by Le Corbusier, 1927

Stuttgart, zwei Wohnhäuser von Le Corbusier und Pierre Jeanneret, Isometrie von Alfred Roth mit Farbangaben von Le Corbusier, 1927
Stuttgart, two dwellings by Le Corbusier an Pierre Jeanneret, isometric drawing by Alfred Roth with color specifications by Le Corbusier, 1927

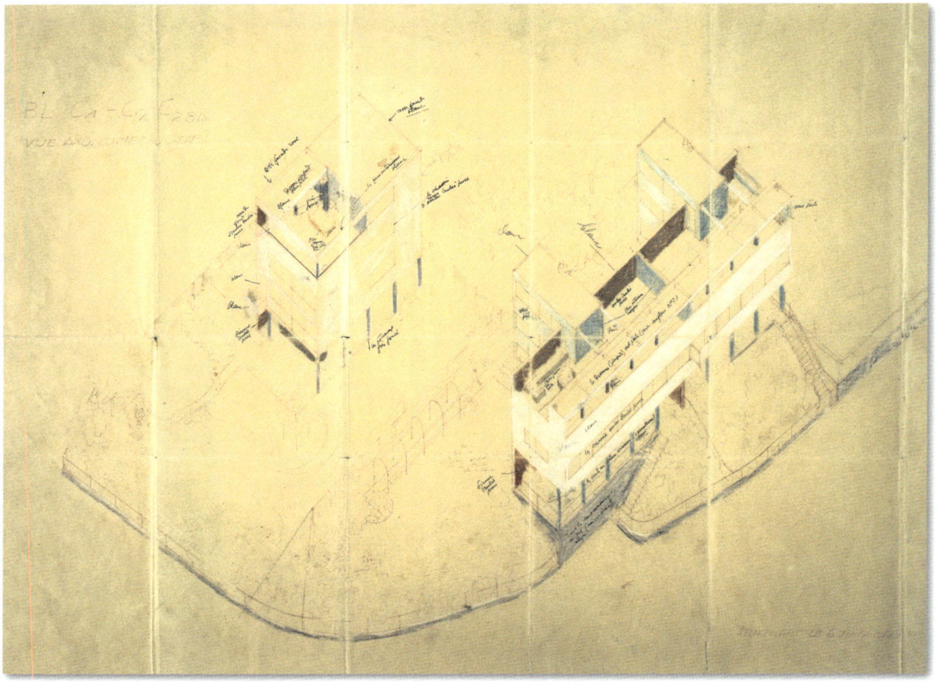

LE CORBUSIER UND DIE FARBE

Le Corbusier wird Anfang der 1920er Jahre in Paris zunächst als Maler bekannt. Er experimentiert mit der Wirkung von Farbe in der Architektur. Sie ist für ihn ebenso wichtig wie Grundriss und Form. Er entwirft harmonische Farbreihen und bringt so Ordnung in die Vielfalt der Farben. Für seine Häuser in der Weissenhofsiedlung macht er detaillierte Vorgaben und sendet seinem Bauleiter Alfred Roth Farbmuster zu. 1931 und 1959 stellt Le Corbusier „Farbenklaviaturen" mit einer Vielzahl von Musterkarten zusammen, die als universelles Werkzeug zur farblichen Gestaltung eingesetzt werden können.

LE CORBUSIER AND COLOUR / At the beginning of the 1920s Le Corbusier first became known as a painter in Paris. He experimented with the effect of colour in architecture. For him it was just as important as floor plan and form. He designed harmonious colour series and thus brought order into the diversity of colours. For his houses in the Weissenhofsiedlung he developed detailed specifications and sent colour samples to his site manager, Alfred Roth. 1931 and 1959 Le Corbusier compiled a wide variety of sample cards into colour ranges that could be used as a universal tool for colour design.

Hans Hildebrandt lehrt ab 1920 an der Technischen Hochschule Stuttgart Neuere Kunstgeschichte und moderne Architektur. Freundschaften verbinden ihn mit Le Corbusier und Künstlern wie Oskar Schlemmer und Willi Baumeister. 1937 wird ihm die Lehrbefugnis entzogen, seine jüdische Frau erhält bereits 1935 Malverbot.

Hans Hildebrandt taught Modern Art History and Modern Architecture at the Technical University of Stuttgart as of 1920. Through friendships he was associated with Le Corbusier and such artists as Oskar Schlemmer and Willi Baumeister. In 1937 he was no longer allowed to teach, his wife was prohibited from painting back in 1935.

HANS HILDEBRANDT (1878–1957)

DAS THEORETISCHE WERK

Die Veröffentlichungen Le Corbusiers sind für die Architektur des 20. Jahrhunderts ebenso bedeutsam wie seine Bauten. In seinem französischen Pass, den er mit seiner Einbürgerung 1930 erhält, nennt er „homme de lettres", also Schriftsteller, als Berufsbezeichnung. Kaum ein anderer Architekt tritt in ähnlicher Weise durch Bücher, Artikel oder Aufrufe hervor. Ab 1920 signiert er seine architekturtheoretischen Artikel mit Le Corbusier. Mit den Veröffentlichungen von „Vers une architecture" 1923 und „Urbanisme" 1925 formuliert Le Corbusier ein Programm der Moderne. In Deutschland werden diese Schriften durch die Übersetzung des Stuttgarter Kunsthistorikers Hans Hildebrandt bekannt. Sie erscheinen 1926 unter dem Titel „Kommende Baukunst" und 1929 unter dem Titel „Städtebau" bei der Deutschen Verlagsanstalt in Stuttgart.

THEORETICAL WORKS / Le Corbusier's publications are just as important for the architecture of the 20th century as his buildings. In his French passport, which he received on his naturalization in 1930, he designated his profession as "homme de lettres", i.e. writer. Hardly any other architect distinguished himself to such an extent through books, articles and proclamations. From 1920 on he signed his articles on architectural theory as Le Corbusier. In his publications "Vers une architecture" (1923) and "Urbanisme" (1925) Le Corbusier formulated a programme of the modern age. In Germany these writings became known through the translation by art historian Hans Hildebrandt from Stuttgart. They appeared in 1926 under the title "Kommende Baukunst" and in 1929 under the title "Städtebau", published by Deutsche Verlagsanstalt in Stuttgart.

Le Corbusier, Kommende Baukunst, Stuttgart/Berlin/Leipzig 1926
Le Corbusier, "Coming Architecture", Stuttgart/Berlin/Leipzig 1926

Le Corbusier, Städtebau, Stuttgart/Berlin/Leipzig 1929
Le Corbusier, "Urban Development", Stuttgart/Berlin/Leipzig 1929

LE CORBUSIER UND PIERRE JEANNERET
PARIS

FÜNF PUNKTE ZU EINER NEUEN ARCHITEKTUR

Die nachfolgend dargestellten theoretischen Betrachtungen gründen sich auf langjährige praktische Erfahrungen auf dem Bauplatze.
Theorie verlangt knappe Formulierung.
Es handelt sich hier keineswegs um ästhetische Phantasien oder Trachten nach modischen Effekten, sondern um architektonische Tatsachen, welche ein absolut neues Bauen bedeuten, vom Wohnhaus bis zum Palasthaus.

1. Die Pfosten: Ein Problem auf wissenschaftlichem Wege lösen, heißt zunächst seine Elemente unterscheiden. Bei einem Bau kann man daher ohne weiteres die tragenden von den nichttragenden Teilen trennen. An Stelle der früheren Fundamente, auf welchen das Gebäude ohne rechnerische Kontrolle ruhte, treten Einzelfundamente und an Stelle der Mauern einzelne Pfosten. Pfosten wie Pfostenfundamente werden nach den ihnen zukommenden Lasten genau berechnet. Diese Pfosten ordnen sich in bestimmten gleichen Abständen an, ohne dabei auf die innere Anordnung des Hauses Rücksicht zu nehmen. Sie steigen unmittelbar vom Boden auf, bis zu 3, 4, 6 usw. Meter und heben das Erdgeschoß empor. Die Räume werden dadurch der Erdfeuchtigkeit entzogen; sie haben Licht und Luft; das Bauterrain bleibt beim Garten, welcher infolgedessen unter dem Haus durchgeht. Dieselbe Fläche gewinnt man auf dem flachen Dache nochmals.

2. Die Dachgärten: Das flache Dach erfordert zunächst konsequente Ausnützung zu Wohnzwecken: Dachterrasse, Dachgarten. Andererseits verlangt der Eisenbeton einen Schutz gegen die Veränderlichkeit der Außentemperatur. Zu starkes Arbeiten des Eisenbetons wird durch Erhaltung einer bleibenden Feuchtigkeit auf dem Dachbeton verhindert. Die Dachterrasse genügt beiden Forderungen (regenfeuchte Sandschicht, mit Betonplatten bedeckt, in den Fugen derselben Rasen; die Erde der Blumenbeete mit der Sandschicht in direkter Verbindung).
Auf diese Weise fließt das Regenwasser äußerst langsam ab; Abfallrohre im Inneren des Hauses. Es bleibt somit eine latente Feuchtigkeit auf der Dachhaut stehen. Die Dachgärten weisen üppigste Vegetation auf. Es können Sträucher, sogar kleine Bäume bis zu 3 bis 4 Meter Höhe ohne weiteres gepflanzt werden.
Auf diese Weise wird der Dachgarten zum bevorzugtesten Orte des Hauses. Allgemein bedeuten die Dachgärten für eine Stadt die Wiedergewinnung der gesamten verbauten Fläche.

3. Die freie Grundrißgestaltung: Das Pfostensystem trägt die Zwischendecken und geht durch bis unter das Dach. Die Zwischenwände werden nach Bedürfnis beliebig hereingestellt, wobei keine Etage irgendwie an die andere gebunden ist. Es existieren keine Tragwände mehr, sondern nur Membranen von beliebiger Stärke. Folge davon ist absolute Freiheit in der Grundrissgestaltung, das heißt freie Verfügung über die vorhandenen Mittel, was den Ausgleich mit der etwas kostspieligen Betonkonstruktion leicht schafft.

4. Das Langfenster: Die Pfosten bilden mit den Zwischendecken rechteckförmige Fassadenöffnungen, durch welche Licht und Luft reichlich eintreten. Das Fenster reicht von Pfosten zu Pfosten, es wird somit ein Langfenster. Die gestelzten Hochfenster verschwinden dadurch und ebenso die unangenehmen Fensterpfosten und Pfeiler. Die Räume sind auf diese Weise von Wand zu Wand gleichmäßig beleuchtet. Experimentelle Versuche haben ergeben, dass ein so beleuchteter Raum achtmal stärkere Beleuchtungsintensität aufweist, als derselbe mit Hochfenstern und gleicher Fensterfläche.
Die gesamte Geschichte der Architektur dreht sich ausschließlich um die Maueröffnungen. Der armierte Beton bringt auf einmal durch das Langfenster die Möglichkeit der maximalen Beleuchtung.

5. Die freie Fassadengestaltung: Dadurch, daß man den Fußboden über die Tragepfosten hinauskragt, balkonartig rings ums Gebäude, rückt man die ganze Fassade über die Tragkonstruktion hinaus. Sie verliert dadurch die tragende Eigenschaft, und die Fenster können in beliebiger Länge weitergeführt werden, ohne direkte Beziehung zur inneren Einteilung. Es kann ein Fenster für ein Wohnhaus ebensogut 10 m lang sein, wie 200 m für einen Palastbau (unser Projekt für den Völkerbundsbau in Genf). Die Fassade besitzt somit eine freie Gestaltung.

Die dargestellten fünf grundlegenden Punkte bedeuten eine fundamental neue Ästhetik. Es bleibt uns nichts mehr von der Architektur früherer Epochen, sowenig wie uns der literarisch-historische Unterricht an den Schulen noch etwas geben kann.

FIVE POINTS FOR A NEW ARCHITECTURE

The theoretical considerations presented below are based on many years of practical experience at construction sites.
Theory demands concise formulation.
They by no means constitute aesthetic fantasies or a striving for fashionable effects, but architectural facts that signify an absolutely new building style, from a dwelling to a palace.

1. The supports: To solve a problem scientifically means in the first place to distinguish between its elements. Hence in the case of a building a distinction can immediately be made between the supporting and the non-supporting elements. The earlier foundations, on which the building rested without a mathematical check, are replaced by individual foundations and the walls by individual supports. Both supports and support foundations are precisely calculated according to the loads they have to bear. These supports are spaced at specific, equal intervals with no thought for the interior arrangement of the building. They rise directly from the floor to a height of 3, 4, 6 or more metres and elevate the ground floor. The rooms are thereby removed from the dampness of the soil; they have light and air; the building plot is left to the garden, which consequently passes under the house. The same area is also gained on the flat roof.

2. The roof gardens: In the first place the flat roof demands systematic utilization for domestic purposes: roof terrace, roof garden. On the other hand, the reinforced concrete requires protection against changing temperatures. Overactivity on the part of the reinforced concrete is prevented by the maintenance of a constant humidity on the roof concrete. The roof terrace satisfies both demands (a rain-dampened layer of sand covered with concrete slabs with lawns in the joints; the soil in the flowerbeds in direct contact with the layer of sand). As a result, the rainwater flows off extremely slowly. Waste pipes in the interior of the building. Thus a latent humidity remains continually on the roof covering. The roof gardens display extremely lush vegetation. Shrubs and even small trees up to 3 or 4 metres tall can be planted. In this way the roof garden will become the favourite place in the building. For a city roof gardens in general mean recovery of the entire built-up area.

3. Freedom in designing the ground plan: The support system bears the intermediate ceilings and rises up to the roof. The interior walls may be placed wherever required, each floor being entirely independent of the rest. There are no longer any supporting walls but only membranes of any thickness required. The result of this is absolute freedom in designing the ground plan; that is to say, free utilization of the available means, making it easy to offset the rather costly reinforced concrete construction.

4. The horizontal window: Together with the intermediate ceilings the supports form rectangular openings in the facade through which light and air enter copiously. The window extends from support to support and thus becomes a horizontal window. Stilted vertical windows consequently disappear, as do unpleasant mullions. In this way, rooms are evenly lit from wall to wall. Experiments have shown that a room thus lit has an eight times stronger illumination than the same room lit by vertical windows with the same window area. The entire history of architecture revolves solely around the wall openings. All at once the reinforced concrete makes maximum illumination possible.

5. Free design of the facade: By projecting the floor beyond the supporting pillars, like a balcony all round the building, the whole facade is extended beyond the supporting construction. It thereby loses its supportive quality and the windows may be extended to any length at will, without any direct relationship to the interior division. A window may just as well be 10 metres long for a dwelling as 200 metres for a palatial building (our design for the League of Nations building in Geneva). The facade may thus be designed freely.

The five basic points described signify a fundamentally new aesthetics. Nothing of the architecture of earlier eras remains, just as little of the literature and history taught at schools has anything to give us.

DENKMAL UND MUSEUM
MONUMENT AND MUSEUM

s. 116 –145

1

LE CORBUSIER

MÄDCHENZIMMER

Le Corbusier entwarf ein Haus für den "gebildeten Mittelstand", zu dessen Haushaltsführung in den 1920er Jahren Hausangestellte gehörten. Das Mädchenzimmer im Erdgeschoss ist gut belichtet, wodurch dieser kleine Raum größer erscheint. Die Einrichtung von 1927 ist auf keiner Fotografie dokumentiert. Auch gibt es aufgrund mehrfacher Umbauten keine gesicherten restauratorischen Erkenntnisse. Im Museum wird ein zeitgenössisches Stahlrohrbett der Firma L. & C. Arnold, Schorndorf, gezeigt. Es entstand um1928 nach dem Entwurf von Alfred Roth. Dieses „Weissenhofbett" wird bis heute industriell hergestellt.

MAID'S ROOM

Le Corbusier designed a house for the "educated middle class" who employed domestics for housekeeping purposes in the 1920s. The maid's room on the ground floor has plenty of natural lighting, making this small room appear larger. The furnishings from 1927 are not documented in any photographs. In addition, there are no reliable restoration-related findings because of several modifications. A contemporary bed made by L. & C. Arnold, Schorndorf, is displayed in the museum. It was made around 1928 according to a design by Alfred Roth. This "Weissenhof bed" has been produced on an industrial scale down to today.

BIBLIOTHEK UND TREPPENHAUS

Le Corbusier sah im Dachgeschoss die Bibliothek als einen Ort der Ruhe, der Meditation und der Kontemplation vor, mit direktem Zugang zur Dachterrasse. Markant wirkt der mit der Treppenbrüstung verbundene Kamin. Im Geschoss darunter befindet sich im Treppenanbau ein Mehrzweckraum, der nach Le Corbusiers Vorstellungen für Mahlzeiten, Gästeempfang oder Arbeit diente. Dieser eher kleine Raum wirkt durch die offene Treppe und die kontrastierende Farbgebung optisch vergrößert. Beide Räume sind sparsam nach dem Vorbild der Werkbundausstellung 1927 möbliert und lassen die Nutzungsbestimmung nur ansatzweise erkennen.

LIBRARY AND STAIRCASE

Le Corbusier provided for a library on the top floor as a place of quiet, meditation and contemplation, with direct access to the roof terrace. The fireplace linked to the staircase parapet wall creates a striking effect. On the floor below there is a multipurpose room in the staircase annex that, in Le Corbusier's mind, was to serve as a place for eating meals, receiving guests or work. This rather small room appears visually enlarged due to the open staircase and the contrasting colour design. Modelled after the Werkbund exhibition in 1927, both rooms are sparingly furnished and provide only rudimentary indications of their use.

KÜCHE UND BAD

Die funktionale Küche sollte eine optimale Organisation der Hausarbeit ermöglichen. Nach restauratorischen Untersuchungen sowie anhand von Entwurfszeichnungen und Fotografien konnte die Einrichtung weitgehend rekonstruiert werden. Der Unterschrank war ursprünglich durch ein Rohr im Boden mit der Außenluft verbunden und diente als eine Art Kühlschrank. Der Gasherd der Marke „Prometheus" stammt aus dem Jahr 1925 und ist nahezu identisch mit dem 1927 gezeigten Modell eines damals modernen Haushaltsgeräts.

Mit dem natürlich belichteten Bad erfüllte Le Corbusier eine der wohnhygienischen Forderungen des Neuen Bauens. Da von der Sanitäreinrichtung aus dem Jahre 1927 nichts erhalten war, wurden ähnliche historische Sammlerstücke eingebaut. Die Badewanne stammt aus der Siedlung Viergiebelweg in Stuttgart, die 1922/23 unweit der Weissenhofsiedlung errichtet wurde. Verlorene Leitungsrohre und Armaturen wurden nicht ersetzt.

KITCHEN AND BATHROOM

The functional kitchen was supposed to enable optimal organization of the housework. It was possible to reconstruct the furnishings according to restoration studies as well as on the basis of design drawings and photographs. The lower cupboard was originally connected to the outside air by means of a pipe in the floor and served as a kind of refrigerator. The "Prometheus" gas stove dates from 1925 and is nearly identical to the model displayed in 1927, a household appliance that was modern at that time.

Through the separate bathroom with natural lighting Le Corbusier met one of the housing hygiene demands of New Building. Since nothing remained of the sanitary facilities from 1927, similar historical collector's items were installed. The bathtub stems from the Viergiebelweg estate in Stuttgart, which was built in 1922/23 not far away from the Weissenhof estate. Lost pipes and fittings were not replaced.

TAGZUSTAND

Der Raum zeigt die Entwurfsidee Le Corbusiers: das „transformable Wohnhaus". Wie in einem Schlaf- und Salonwagen verschwinden die Betten tagsüber in eingebauten Schränken, mit einer Schiebewand lässt sich der Wohnraum erweitern. Er bildet dann eine einzige Halle. Die rekonstruierten Bettschränke kommen dem Original sehr nahe und lassen mit der Farbgebung des Raums ein nahezu originalgetreues Bild der Werkbundausstellung entstehen. Die ursprüngliche Möblierung beruht auf Vorschlägen des Bauleiters Alfred Roth, der sich an der Einrichtung des Pavillon „Esprit Nouveau" von 1925 orientierte. Ebenso wie 1927 ist das Haus mit Stühlen des Modells 209 der Firma Thonet ausgestattet. Die typisierten Stahlrohrtische konnten zu größeren Tafeln kombiniert werden.

DAYTIME ARRANGEMENT

The room shows Le Corbusier's design idea: the "transformable dwelling". As in a sleeping and Pullman car, the beds were stored out of sight curing the day in built-in cupboards while a sliding panel expanded the living room. The room then formed a single hall. The reconstructed bed cupboards very closely approximate the original and with the colour design of the room create a nearly faithful reproduction of the Werkbund exhibition. The originals furnishings are based on proposals by site manager Alfred Roth, who oriented himself to the furnishings of the "Esprit Nouveau" pavilion of 1925. As in 1927, the house is provided with chairs of Thonet's model 209. The standardized tubular steel tables could be combined to form larger tables.

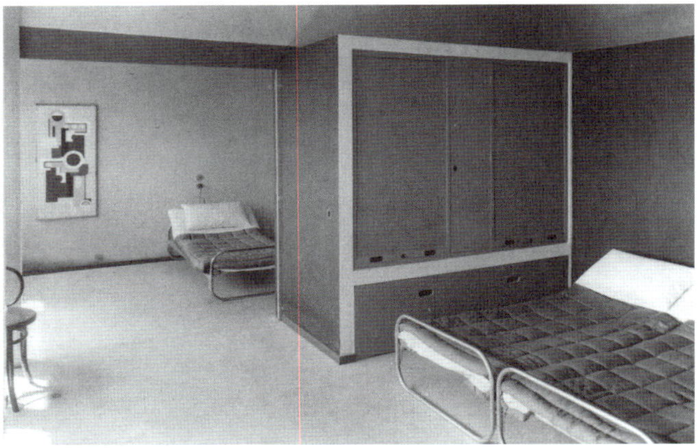

Situation 1927

Situation 1927

NACHTZUSTAND

Bei Nacht wurde die Schiebewand geschlossen und die Betten aus den Schränken herausgezogen. Dazu entwarf Alfred Roth ein leicht bewegliches Stahlrohrbett. Eine Ausführung um 1928 befindet sich im Mädchenzimmer. Die Betten im Obergeschoss sind Rekonstruktionen. Als Grundlage diente vor allem ein Stahlrohrbett aus dem Fundus der Stuttgarter Werkbundausstellung 1927, das sich heute im Depot des Bauhaus-Archivs Berlin befindet. Matratzen, Kopfkissen, Bettwäsche sowie Steppdecken konnten ebenfalls nach dem Vorbild von 1927 hergestellt werden. Alfred Roth traf auch die Auswahl der Bilder. Mit dem 1927 entstandenen Gemälde „Abstrakt mit Rot" von Willi Baumeister entsprach er dem Wunsch Le Corbusiers, auf keinen Fall „ältere Kunst" zu präsentieren. Das Original befindet sich in der Staatsgalerie Stuttgart.

NIGHT ARRANGEMENT

At night the sliding panel was closed and the beds were pulled out of the cupboards. Alfred Roth designed an easily movable tubular steel bed for this purpose. A model from around 1928 is in the maid's room. The beds on the top floor are reconstructions. In particular a tubular steel bed stemming from the items of the Stuttgart Werkbund exhibition in 1927 and currently stored at the Bauhaus archive in Berlin served as the basis. It was also possible to reconstruct the mattresses, pillows, bed linen as well as quilts. Alfred Roth also selected the pictures. By hanging up the painting "Abstract with Red" by Willi Baumeister dating from 1927, he conformed with Le Corbusier's request not to present "older art" under any circumstances. The original is on display at the Stuttgart State Gallery.

Situation 1927

Situation 1927

DACHGARTEN

Die großzügige Terrasse mit Pflanztrögen auf dem Dach ist ein Element der „Fünf Punkte zu einer neuen Architektur" Le Corbusiers. Der Dachgarten ist für ihn „ein authentisches architektonisches Ereignis, ein neuartiger Träger von Charme und Poesie, ein großartiger Gratis-Luxus". Nach der denkmalpflegerischen Instandsetzung vermittelt die Dachterrasse nahezu das gleiche Bild wie 1927. Aus statischen Gründen bestehen die rekonstruierten Pflanztröge aus Kunstfaserbeton und der Plattenbelag aus 90 mal 90 Zentimeter großen Platten aus einer Sandwichkonstruktion. Die Bepflanzung orientiert sich am Vorbild von 1927.

THE ROOF TERRACE

The spacious terrace with plant troughs on the roof is an element of Le Corbusier's "Five points for a new architecture". For him the roof garden is "an authentic architectural experience, an innovative provider of charm and poetry, a great luxury free of charge". After restoration as a historical monument the roof terrace displays nearly the same picture as in 1927. For reasons of statics the reconstructed plant troughs are made of synthetic fibre concrete and the covering consists of 900 x 900 millimetre slabs in a sandwich design. The plant arrangements are modelled after those of 1927.

ORIGINALE BEFUNDE

An verschiedenen Stellen in der Haushälfte Rathenaustraße 1 blieben bauzeitliche Oberflächen als „archäologische Fenster" sichtbar. Ein besonders deutlicher Befund zeigt sich im ehemaligen Frühstücksraum im Obergeschoss. Nach der Entfernung eines Kamins, der 1932/33 nachträglich eingebaut worden war, trat dort ein Stück der Wand und Treppenbrüstung mit originaler Farbgebung in Rot, Schwarz und Weiß zu Tage.

ORIGINAL FINDINGS

Surfaces dating from the original construction remained visible as "archaeological windows" at different places in the semi-detached house at Rathenaustrasse 1. An especially striking find can be seen in the former breakfast room on the top floor. After removal of a fireplace that was subsequently installed in 1932/33 a piece of wall and staircase parapet was revealed with the original colour design in red, black and white.

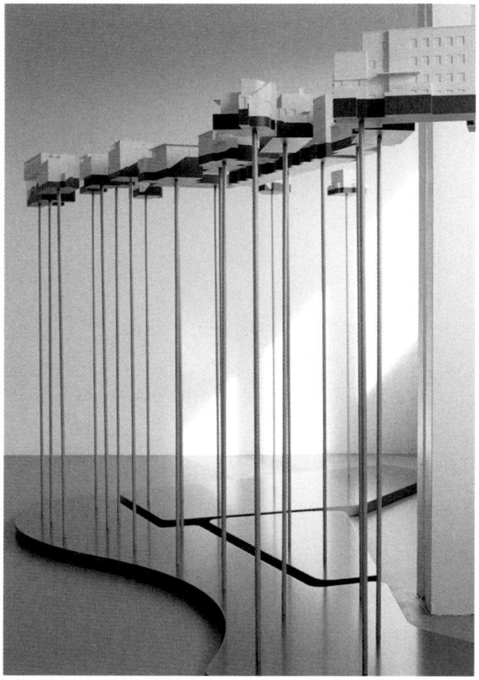

MODELLE

Neben fest eingebauten Schränken sah Le Corbusier im Wohn- und Schlafzimmer nur eine zurückhaltende Möblierung mit Stahltischen und leichten Stühlen entlang des Langfensters vor. Die Ausstellungsgestaltung greift diese räumliche Einteilung auf. Vor dem Fenster befinden sich nun frei im Raum stehende Exponate auf schlanken Objektträgern. Zu sehen ist ein Modell der Weissenhofsiedlung im Zustand von 1927, das den plastischen Städtebau Mies van der Rohes erkennen lässt, als „Guckkasten" ein Modell der Spiegelglashalle, die Lilly Reich gemeinsam mit Mies van der Rohe entwarf, und ein Modell der Stahlkonstruktion eines der im Zweiten Weltkrieg zerstörten Häuser von Walter Gropius.

MODELS

Apart from the permanently installed cupboards, Le Corbusier provided solely for sparse furnishings with steel tables and light chairs along the horizontal window in the living room and bedroom. The exhibition design makes use of this spatial division. Now self-supporting exhibits on slender stands are shown in front of the window. A model of the Weissenhof estate as it looked in 1927, displaying Mies van der Rohe's plastic urban development design, a model of the Plate Glass Hall, designed by Lilly Reich together with Mies van der Rohe, in the form of a "peep show" and a model of the steel construction of one of the houses designed by Walter Gropius that were destroyed in World War II can be seen there.

FLUR

An der Gartenseite des Hauses befindet sich ein schmaler Flur. Mit einer Breite von 60 Zentimetern entsprach er den Gängen in den Schlafwagen der „Compagnie Internationale des Wagons-lits". Der Flur sollte keine wirkliche Erschließungsfunktion übernehmen, sondern diente in der Nacht nur als Zugang zu den „Schlafkabinen". In der Ausstellung entstand der Flur neu mit Glaswänden als Informationsträger. Die schlitzartigen Stahlfenster entlang des Flurs wurden im Rahmen der denkmalpflegerischen Instandsetzung rekonstruiert. Als Planungsgrundlage diente die Publikation „Fenster aus Holz und Metall" von Adolf G. Schneck, in der Detailzeichnungen der Metallfenster des Doppelhauses abgebildet sind.

HALLWAY

A narrow hallway is located on the garden side of the house. With a width of 600 millimetres it corresponded to the corridors in the sleeping cars of the "Compagnie Internationale des Wagons-lits". The hallway was not intended to serve as a main access way, but was merely used to get to the "sleeping compartments" at night. In the exhibition a new hallway was created with glass walls serving to provide information. The slit-like steel windows along the hallway were reconstructed within the framework of restoration as a historical monument. The publication "Fenster aus Holz und Metall" (Windows of Wood and Metal) by Adolf G. Schneck showed detailed drawings of the metal windows of the pair of semi-detached houses and served as the basis for planning.

planung und bau
stadt und werkbund
1907
1924
1925

stadt und werkbund
Die Weissenhofsiedlung ist das Ergebnis einer Partnerschaft. Im kul-
turell aufgeschlossenen Klima der 1920er Jahre gewinnt der Deutsche
Werkbund die Stadt Stuttgart dafür, eine experimentelle Wohnsiedlung
zu errichten. Eine Bauausstellung soll neue Wege zur Beseitigung der
Wohnungsnot weisen. Es gilt zu zeigen: Gesunde und praktische Woh-
nungen können rationell und kostengünstig erstellt werden. Getragen
wird die Ausstellungsidee von Peter Bruckmann und Gustaf Stotz, beide
führende Vertreter des Deutschen Werkbundes, sowie von Karl Lauten-
schlager, Stuttgarts Oberbürgermeister. Ab Sommer 1925 fassen sie
ihre Ziele in mehreren Denkschriften zusammen.
THE CITY AND WERKBUND /
the result of a
partnership. In the culturally
1920s Deutscher
Werkbund persuaded the city of Stuttgart to support the development
of an experimental housing estate. A building exposition would point
out new approaches to eliminating the housing shortage. The aim was
to demonstrate that healthy and practical housing could be constructed
efficiently and inexpensively. The idea of an exhibition was advocated
by Peter Bruckmann and Gustaf Stotz, both leading representatives of
Deutscher Werkbund, as well as Karl Lautenschlager, Stuttgart's mayor.
From the summer of 1925 on, they presented their objectives in several
manifestos.

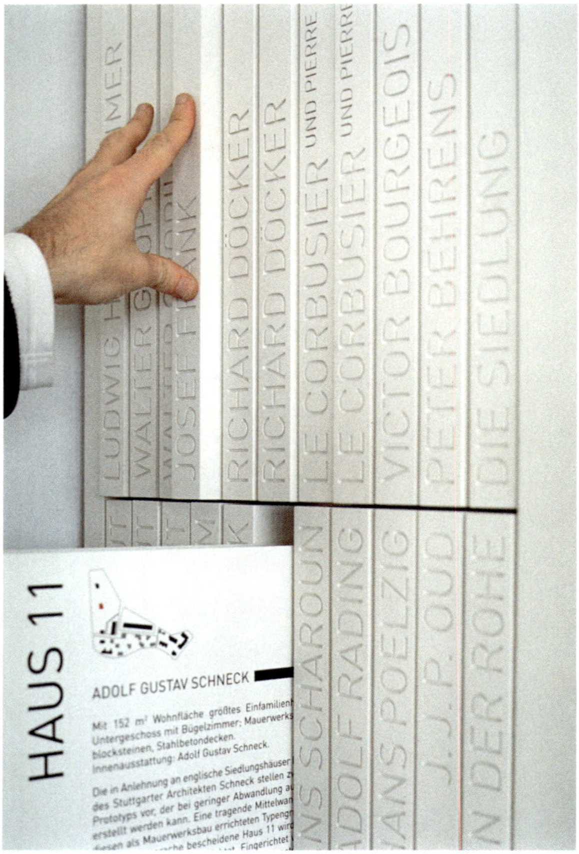

VITRINEN
Die gläserne Ausstellungsarchitektur von 2006 zitiert und verfremdet zugleich die Entwurfsidee des transformablen Wohnhauses von Le Corbusier: Im Grund- und Aufriss folgt sie dem Entwurf aus dem Jahre 1927. Anstelle der massiven Bettschränke des Originals stehen in der Ausstellung jedoch nahezu immaterielle gläserne Vitrinen, die Exponate und Informationsmedien aufnehmen. Sie überlagern die noch vorhandene bauzeitliche Architektur sowie spätere Umbauten. So wird ein Teil der Vitrinen von Wohnungswänden der 1960er Jahre zerschnitten – als Metapher der Zerstörung und der ideologischen Spaltung der Architekturströmungen nach 1927.

GLASS SHOWCASES
The glass exhibition architecture of 2006 cites and alienates at the same time the design idea of Le Corbusier's transformable dwelling. In the ground plan and elevation it follows the design of 1927. Instead of the massive bed cupboards of the original, however, almost immaterial glass showcases containing the exhibits and information media are set up in the exhibition. They are superimposed on the existing architecture dating from the time of construction as well as later modifications. Thus part of the showcases is split up by dwelling walls from the 1960s – as a metaphor of destruction and the ideological split of architectural currents after 1927.

UNG
STUTTGART

LE CORB
PIERRE
PUNKTE ZU

PARIS
EUEN ARCHITEKTU

DIE SIEDLUNG
THE ESTATE

s. 146 – 193

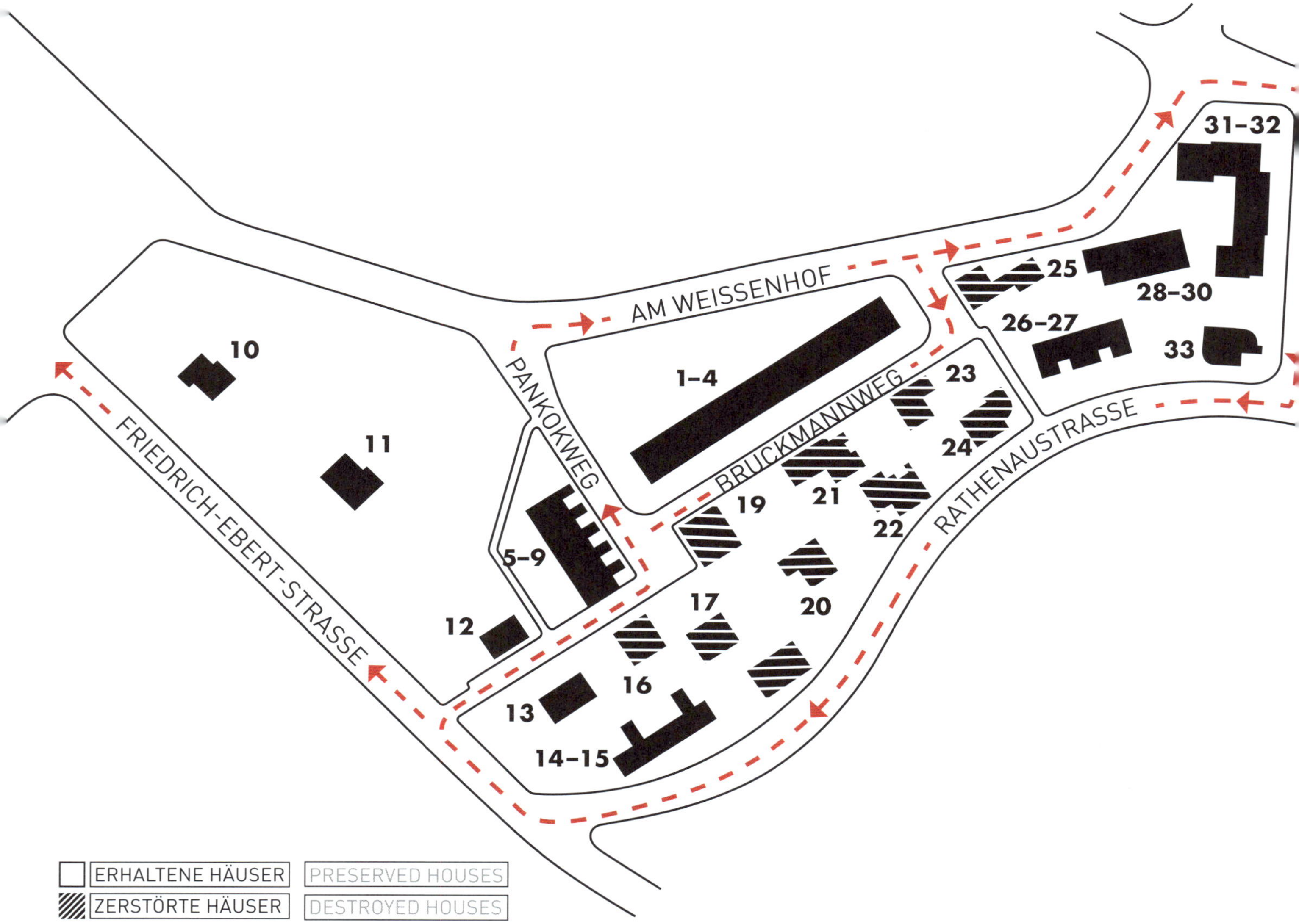

Die Nummerierung der Häuser entspricht dem Ausstellungskatalog 1927.

The numbers of the houses are correspondent to the exhibition catalogue from 1927.

DIE WEISSENHOFSIEDLUNG 1927

In der Weissenhofsiedlung entstehen neue Häuser für eine neue Zeit. 17 Architekten aus Deutschland, Frankreich, Belgien, den Niederlanden und Österreich zeigen in 33 Häusern mit insgesamt 63 Wohnungen, eingerichtet von 55 Architekten und Innenarchitekten, Beispiele für modernes Wohnen in der Großstadt. Die Haustypen orientieren sich an den Bedürfnissen einer breiten und heterogenen Bevölkerungsschicht, auch des „gebildeten Mittelstands".
Die Entwürfe machen die sozialen, ästhetischen und technischen Umbrüche nach dem Ersten Weltkrieg deutlich. Sie stellen Forderungen nach „Licht, Luft, Bewegung, Öffnung" in den Mittelpunkt. Pflegeleichte Bodenbeläge und Möbel vereinfachen die Haushaltsführung und sollen es Frauen erleichtern, einem Beruf nachzugehen.

THE WEISSENHOF ESTATE 1927 / New houses for a new era were built on the Weissenhof estate. Seventeen architects from Germany, France, Belgium, the Netherlands and Austria displayed examples of modern housing in a big city on the basis of 33 houses with a total of 63 housing units, installed and furnished by 55 architects and interior decorators. The types of building were oriented to the needs of a broad and heterogeneous section of the population, and also of the "educated middle class".
The designs illustrated the radical social, aesthetic and technical changes after World War I. They focused on demands for "light, air, movement, opening". Floor coverings and furniture requiring little care simplified housekeeping and were aimed at making it easier for women to pursue a career.

DIE WEISSENHOFSIEDLUNG HEUTE

Trotz Zerstörungen im Zweiten Weltkrieg und Veränderungen danach bleibt die Weissenhofsiedlung ein herausragendes Baudenkmal. Das „Weissenhofmuseum im Haus Le Corbusier" ist öffentlich zugänglich, die übrigen Gebäude sind bewohnt und entweder im Immobilienbesitz des Bundes oder Privateigentum. Ein Rundgang vorbei an den erhaltenen Häusern zeigt die Ideenvielfalt der Musterhäuser von 1927.

Beginnend am Weissenhofmuseum führt der Weg über die Treppenverbindung zwischen Friedrich-Ebert-Straße und Bruckmannweg zu den Einfamilienhäusern von Adolf Gustav Schneck und Le Corbusier und zu den Reihenhäusern von J. J. P. Oud im Pankokweg. Weiter geht es entlang der Straße am Weissenhof vorbei an der Eingangsseite des Mehrfamilienhauses von Ludwig Mies van der Rohe bis zu den Reihenhäusern von Mart Stam und dem Mehrfamilienhaus von Peter Behrens. Über den Hölzelweg führt die Route zum Einfamilienhaus von Hans Scharoun und zum Doppelhaus von Josef Frank in der Rathenaustraße. Am Haus vorbei gelangt man über eine Treppe zurück zum Bruckmannweg. An der Friedrich-Ebert-Straße sind Häuser von Schneck und Victor Bourgeois zu sehen.

THE ESTATE TODAY / In spite of destruction during World War II and changes thereafter, the Weissenhof estate remains an outstanding historical monument. The "Weissenhof Museum in Le Corbusier House" is open to the public, the other buildings are occupied and either owned by the federal government or are private property. A tour past the preserved houses shows the diversity of ideas expressed in the model dwellings of 1927.

Beginning at Weissenhof Museum in Le Corbusier House, the route takes you via the stairs connecting Friedrich-Ebert-Strasse and Bruckmannweg past the single-family dwellings designed by Adolf Gustav Schneck and Le Corbusier to J. J. P. Oud's row houses on Pankokweg. The tour continues along the street Am Weissenhof past the entrance side of the multi-family dwelling designed by Ludwig Mies van der Rohe to Mart Stam's row houses and the multi-family dwelling designed by Peter Behrens. The route to Scharoun's single-family dwelling and Josef Frank's pair of semi-detached houses in Rathenaustrasse goes via Hölzelweg. Steps take you past Frank House back to Bruckmannweg. On Friedrich-Ebert-Strasse you can see houses designed by Schneck and Victor Bourgeois.

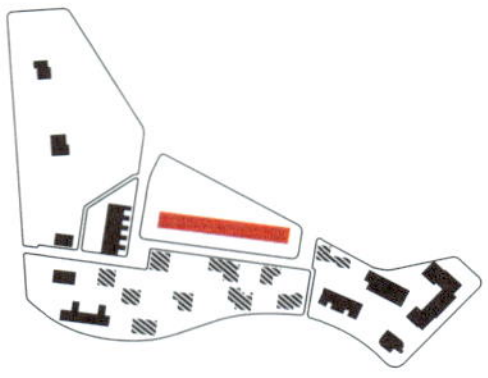

LUDWIG MIES VAN DER ROHE HAUS 1–4

Wohnblock mit 24 Wohneinheiten, Wohnfläche: 44 bis 88 m^2, unterkellert, Dachgeschoss mit Terrassen, Wasch- und Trockenräumen; Stahlskelettbauweise mit Ausfachung aus Ziegelmauerwerk, 4 cm starke Außendämmung, Hohlsteindecken zwischen Stahlträgern.
Innenausstattung: 31 Architekten und Innenarchitekten, darunter Ludwig Mies van der Rohe und Lilly Reich, Heinz und Bodo Rasch sowie eine Gruppe des Schweizerischen Werkbundes.

Ein wichtiges Anliegen von Mies van der Rohe ist es, Rationalisierung und Typisierung mit einer größtmöglichen Freiheit der Gestaltung zu verbinden. So dient ihm die Stahlskelettbauweise dazu, bei den drei Wohngeschossen auf der gleichen Grundfläche unterschiedliche Grundrisse zu verwirklichen. Darüber hinaus sollen versetzbare Zwischenwände eine Anpassung an veränderte Nutzungsbedürfnisse erleichtern. Diese Flexibilität kommt allerdings nur bei drei Wohnungen zur Anwendung. Innenarchitektur und Möblierung reichen von einer gewissen Gediegenheit bis zur Einfachstausstattung. Das Schrankbett spart Platz. Berühmtestes Möbelstück ist zweifellos der von Mies van der Rohe entworfene Freischwinger.

Block of flats with 24 housing units, floor space: 44–88 m^2, with basement, top floor with terraces, laundry and drying rooms; steel skeleton construction with infilling of brickwork, 40 mm thick outer insulation, hollow block ceilings between steel girders.
Interior décor: 31 architects and interior decorators, including Ludwig Mies van der Rohe and Lilly Reich, Heinz and Bodo Rasch as well as a group of the Swiss Werkbund.

A major concern of Mies van der Rohe was to combine rationalization and typification with the greatest possible freedom of design. For example, he used the steel skeleton construction to realize different ground plans on the same area on the three residential floors. Furthermore, adjustable partition walls were intended to facilitate adaptation to changing use requirements. However, this flexibility was applied only in three flats. The interior design and furniture range from a certain solidness to very simple furnishings. The foldaway bed saves space. The most famous piece of furniture is undoubtedly the "Freischwinger" (cantilever chair) designed by Mies van der Rohe.

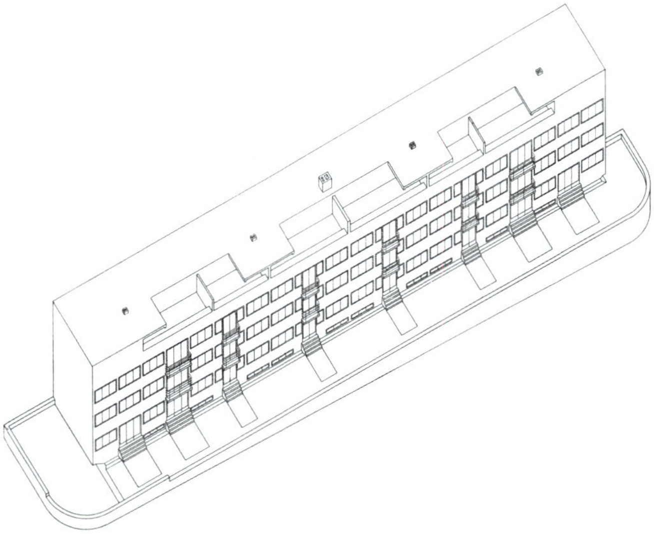

Wohnraum mit versetzbaren Zwischenwänden
Living room with movable partitions

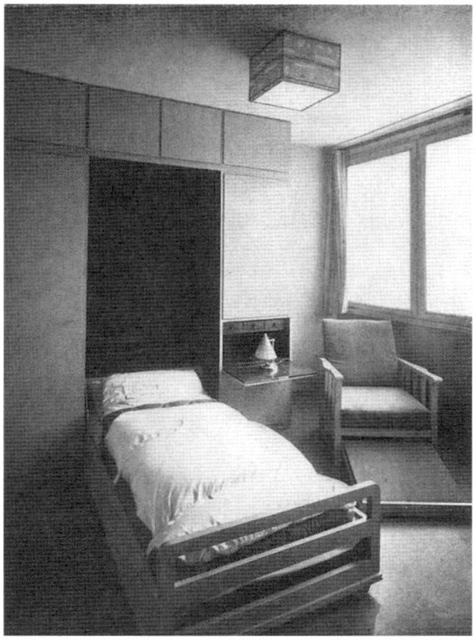

„Wohrung der berufstätigen Frau"
"Home of the working woman"

Wohnraum, Schweizerischer Werkbund
Living room, Swiss Werkbund

Ansicht von der Straße Am Weißenhof
View from Am Weissenhof street

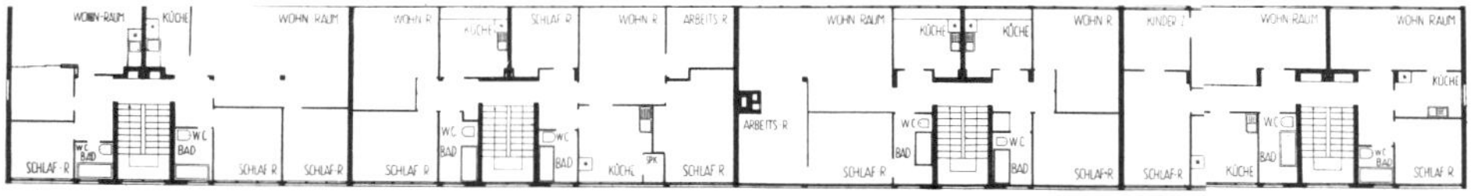

Grund-iss 1. Obergeschoss, M 1:500
First floor plan, scale 1:500

Grundriss Erdgeschoss, M 1:500
Ground floor plan, scale 1:500

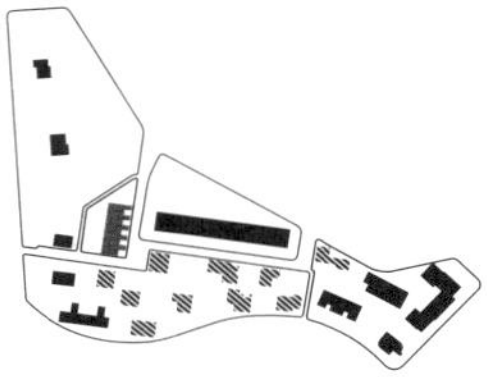

JACOBUS JOHANNES PIETER OUD HAUS 5–9

Fünf Reihenhäuser, Einfamilienhäuser mit jeweils 73 m^2 Wohnfläche, teilunterkellert; Leichtbeton-Bauweise, Stahlbetondecken.
Innenausstattung: J. J. P. Oud, Ferdinand Kramer, Rudolf Lutz, Sybold van Ravesteyn.

Die sorgfältig durchkonzipierten Reihenhäuser des im Siedlungsbau erfahrenen Niederländers Oud zeichnen sich durch eine gelungene Verbindung von markanten Großformen und subtilen Detaillösungen aus. Bei dem nach Norden ausgerichteten Wirtschaftsbereich mit Küchenhof sind die Räume entsprechend den Arbeitsabläufen angelegt. Die Waschküche, ein Bügel-/Trockenraum und sogar noch ein Fahrradabstellplatz können bei den kleinsten Häusern der Siedlung oberirdisch untergebracht werden. Um die Flurfläche zu reduzieren, wird das Gebäude von zwei Seiten erschlossen, wobei der Haupteingang 1927 auf der reich befensterten Gartenseite liegt. Auch die Öffnung der Fenster und Türen nach außen kommt der Raumausnutzung zugute. Zur Innenausstattung gehören begehbare Kleiderschränke.

Five row houses, single-family dwellings each with 73 m^2 of floor space, partially with basement; lightweight concrete construction, reinforced concrete ceilings.
Interior décor: J. J. P. Oud, Ferdinand Kramer, Rudolf Lutz, Sybold van Ravesteyn.

The row houses meticulously designed by Oud, a Dutch architect experienced in housing estate construction, are characterized by a successful combination of large, striking forms and subtle detailed solutions. In the utility section with kitchen court oriented to the north the rooms are set up according to the workflow. The laundry room, an ironing / drying room and even a bicycle room were provided above ground for the smallest houses on the estate. To reduce the hallway area, the building can be accessed from two sides, with the main entrance located on the garden side with its many windows in 1927. Good room utilization also benefits from the fact that the windows and doors open to the outside. The interior furnishings include walk-in wardrobes.

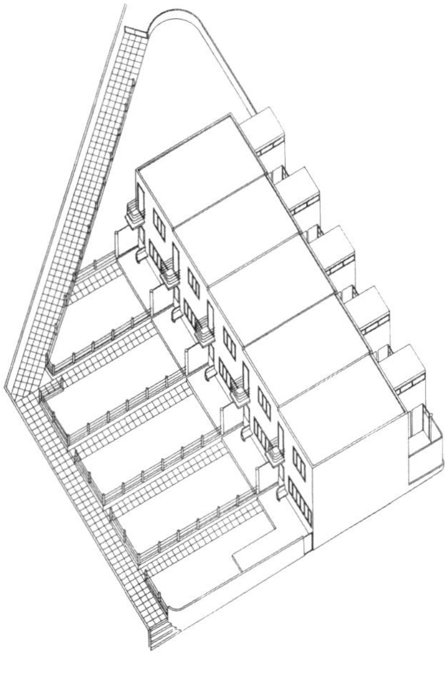

Gartenansicht
Garden view

Haus 8, Wohnraum
House 8, Living room

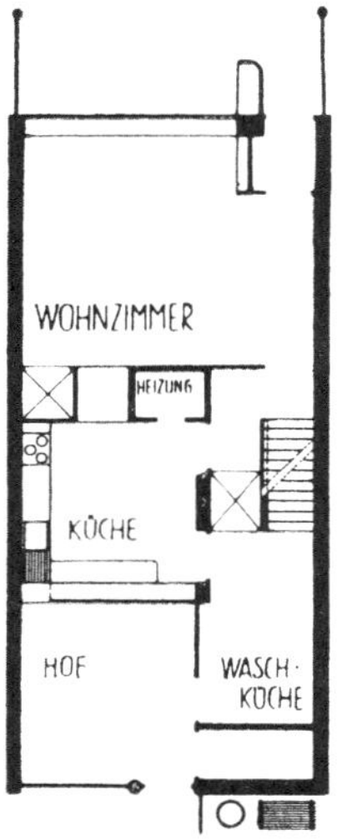

Grundriss Erdgeschoss, M 1:200
Ground floor plan, scale 1:200

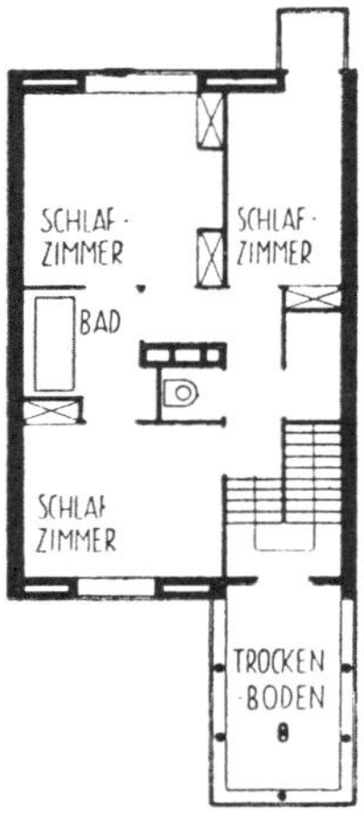

Grundriss Obergeschoss, M 1:200
Top floor plan, scale 1:200

Ansicht vom Pankokweg
View from Pankokweg

Haus 8, Küche mit Durchreiche
House 8, kitchen with serving hatch

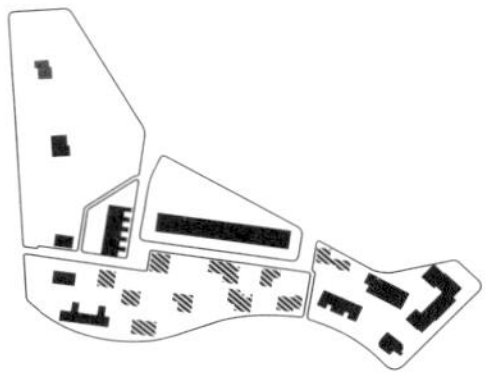

VICTOR BOURGEOIS
HAUS 10

Einfamilienhaus, 120 m² Wohnfläche, unterkellert; Mauerwerksbau aus Bimshohlblocksteinen, Zwischenwände und Decken aus Holz („Feifel-Zickzack-Bauweise").
Innenausstattung: Victor Bourgeois.

Das private Einfamilienhaus wird für den Kunsthistoriker Walter Boll errichtet. Dieser wurde zunächst mit dem österreichischen Architekten Adolf Loos einig, der jedoch wegen früherer Querelen mit der Ausstellungsleitung dann doch nicht zum Zuge kam. In der Architektur des stattdessen verpflichteten Belgiers Bourgeois ist für Boll dann „zuviel Tradition drin". Das Extravaganzen vermeidende Haus weist außer dem unerlässlichen Flachdach nur einen kleinen Balkon als auffälliges Merkmal auf. Die Brüstung beschreibt einen Viertelkreis. Innen gibt es einen von Bourgeois entworfenen Hängeschrank mit Stahlrohrbögen. Die Wände sind nach den Vorstellungen Willi Baumeisters verschiedenfarbig gestrichen. Nach Ausstellungsende übernimmt Boll einige der gezeigten Möbel, unter anderem die Thonetstühle.

Single-family dwelling, 120 m² of floor space, with basement; brickwork construction of pumice hollow blocks, partitions and ceilings of wood ("Feifel zigzag" method).
Interior décor: Victor Bourgeois.

The private single-family dwelling was built for art historian Walter Boll. The latter initially came to an agreement with Austrian architect Adolf Loos, who lost out in the end, however, because of earlier arguments with the exhibition manager. The architecture designed by Bourgeois, the Belgian hired instead of Loos, then contains for Boll's liking "too much tradition". The only striking feature of the house, which avoids any extravagance, is a small balcony in addition to the imperative flat roof. The parapet describes a quarter circle. Inside there is a wall cupboard with tubular steel arches. The walls are painted in different colours according to Willi Baumeister's conceptions. At the end of the exhibition Boll took over some of the furniture displayed, including the Thonet chairs.

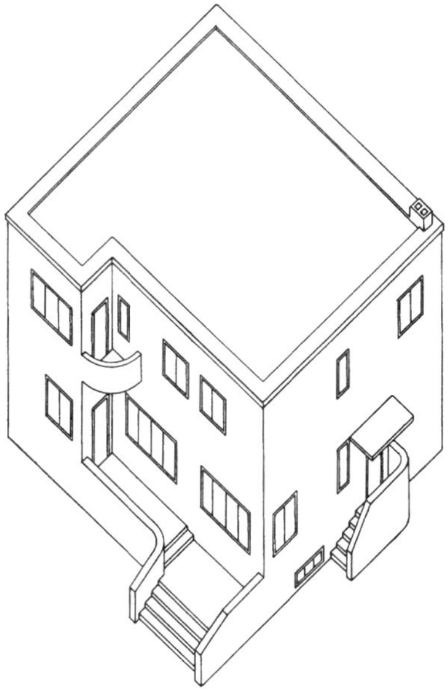

Ansicht zum Hauseingang
View of entrance

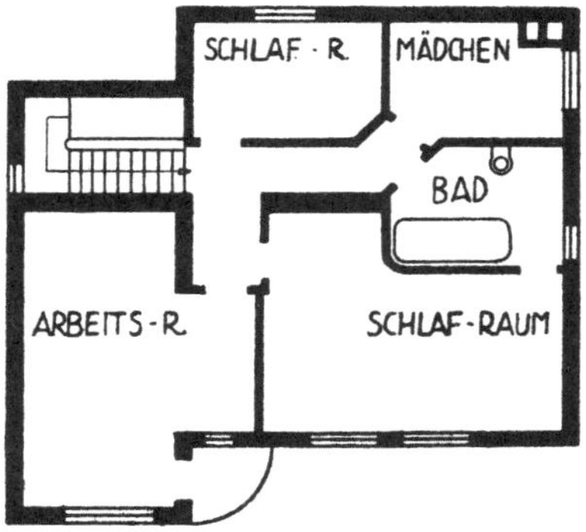

Grundriss Obergeschoss, M 1:200
Top floor plan, scale 1:200

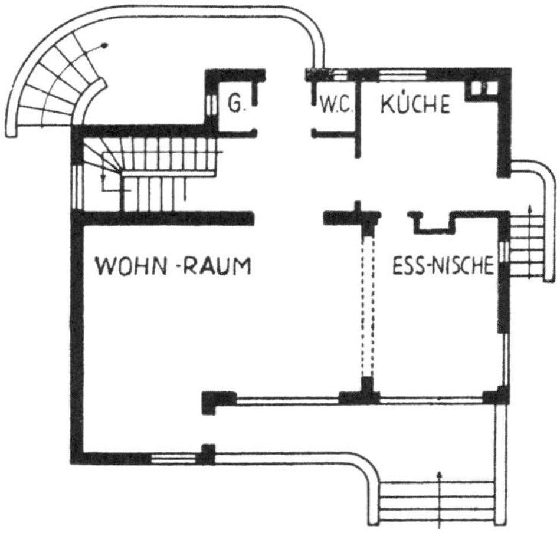

Grundriss Erdgeschoss, M 1:200
Ground floor plan, scale 1:200

Ansicht von der Friedrich-Ebert-Straße
View from Friedrich-Ebert-Strasse

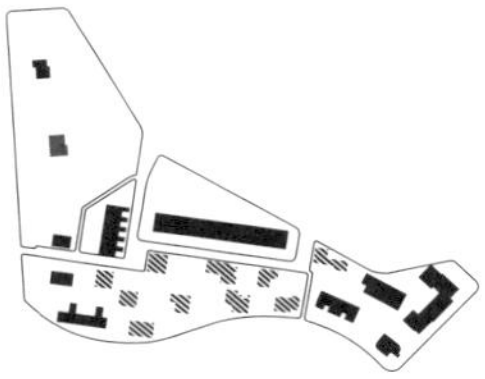

ADOLF GUSTAV SCHNECK
HAUS 11

Mit 152 m² Wohnfläche größtes Einfamilienhaus der Siedlung, Untergeschoss mit Bügelzimmer; Mauerwerksbau aus Bimshohlblocksteinen, Stahlbetondecken.
Innenausstattung: Adolf Gustav Schneck.

Die in Anlehnung an englische Siedlungshäuser konzipierten Bauten des Stuttgarter Architekten Schneck stellen zwei Varianten eines Prototyps vor, der bei geringer Abwandlung auch als Reihenhaus erstellt werden konnte. Eine tragende Mittelwand ist signifikant für diesen als Mauerwerksbau errichteten Typengrundriss. Das in seiner Formensprache bescheidene Haus 11 wird als Privathaus für den Architekten selbst errichtet. Eingerichtet wird es, abgesehen von der Küche, erst nach Beendigung der Ausstellung. Für Schneck ist das Flachdach, im Unterschied zu dem mit einem Dachgeschoss verbundenen Satteldach, offenbar in erster Linie praktisch: „Die Hausfrau hat eine Treppe weniger zu steigen und ein Stockwerk weniger zu bewirtschaften".

With 152 m² of floor space the largest single-family dwelling of the estate, with basement, which contains, among other things, an ironing room; brickwork construction of pumice hollow blocks, reinforced concrete ceilings.
Interior décor: Adolf Gustav Schneck.

The buildings of Stuttgart architect Schneck, modelled after English estate dwellings, present two variants of a prototype that with minor modifications can also be constructed as a row house. A load-bearing middle wall is a significant feature of this model ground plan carried out as a brickwood structure. Modest in terms of its language of form, House 11 was built as a private dwelling for the architect himself. Apart from the kitchen, it was not furnished until after the exhibition. For Schneck the flat roof, in contrast to a gable roof with attic, was evidently first and foremost practical: "The housewife has one set of stairs less to climb and one storey less to look after."

Essraum
Dining room

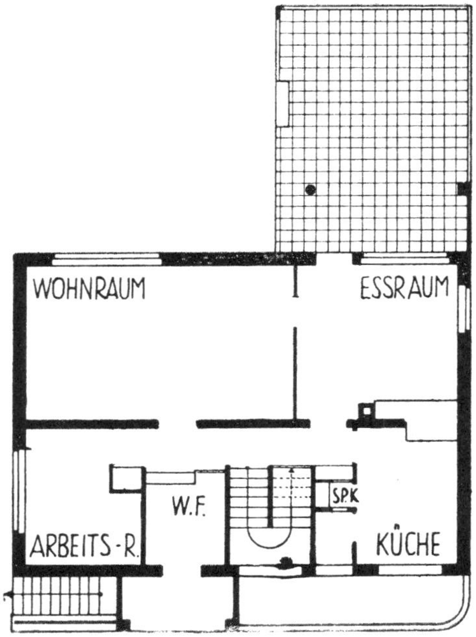

Grundriss Erdgeschoss, M 1:200
Ground floor plan, scale 1:200

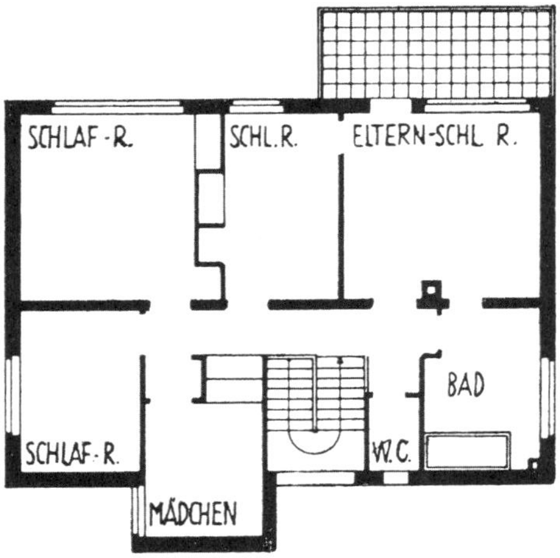

Grundriss Obergeschoss, M 1:200
Top floor plan, scale 1:200

Ansicht von der Friedrich-Ebert-Straße
View from Friedrich-Ebert-Strasse

Küche
Kitchen

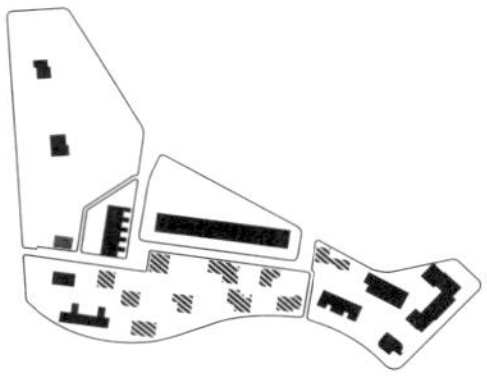

ADOLF GUSTAV SCHNECK
HAUS 12

Einfamilienhaus, 120 m² Wohnfläche, unterkellert; Massivbau aus Bimshohlblocksteinen, Stahlbeton-Balkendecken.
Innenausstattung: Adolf Gustav Schneck.

Bei Haus 12 kommt die kubische Gestalt klarer zum Ausdruck als bei Schnecks Haus 11 – unter anderem durch den Verzicht auf einen Dachüberstand. Die bauliche Lösung zum Thema „Gymnastik" ist hier noch ausgefallener als bei den Einfamilienhäusern von Döcker und Stam: Eine nur vom Badezimmer aus zugängliche Terrasse im Obergeschoss dient den Leibesübungen und dem Sonnenbad. Der mehr durch seine Möbelentwürfe denn als Architekt hervorgetretene Schneck zeigt eine eher biedere Innenausstattung, die in ihrer Gediegenheit und Handwerklichkeit der Werkbundtradition verpflichtet ist. Anders als die puristischen Designerstücke, etwa eines Breuer, Mies oder auch der Brüder Rasch, sind seine Möbel für ein breiteres Publikum akzeptabel. Der Architekturkritiker Rudolf Pfister lobt Schnecks Bauten als „gut durchdachte ehrliche Leistungen, im guten Sinne modern und tatsächlich bewohnbar".

Single-family dwelling, 120 m² of floor space, with basement; solid construction of pumice hollow blocks, reinforced concrete joist ceilings.
Interior décor: Adolf Gustav Schneck.

In House 12 the cubic design finds expression more clearly than in Schneck's House 11 – due to the omission of eaves, among other things. The structural solution regarding the issue of "gymnastics" is even more striking here than in the single-family dwellings designed by Döcker and Stam: a terrace accessible only from the bathroom on the top floor serves the purpose of physical exercise and sunbathing. Schneck, who was distinguished more by virtue of his furniture designs than as an architect, displays a rather plain interior design that is committed to the Werkbund tradition in terms of its sound construction and craftsmanship. In contrast to the purist designer pieces of Breuer, Mies or the Rasch brothers, for example, his furniture is acceptable for a broad public. The architectural reviewer Rudolf Pfister praised Schneck's edifices as "well thought-out, honest achievements, in a good sense modern and actually habitable".

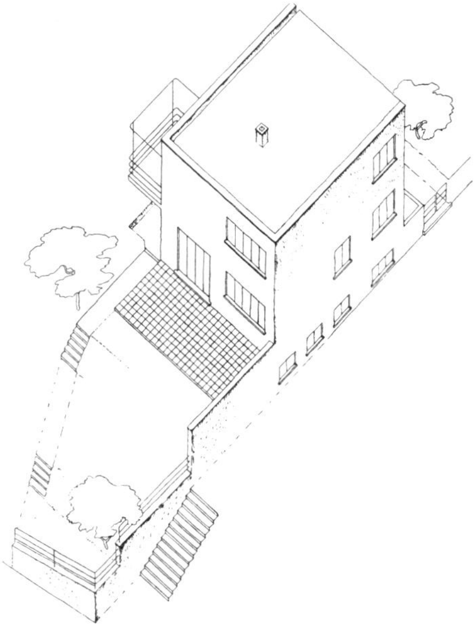

Gartenansicht
Garden view

Wohn- und Essraum
Living and dining room

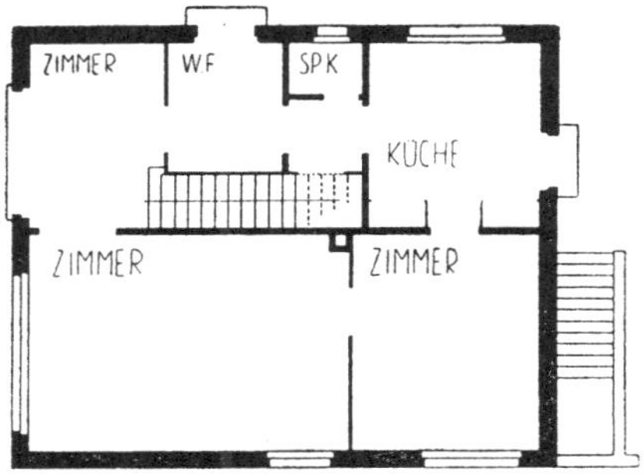

Grundriss Erdgeschoss, M 1:200
Ground floor plan, scale 1:200

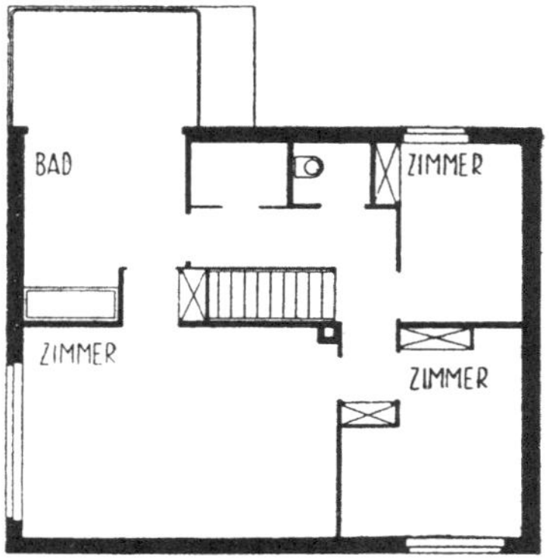

Grundriss Obergeschoss M, 1:200
Top floor plan, scale 1:200

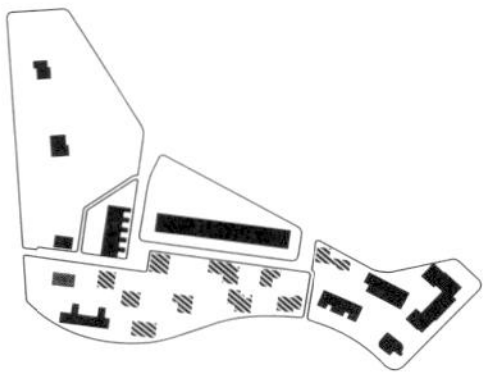

LE CORBUSIER UND PIERRE JEANNERET HAUS 13

Einfamilienhaus, 130 m² Wohnfläche; Stahlbetonskelettbau mit Ausmauerung aus Bimshohlblocksteinen, Stahlbetondecken; betonierte Einbauschränke.
Innenausstattung: Le Corbusier, Mitarbeit Alfred Roth.

Erstmals wird hier der Typ „Citrohan" gebaut, dessen Entwurfsgeschichte bis ins Jahr 1920 zurückreicht. Le Corbusier strebt eine „Wohnmaschine" an, ein „Haus wie ein Auto, entworfen und durchkonstruiert wie ein Omnibus oder eine Schiffskabine". Einem nach Süden fast vollflächig verglasten, zweigeschossigen Wohnraum stehen im rückwärtigen Hausteil auf zwei Ebenen kleinere Nebenräume gegenüber. Durch eine Fehleinschätzung des Terrains wird zum Erdgeschoss, was eigentlich als Untergeschoss geplant war. Nicht wenige Besucher verwundert, dass Badezimmer und Elternschlafzimmer im Zwischengeschoss nur durch halbhohe Innenwände vom Wohnraum getrennt sind. Der mit Haus 14 und 15 verbundene Garten wird von Le Corbusier selbst entworfen.

Single-family dwelling, 130 m² of floor space; reinforced concrete skeleton construction with infilling of pumice hollow blocks, reinforced concrete ceilings, concreted built-in cupboards.
Interior décor: Le Corbusier with collaboration of Alfred Roth.

For the first time the "Citrohan" type was built here with a design history that dates back to 1920. Le Corbusier strove for a "living machine", a "house like a car, designed and consistently constructed like an omnibus or a ship's cabin". Smaller utility rooms on two levels in the rear section of the house contrast with a two-storey living room that is almost completely glazed to the south. Due to a false assessment of the terrain, the level that was actually planned as the basement became the ground floor. Numerous visitors are surprised that the bathroom and master bedroom on the mezzanine floor are separated from the living room only by dwarf interior walls. The garden connected to House 14 and 15 was designed by Le Corbusier himself.

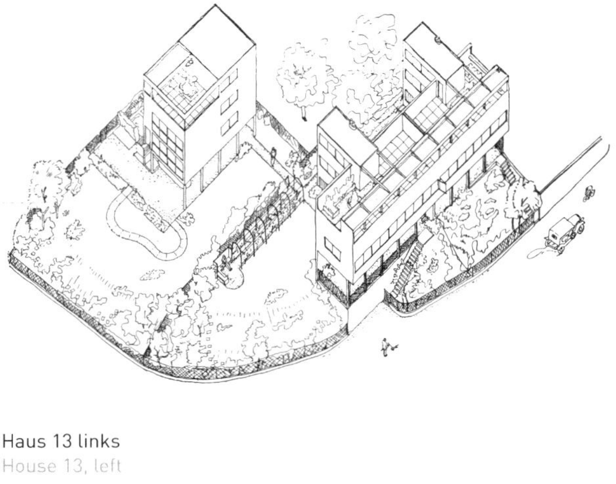

Haus 13 links
House 13, left

Galerie mit betonierter Schreibplatte
Gallery with concrete desktop

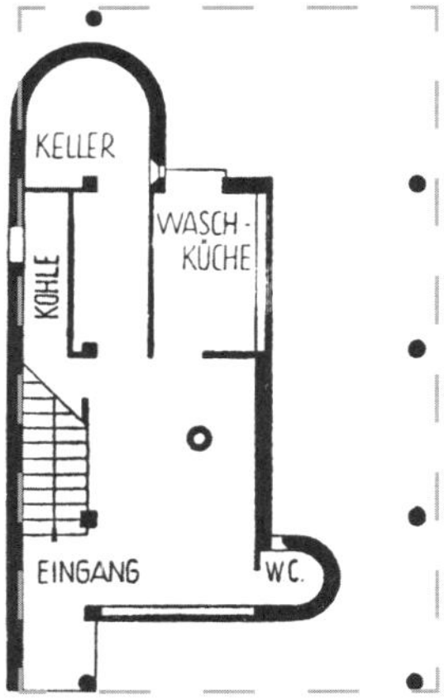

Grundriss Erdgeschoss,
M 1:200
Ground floor plan, scale 1:200

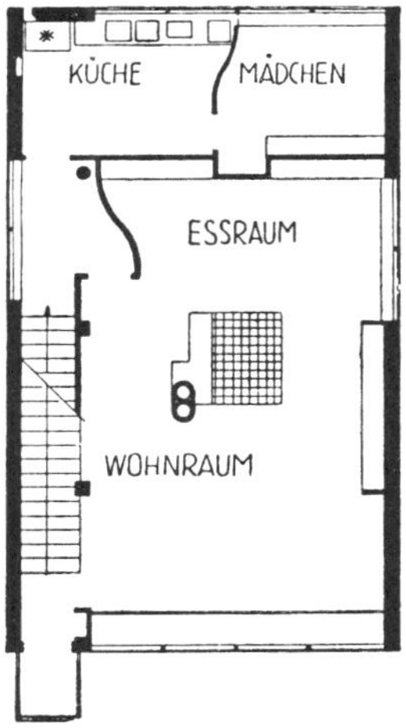

Grundriss Obergeschoss,
M 1:200
Top floor plan, scale 1:200

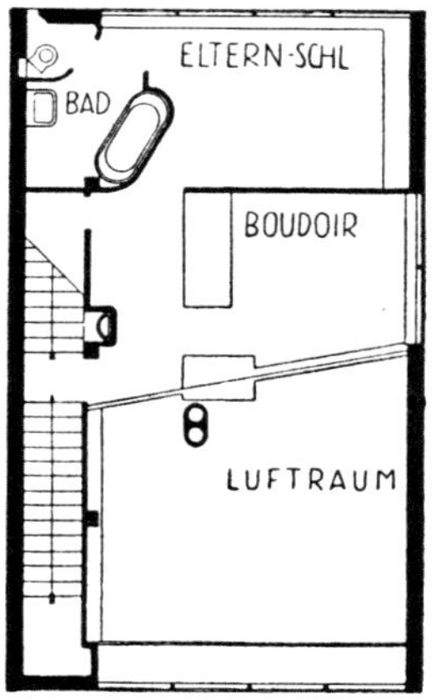

Grundriss Galeriegeschoss,
M 1:200
Gallery level, scale 1:200

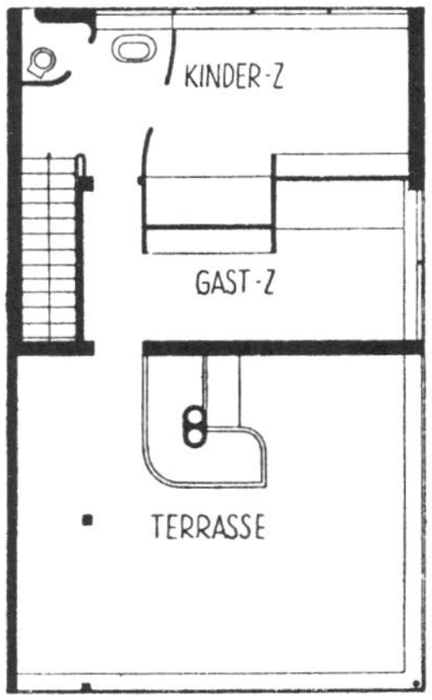

Grundriss Dachgeschoss,
M 1:200
Top floor plan, scale 1:200

Wohnraum mit betoniertem Regal
Living room with concrete shelf

Ansicht von der Friedrich-Ebert-Straße
View from Friedrich-Ebert-Strasse

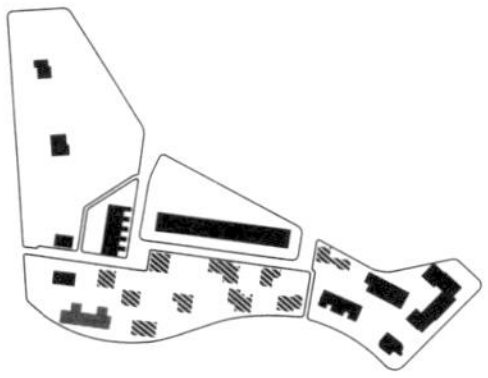

LE CORBUSIER UND PIERRE JEANNERET HAUS 14–15

Doppelhaus, 130 m² und 113 m² Wohnfläche; Stahlbetonskelettbau, Ausmauerung mit Bimshohlblocksteinen, vordere Stützen in Stahl, freistehend, Stahlbetonrippendecken.
Innenausstattung: Le Corbusier, Mitarbeit Alfred Roth.

Le Corbusiers „Fünf Punkte zu einer neuen Architektur" werden hier noch konsequenter umgesetzt als bei Haus 13. Neben der Errichtung des Hauses auf Stützen, der freien Grundriss- und Fassadengestaltung gehören dazu bepflanzte Dachterrassen sowie das durchgehende Fensterband. Letzteres ist idealtypisch ausgebildet, indem im Obergeschoss die Fassade vor die tragenden Stützen gezogen wird. Von zentraler Bedeutung ist der transformable Wohnraum: die Umwandlung des Wohnzimmers in Schlafzimmer. Die in Einbauschränken eingestellten Betten, Schiebewände und ein schmaler Gang als direkter Zugang zu jedem Schlafzimmer stehen für diese radikale Lösung. Le Corbusier wählt als Bild dafür den Zug: Tagsüber sind die Räume Salonwagen, nachts Schlafwagen.

Two semi-detached houses, 130 m² and 113 m² of floor space respectively, reinforced concrete skeleton construction, infilling with pumice hollow blocks, front row of self-supporting steel columns, reinforced concrete ribbed slabs.
Interior décor: Le Corbusier with collaboration of Alfred Roth.

Le Corbusier's "Five points for a new architecture" are implemented here even more consistently than in House 13. In addition to the construction of the house on columns and the free ground plan and façade design, they include roof terraces with plants as well as the continuous strip of windows. The latter is designed in truly typical fashion in that the façade on the top floor is placed in front of the supporting columns. The transformable living room is of key importance: transformation of the living room into a bedroom. The stowaway beds, sliding panels and a narrow passage as direct access to each bedroom are typical elements of this radical solution. Le Corbusier chose a train as an illustration for this: during the day the rooms are a Pullman car and at night a sleeping car.

Haus 14–15 rechts
House 14-15, right

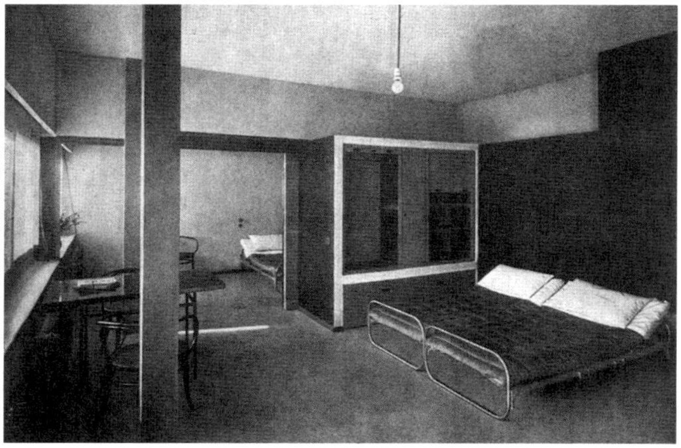

Haus 15, Wohn-Schlafraum, Nachtzustand
House 15, living room and bedroom, arrangement at night

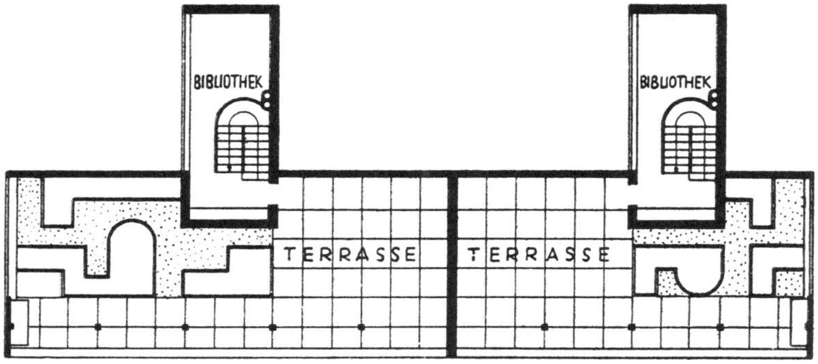

Grundriss Dachgeschoss, M 1:250
Attic floor plan, scale 1:250

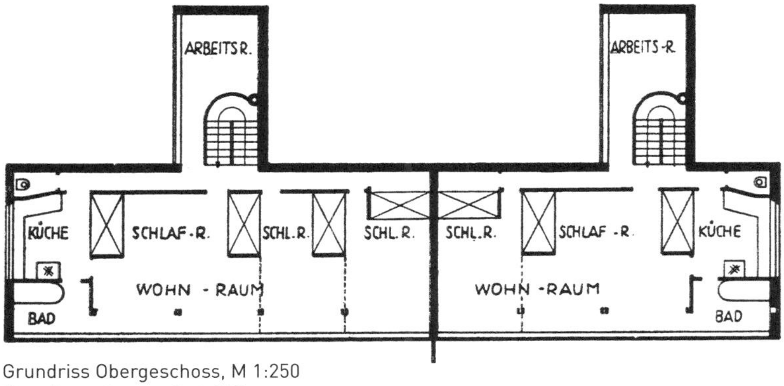

Grundriss Obergeschoss, M 1:250
First floor plan, scale 1:250

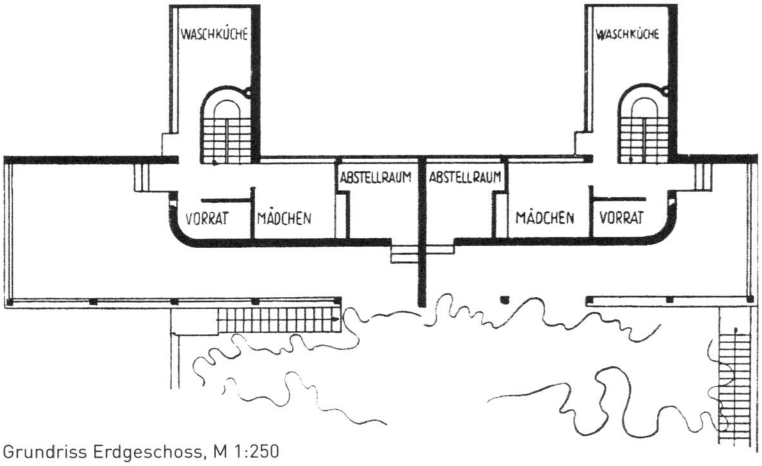

Grundriss Erdgeschoss, M 1:250
Ground floor plan, scale 1:250

Ansicht von der Rathenaustraße
View from Rathenaustrasse

Haus 15, Bibliothek
House 15, library

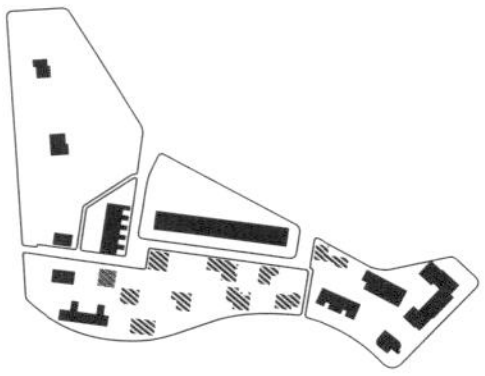

WALTER GROPIUS HAUS 16

Einfamilienhaus, 130 m² Wohnfläche, teilunterkellert; Mauerwerksbau aus Bimshohlblocksteinen, außen verputzt, innen Trockenbaukonstruktion, Decken und Trennwände aus Holz („Feifel-Zickzack-Bauweise").
Innenausstattung: Walter Gropius, Marcel Breuer.

Der Direktor des Bauhauses präsentiert hier „neue Lösungen für den Montagebau". Dabei handelt es sich um Varianten im Sinne eines Baukastensystems auf der Basis eines Grundrasters von 1,06 x 1,06 m. Der „Halbtrockenbau" ist trotz des konventionellen Mauerwerksbaus durch die Verwendung von Trockenbaumaterialien im Inneren sofort beziehbar. Dem kubischen Baukörper auf quadratischem Grundriss ist im Obergeschoss ein Terrassenbereich als kleinerer Kubus einbeschrieben. Vorhänge dienen als Sichtschutz. Wand- und Deckenverkleidungen aus Rasterplatten und die darauf Bezug nehmenden Einbauschränke prägen die Räume. Zur Architektur passt die kühle Sachlichkeit der Möbel von Breuer.

Single-family dwelling, 130 m² of floor space, partially with basement; brickwork construction of pumice hollow blocks, plastered on outside, dry construction, partitions and ceilings of wood ("Feifel zigzag" method).
Interior décor: Walter Gropius, Marcel Breuer.

The Bauhaus director presented "new solutions for dry construction" here. It involves variants in the sense of a modular system on the basis of a basic grid of 1.06 x 1.06 m. In spite of the conventional brickwork construction, the "semi-dry structure" is immediately ready for occupation thanks to the use of dry construction materials inside. On the top floor a terrace area in the form of a small cube is fit into the cubic building shell on the square ground plan. Curtains serve as a protective screen. Wall and ceiling facing composed of grid board and the matching built-in cupboards are characteristic features of the rooms. The cool objectivity of the furniture designed by Breuer fits in with the architecture.

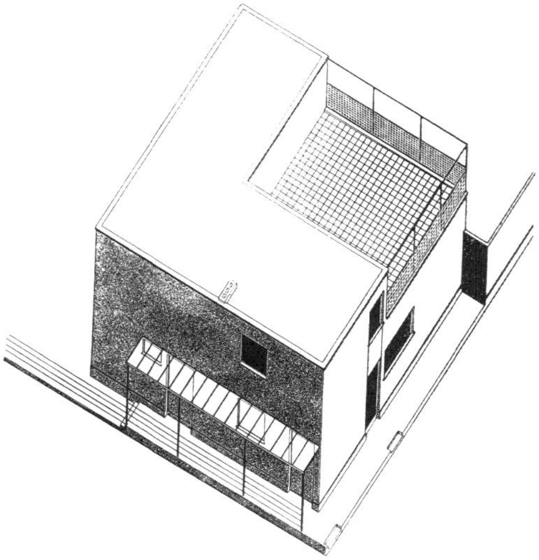

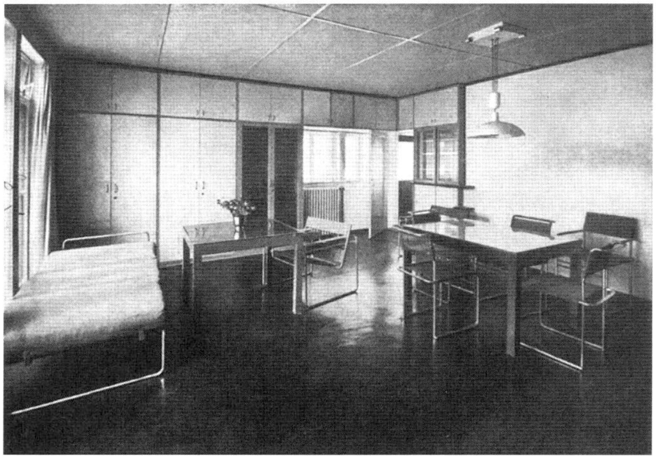

Wohnraum
Living room

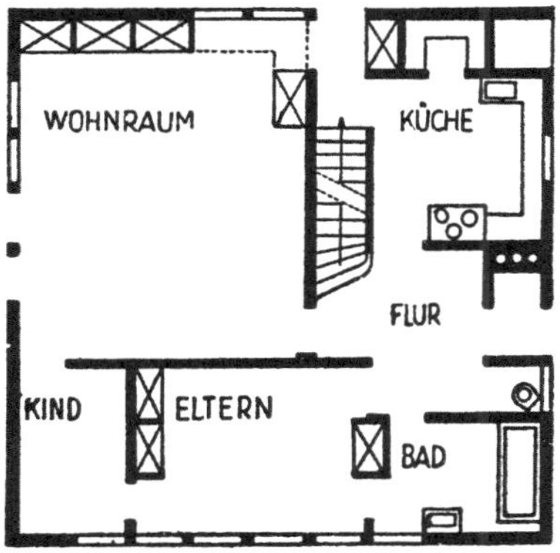

Grundriss Erdgeschoss, M 1:200
Ground floor plan, scale 1:200

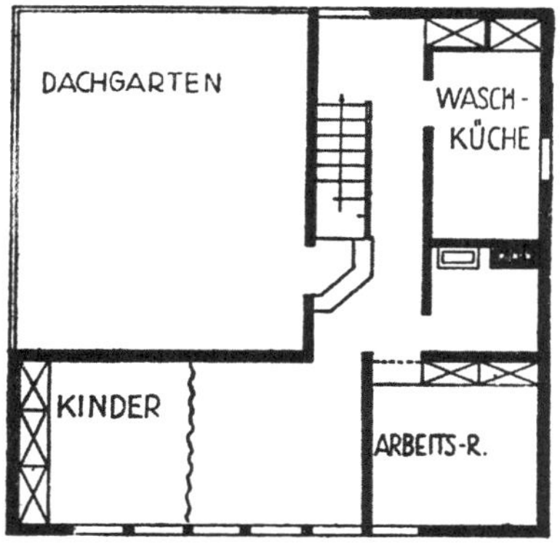

Grundriss Obergeschoss, M 1:200
Top floor plan, scale 1:200

Ansicht vom Bruckmannweg
View from Bruckmannweg

Schlafraum
Bedroom

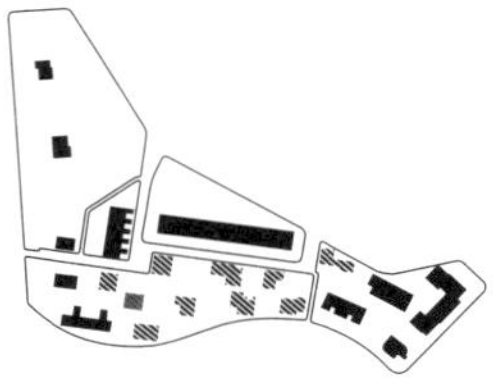

WALTER GROPIUS
HAUS 17

Einfamilienhaus, 140 m² Wohnfläche; Montagebau, Stahlskelett, mit Korkplatten ausgefacht, verschiedene Materialien für Außen- und Innenverkleidung; gute Wärme- und Schalldämmung, teilweise Doppelfenster.
Innenausstattung: Walter Gropius, Marcel Breuer.

Das gestalterisch radikale und in der Konstruktion konsequente Haus von Gropius stellt eine Pioniertat in der Entwicklung des Fertighausbaus dar. Der Kubus tritt in Reinform auf, nur die Teilüberdachung des um das Gebäude geführten Weges unterbricht den klaren Baukörper. Der Gefahr monotoner Fassaden begegnet Gropius mit teilweise auffälligen Asymmetrien. Der Trockenmontagebau aus fabrikmäßig gefertigten Teilen macht den Baubetrieb saisonunabhängig: Allein die Grundplatte des nicht unterkellerten Hauses wird auf der Baustelle betoniert. Die avantgardistischen Gropiusbauten sind umstritten: Der Architekturkritiker Edgar Wedepohl spricht von einem „Doktrinarismus des Bauhauses", der den Häusern einen „trocken pedantischen Zug" verleihe.

Single-family dwelling, 140 m² of floor space; dry construction, steel skeleton, infilling of corkboard, different materials for outer cladding and interior lining; good heat and sound insulation, in some cases double windows.
Interior décor: Walter Gropius, Marcel Breuer.

The house built by Gropius on the basis of a radical design and consistent method of construction represents a pioneering achievement in the development of prefabricated construction. The cube emerges in a pure form, only the partial roofing over of the walkway leading around the building constitutes a break in the clear building structure. Gropius evades the risk of monotonous façades with striking asymmetry in some cases. The dry construction of prefabricated components enables building work independent of the season. Solely the base plate of the dwelling without basement is concreted at the construction site. The avant-garde Gropius edifices were controversial: Architecture critic Edgar Wedepohl refered to a "doctrinism of the Bauhaus" that lends the buildings a "dry, pedantic feature".

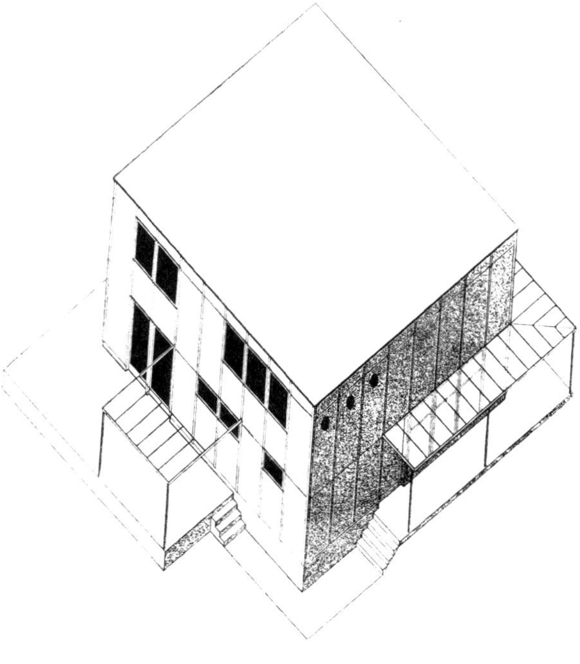

Ansicht vom Bruckmannweg
View from Bruckmannweg

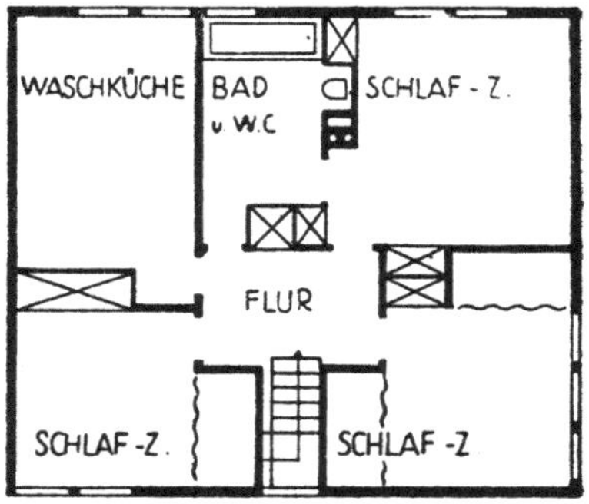

Grundriss Obergeschoss, M 1:200
Top floor plan, scale 1:200

Speisezimmer
Dining room

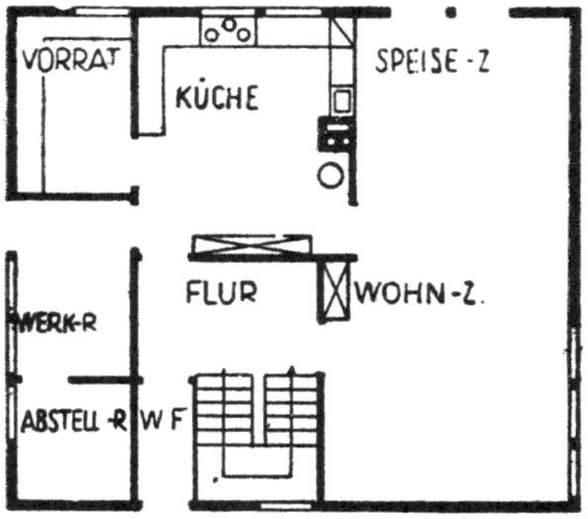

Grundriss Erdgeschoss, M 1:200
Ground floor plan, scale 1:200

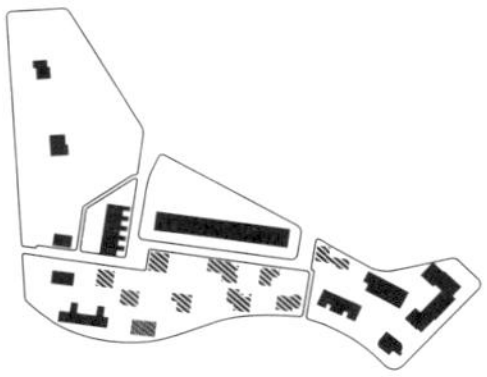

LUDWIG HILBERSEIMER
HAUS 18

Einfamilienhaus, 123 m² Wohnfläche; Massivbau, teilunterkellert: das Untergeschoss kann bei Bedarf eine Garage aufnehmen, Holzdecken.
Innenausbau: Ludwig Hilberseimer.

Hilberseimer fühlt sich einer strengen geometrischen Ordnung verpflichtet. Er zeigt ein Typenhaus für die vorstädtische Siedlung im Grünen. Die Wohnung ist für ihn ökonomisch ein „Gebrauchsgegenstand": Dazu gehören Einbauschränke, welche die weitere Möblierung auf ein Mindestmaß reduzieren helfen. Zwischen Küche und Esszimmer befindet sich anstelle einer Wand ein beidseitig benutzbarer Einbauschrank mit Durchreiche – ein Bereich, der elektrisch beheizbar sein könnte, damit die Speisen nicht abkühlen. Manche Häuser der Ausstellung werden nicht in der vom Architekten gewünschten Konstruktion errichtet. Statt eines Skelettbaus kommt hier eine Bauweise zur Anwendung mit Außenwänden aus Ziegel-Winkelsteinen und Zwischenwänden sowie Decken in „Feifel-Zickzack-Bauweise" aus Holz.

Single-family dwelling, 123 m² of floor space; solid construction; partially with basement, where a garage can be installed if necessary. Ceilings of wood.
Interior décor: Ludwig Hilberseimer.

Hilberseimer felt committed to a strict geometric order. He displayed a prototype house for the suburban estate in green surroundings. Economically speaking, the home was for him an "item of daily use". This includes built-in cupboards that helped to reduce other furniture to a minimum. Instead of a wall, between the kitchen and the dining room there is a built-in cupboard with serving hatch – an area that could be heated electrically so the food does not get cold. Some buildings of the exhibition were not constructed as desired by the architect. Instead of a skeleton construction, the Feifel design is applied here, with exterior walls of corner bricks and partitions as well as ceilings in "Feifel zigzag" method of wood.

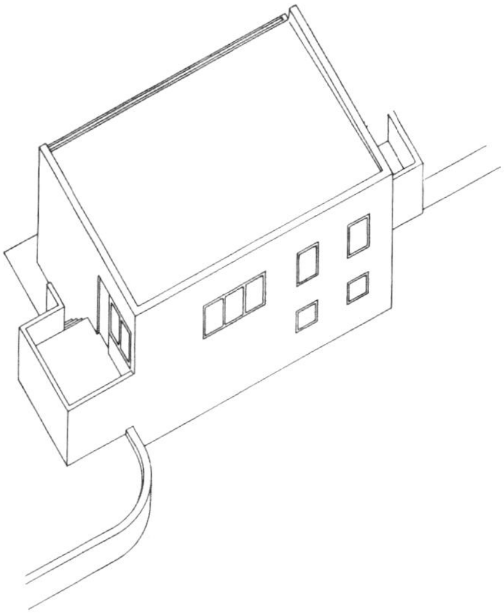

Ansicht von der Rathenaustraße
View from Rathenaustrasse

Wohnzimmer
Living room

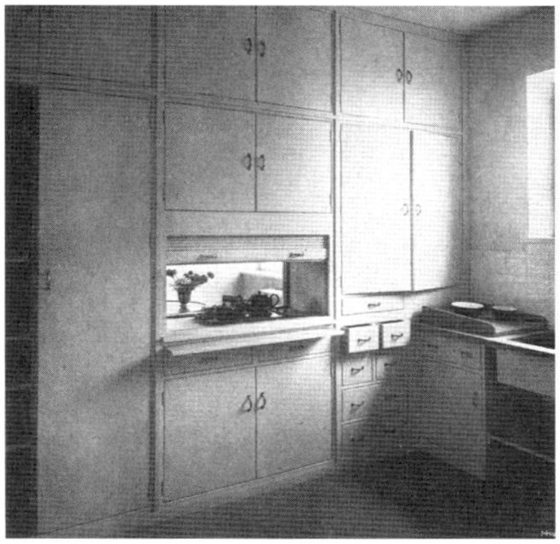

Küche mit Durchreiche
Kitchen with serving hatch

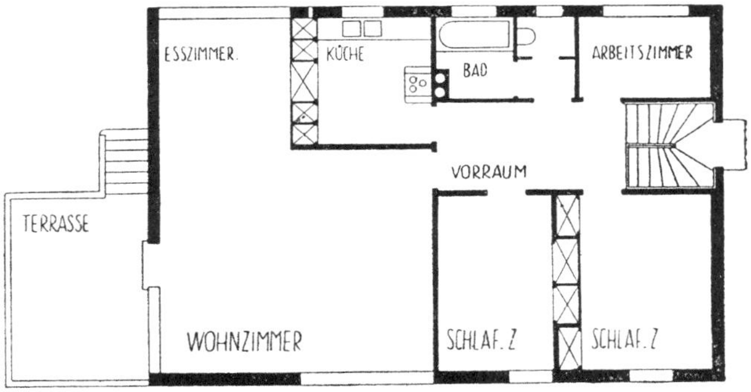

Grundriss Obergeschoss, M 1:200
Top floor plan, scale 1:200

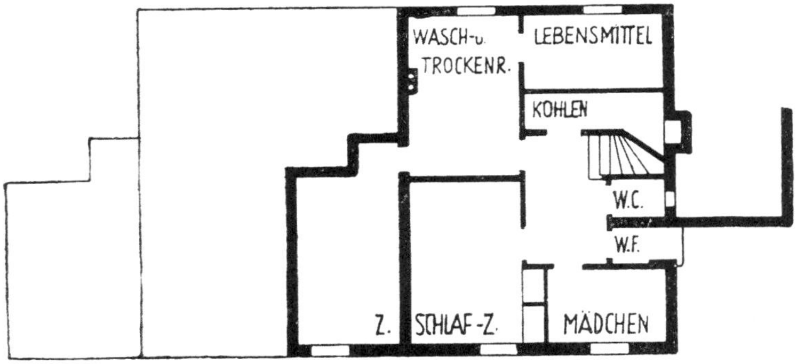

Grundriss Erdgeschoss, M 1:200
Ground floor plan, scale 1:200

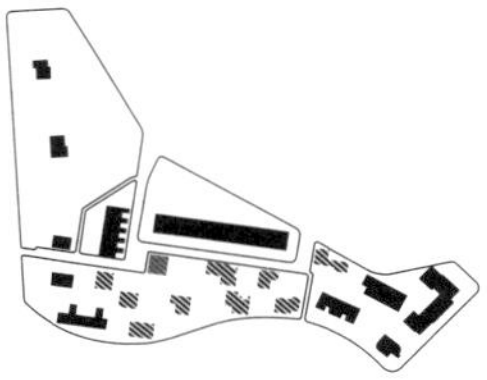

BRUNO TAUT
HAUS 19

Einfamilienhaus, 100 m^2 Wohnfläche, teilunterkellert; Stahlskelettkonstruktion, mit Wärmedämmplatten ausgefacht, Stahlbetondecken.
Innenausstattung: Bruno Taut.

Die Häuser der Bauausstellung haben unterschiedliche Zielgruppen: Bruno Taut stellt seines als den „Proletarier unter den Einfamilienhäusern" vor. Entsprechend klein sind die Räume, großzügig bemessen ist allein die Terrasse im Obergeschoss. Für die Serienproduktion hofft Taut, der hier mit genormten Bauteilen arbeitet, die Kosten auf 10.000 bis 12.000 Reichsmark begrenzen zu können. Sie belaufen sich allerdings auf knapp 37.000 Reichsmark und entsprechen damit vergleichbaren Bauten auf dem Weissenhof. Insgesamt spielt die Farbigkeit in der Siedlung eine wichtige Rolle. Am auffälligsten ist das Einfamilienhaus von Bruno Taut, der für seine ungewöhnliche Farbgebung berühmt werden sollte: Die Fassadenflächen sind blau, rot, gelb, grün, schwarz und weiß gestrichen. Dem steht die starke Farbigkeit im Inneren in nichts nach.

Single-family dwelling, 100 m^2 of floor space, partially with basement; steel skeleton construction, infilling with heat insulation board, reinforced concrete ceilings.
Interior décor: Bruno Taut.

The houses of the building exhibition had different target groups. Bruno Taut presented his as the "proletarian among the single-family dwellings". Accordingly, the rooms are small, solely the terrace on the top floor is dimensioned spaciously. Taut, who worked with standardized components here, hoped to be able to limit the costs to 10,000-12,000 reichsmarks for mass production. However, they amounted to around 37,000 reichsmarks and thus corresponded to comparable buildings at Weissenhof. Overall colour design played a major role on the estate. The most striking building is the single-family dwelling designed by Bruno Taut, who was to become famous for his unusual use of colour: the façade surfaces were painted blue, red, yellow, green, black and white and the pronounced colourfulness inside the house was no less extraordinary.

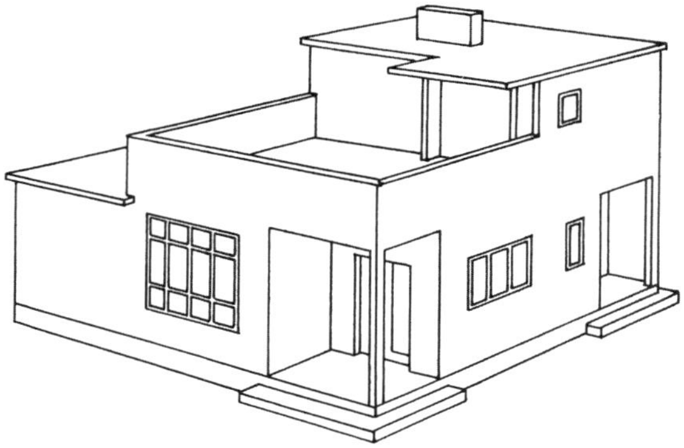

Gartenansicht
Garden view

Ansicht vom Bruckmannweg
View from Bruckmannweg

Arbeitsnische
Work alcove

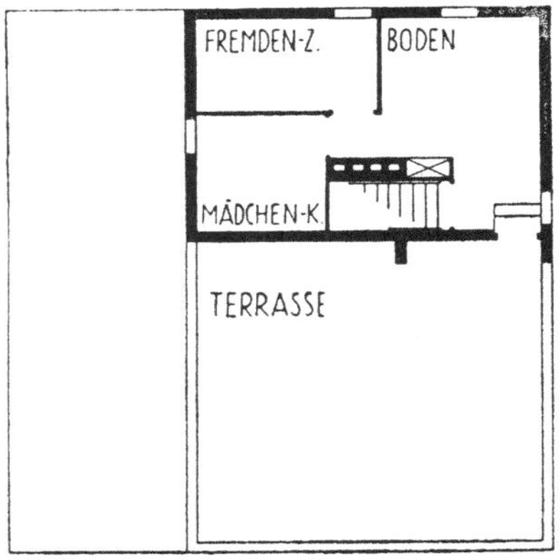

Grundriss Obergeschoss, M 1:200
Top floor plan, scale 1:200

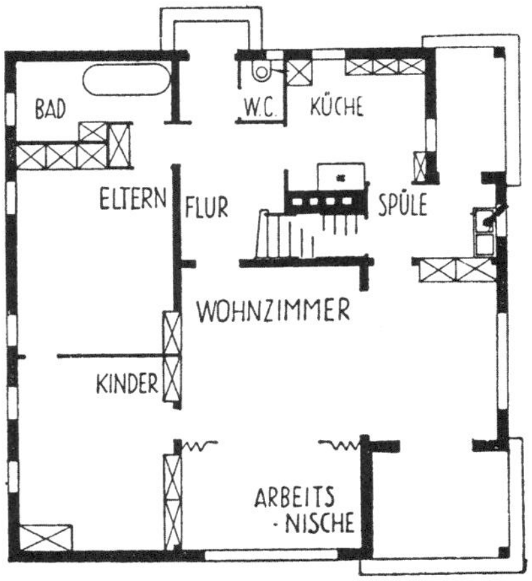

Grundriss Erdgeschoss, M 1:200
Ground floor plan, scale 1:200

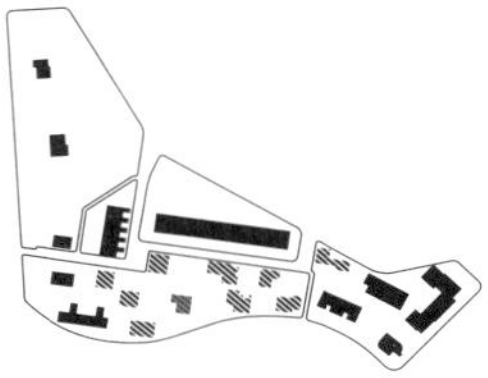

HANS POELZIG
HAUS 20

Einfamilienhaus, 140 m² Wohnfläche, Untergeschoss mit Zimmer für die Hausangestellte; Holzfachwerk, Verkleidung mit Steinholzplatten, Holzbalkendecken.
Innenausstattung: Marlene Poelzig.

Poelzig gehört der älteren Architektengeneration an. Sein großzügig gestaltetes, für den „geistigen Arbeiter" errichtetes Haus verzichtet auf avantgardistische Experimente. Der gestufte Baukörper hat eine L-förmige Terrasse über dem Erdgeschoss, an dessen Südostecke sich eine Veranda mit Gartenzugang befindet. Der Skelettbau spielt bei der Bauausstellung eine große Rolle, doch allein Poelzig und Döcker wählen dabei das Material Holz. Bei dem nur außen verputzten Bau weist eine neuartige Wandverkleidung aus Fonitram-Steinholzplatten bald Mängel auf. Versenkbare Verandafenster stellen eine bemerkenswerte Detaillösung dar. Die Holzmöbel mit ostasiatischen Anklängen sind von reichhaltiger Farbigkeit und strahlen Eleganz aus. Der abwechslungsreiche Gartenentwurf des Architekten wird nicht verwirklicht.

Single-family dwelling, 140 m² of floor space, basement with room for a maid; half-timbered construction, cladding of xylolite slabs, joist ceilings.
Interior décor: Marlene Poelzig.

Poelzig is a member of the older generation of architects. His spaciously designed house, built for the "intellectual worker", does without avant-garde elements. The stepped building structure has an L-shaped terrace above the ground level, at the southeast corner of which there is a veranda with access to the garden. The skeleton construction plays a great role at the building exhibition, but solely Poelzig and Döcker chose wood as a building material. A new type of wall facing composed of Fonitram xylolite slabs soon displayed defects in the building that is only externally rendered. Lowerable veranda windows represent a remarkable detail feature. The wooden furniture with East Asian touches is very colourful and radiates elegance. The architect's varied design of the garden was not realized.

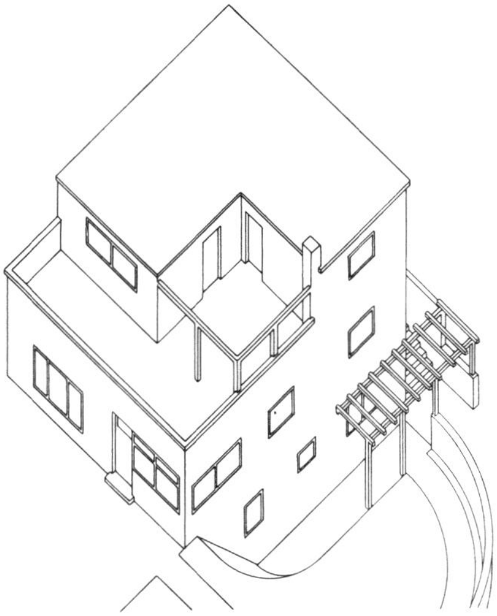

Ansicht von der Rathenaustraße
View from Rathenaustrasse

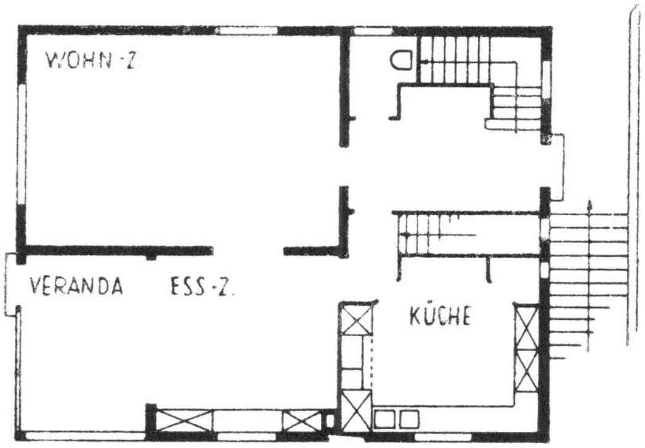

Grundriss Erdgeschoss, M 1:200
Ground floor plan, scale 1:200

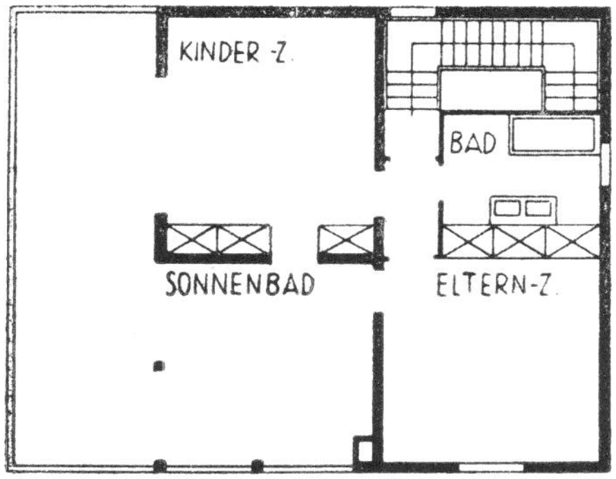

Grundriss Obergeschoss, M 1:200
Top floor plan, scale 1:200

Veranda
Veranda

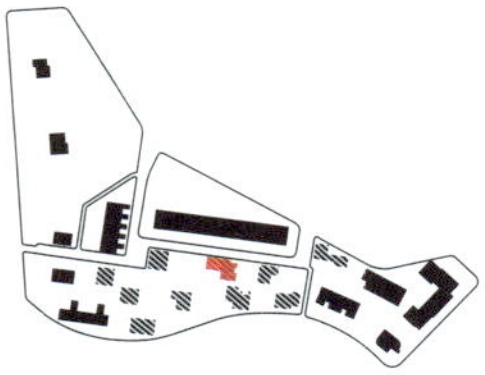

RICHARD DÖCKER
HAUS 21

Einfamilienhaus, 118 m² Wohnfläche, teilunterkellert; Wände und Decken aus Holz („Feifel-Zickzack-Bauweise"), Gebäude innen und außen verputzt. Innenausstattung: Richard Döcker.

Der Bauleiter der Siedlung, der Stuttgarter Architekt Döcker, errichtet zwei Häuser, die ursprünglich als zusammenhängender, S-förmiger Baukomplex vorgesehen sind. Angeregt durch die Hanglagen der Stadt sollte der „Terrassentyp" eine wichtige Aufgabe für den Architekten werden. Das einzige eingeschossige Wohnhaus der Ausstellung trägt der Geländesituation durch drei unterschiedliche Fußbodenniveaus Rechnung. Dies bringt bei nur einer Stufung der Decken und Dächer zwei unterschiedliche Raumhöhen mit sich. So ist das Wohnzimmer zwar eher klein, dafür aber hoch. Der Dachüberstand ist konstruktiv bedingt, besitz aber auch, wie bei Haus 22, gestalterischen Ausdruck. Die vom Architekten entworfenen Holzmöbel stehen für eine gemäßigte Moderne. Die Bilder stammen von Willi Baumeister.

Single-family dwelling, 118 m² of floor space, partially with basement; wooden walls and ceilings ("Feifel zigzag" method), building rendered both inside and outside.
Interior décor: Richard Döcker.

The site manager of the estate, architect Richard Döcker, built two houses that were originally planned as a single, S-shaped building complex. Stimulated by the hillside location of the city, the "terrace type" was to become an important task for the architect. The only single-storey dwelling of the exhibition takes into account the terrain situation by virtue of three different floor levels. With one step only in ceilings and roofs, this results in different room heights. The living room is thus small, but on the other hand high. The roof projection is based on structural reasons, but as in House 22 it lends a creative effect. The wooden furniture designed by the architect symbolizes a moderate modern age design. The pictures on the walls were done by Willi Baumeister.

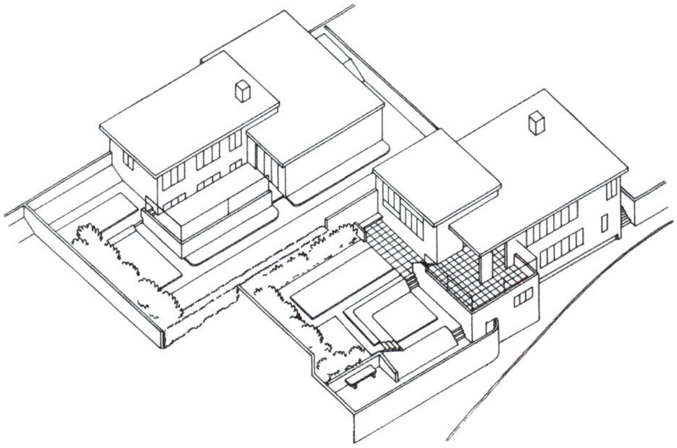

Haus 21 links
House 21, left

Wohnraum
Living room

Ansicht vom Bruckmannweg
View from Bruckmannweg

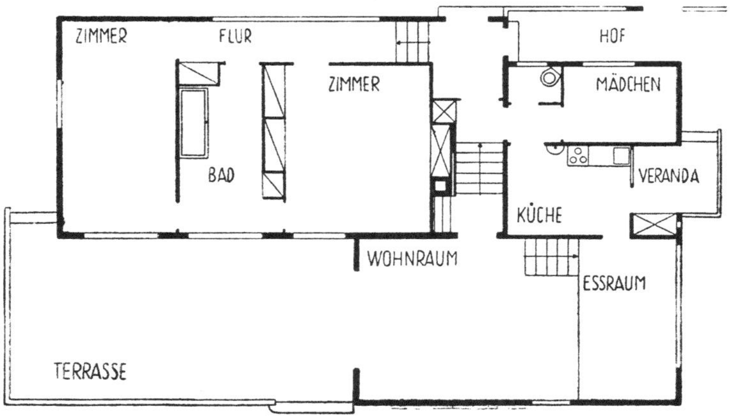

Grundriss Erdgeschoss, M 1:200
Ground floor plan, scale 1:200

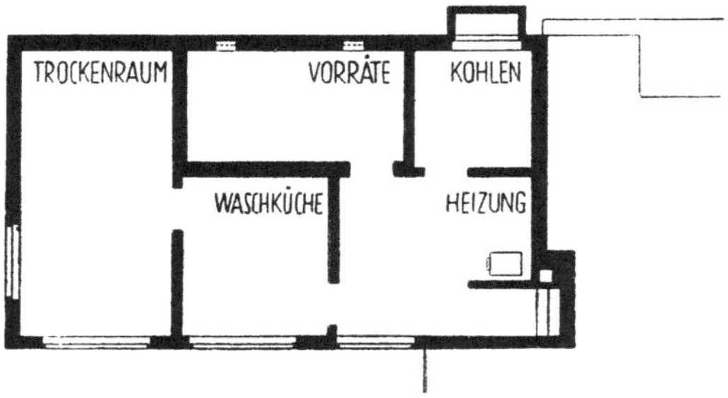

Grundriss Untergeschoss, M 1:200
Lower floor plan, scale 1:200

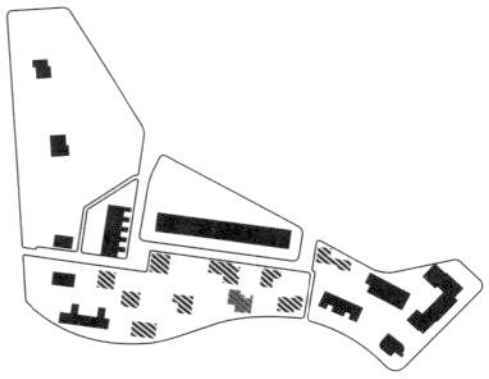

RICHARD DÖCKER
HAUS 22

Einfamilienhaus, 105 m² Wohnfläche; Holzfachwerk, Verkleidung aus Betonplatten, Gebäude innen und außen verputzt.
Innenausstattung: Richard Döcker.

Wie für andere Ausstellungsteilnehmer auch ist für Döcker beim Wohnungsbau der „Zusammenhang mit Licht, Luft, Sonne" wichtig. Sein Haus stellt eine gelungene Anpassung an eine steilere Hanglage dar. Der Architekt baut hier die einzige Garage der Siedlung (von Le Corbusier vorgesehene Garagen wurden aus Geldgründen gestrichen): Das Dach dieses vor das Haus gestellten Baukörpers, der auch farblich abgesetzt ist, bildet eine große Südterrasse. Sie dient auch als Gymnastikbereich, wie die Sprossenwand und der direkte Zugang zum Badezimmer zeigen. Man konnte sich den Leibesübungen aber auch im geräumigen Badezimmer widmen. Der Garten – nur von den wenigsten Architekten gibt es überhaupt Entwürfe für die Gartenanlagen – kombiniert eine Terrassierung mit einer weitgehend geometrischen Flächengliederung.

Single-family dwelling, 105 m² of floor space; half-timbered construction, cladding of concrete slabs, building rendered both inside and outside.
Interior décor: Richard Döcker.

As for other exhibition participants, the "connection with light, air, sun" is important for Döcker in residential housing construction. His house represents successful adaptation to a steep hillside location. The architect built the only garage of the estate here (garages provided for by Le Corbusier were cancelled for financial reasons). The roof of this structure, which is placed in front of the house and is also set off through the use of colour, is part of a large terrace on the south side. It also serves as a gymnastic area, as shown by the wall bars and direct access to the bathroom. However, the physical exercises could also be carried out in the spacious bathroom. The garden – extremely few of the architects drew up designs for the gardens at all – combines terracing with an extensively geometric structuring of the area.

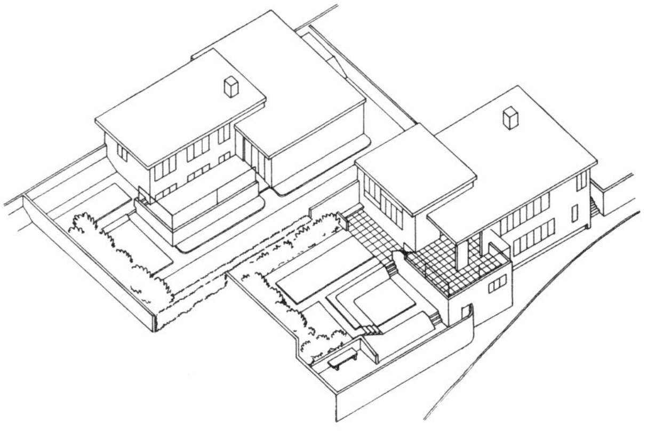

Haus 22 rechts
House 22, right

Gartenansicht
Garden view

Gartenansicht Haus 21 und Haus 22 (rechts)
Garden view of house 21 and house 22 (right)

Grundriss Erdgeschoss, M 1:200
Ground floor plan, scale 1:200

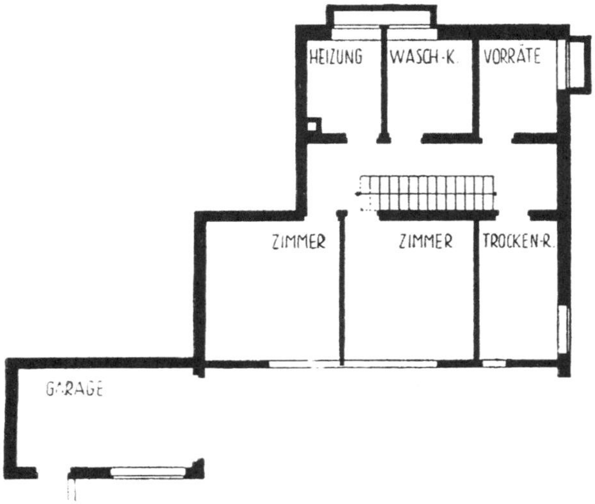

Grundriss Untergeschoss, M 1:200
Lower floor plan, scale 1:200

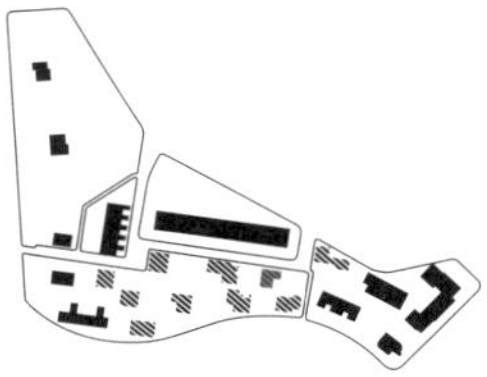

MAX TAUT
HAUS 23

Einfamilienhaus, 110 m² Wohnfläche, teilunterkellert; Stahlskelettbau, mit Wärmedämmplatten ausgefacht, Außenverkleidung Zementplatten, innen Gipsdielen verputzt, Stahlbetondecken.
Keine Innenausstattung.

Anders als sein heute bekannterer Bruder Bruno, der seinerzeit intensiv mit dem Siedlungsbau befasst war, kann Max Taut zwei Häuser auf dem Weissenhof errichten. Beim Entwurf ist für ihn „die Frage der einfachsten Bewirtschaftung maßgebend" und auch die Konstruktion hat sich „nach den Forderungen der Wirtschaftlichkeit" zu richten. Dem entspricht die nüchterne kubische Architektur von Haus 23, die keinerlei gestalterische Ambition verrät. Auffällig präsentieren sich dagegen die Fassaden: Neben dem kleinteiligen Raster aus Zementplatten gibt es ein durch die Farbgebung erzieltes größeres Raster, welches auf das konstruktive Gerüst des Hauses Bezug nimmt. Allerdings fällt die Farbigkeit der „Kaltglasurplatten" so unglücklich aus, dass Taut sie überstreichen lässt.

Single-family dwelling, 110 m² of floor space, partially with basement; steel skeleton construction, infilling with heat insulating board, outside cladding of cement slab, inside rendered with plaster slabs, reinforced concrete ceilings.
No interior décor.

In contrast to his currently better known brother Bruno, who was intensively involved in housing estate construction back then, Max Taut was given the opportunity to build two houses at Weissenhof. For him "the question of the simplest possible housekeeping [is] crucial" in the design and the construction, too, has to be oriented "to the requirements of economic efficiency". These demands are met by the austere cubic architecture of House 23, which reveals no creative ambitions. The façades, by contrast, display a striking appearance: besides the small-scale grid of cement slabs, there is a larger grid achieved through the colour design and showing reference to the structural framework of the house. However, the colour of the cold-glazed tiles was so unappealing that Taut had them painted over.

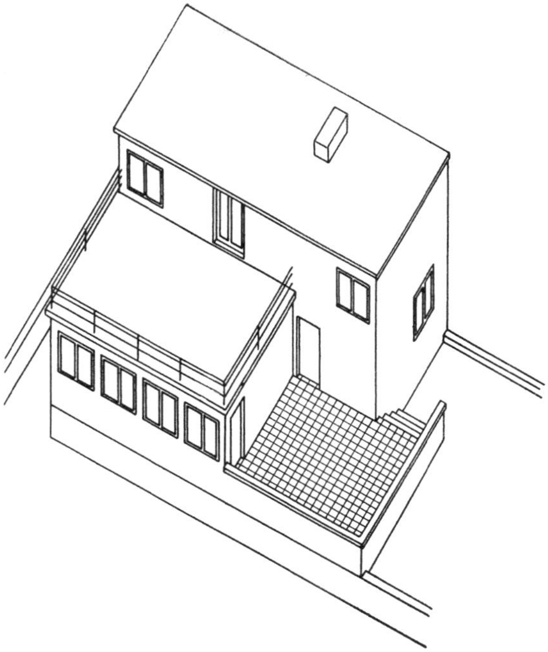

Ansicht vom Bruckmannweg
View from Bruckmannweg

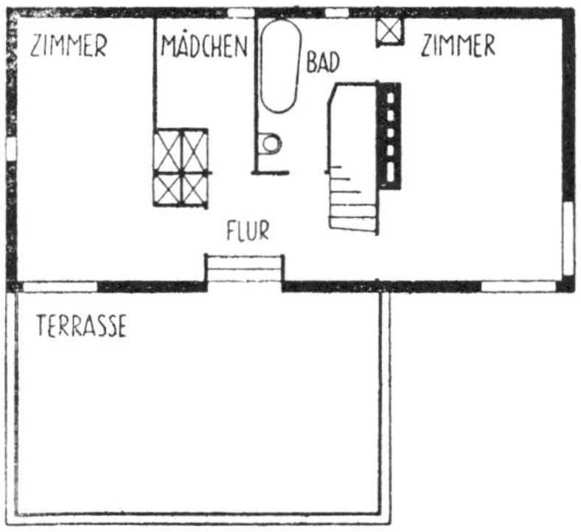

Grundriss Obergeschoss, M 1:200
Top floor plan, scale 1:200

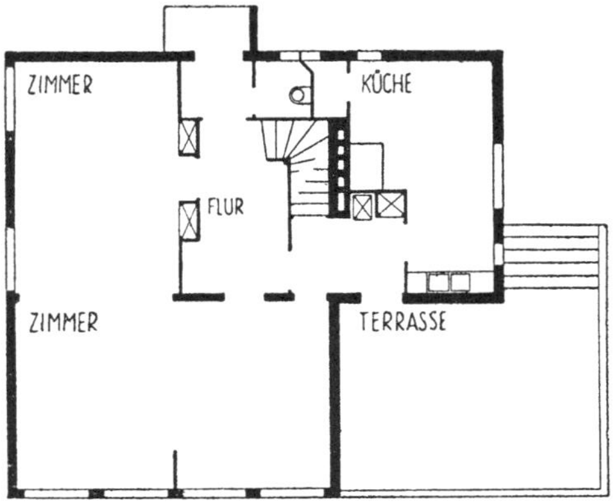

Grundriss Erdgeschoss, M 1:200
Ground floor plan, scale 1:200

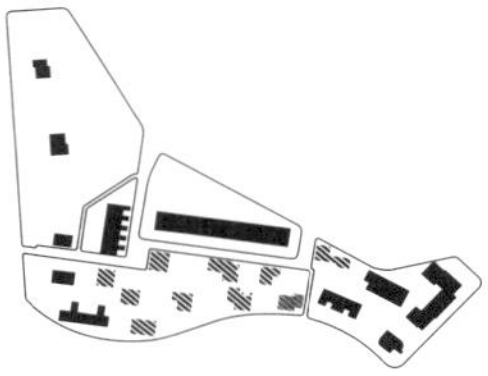

MAX TAUT
HAUS 24

Einfamilienhaus, 115 m^2 Wohnfläche, teilunterkellert; Stahlskelettbau, mit Wärmedämmplatten ausgefacht, innen Gipsdielen verputzt, außen Zementplatten beziehungsweise Putz, Stahlbetondecken.
Innenausstattung: Richard Herre.

Im Vergleich zu Max Tauts Haus Nr. 23 ist dieses Haus architektonisch aufwändig gestaltet: Zwei Baukörper von unterschiedlicher Formgebung, Farbigkeit und Oberflächenstruktur durchdringen einander. Bei dem schmaleren und höher geführten, weiß verputzten Hausteil, dessen Stirnseite halbrund ausgeformt ist, drängen sich wie bei Scharouns Einfamilienhaus Assoziationen zu Schiffsaufbauten auf. Taut verzichtet auf eine Dachterrasse. Stattdessen bildet eine kleine, vorkragende Terrasse an der Nordostecke des Hauses einen spannungsvollen Kontrast zu dem gerundeten Bauteil dahinter. Verantwortlich für die kräftige Farbigkeit im Inneren, die an das Gebäude von Bruno Taut erinnert, ist Richard Herre, von dem auch die fantasievolle und elegante Möblierung stammt.

Single-family dwelling, 115 m^2 of floor space, partially with basement; steel skeleton construction, infilling with heat insulating board, inside rendered with plaster slabs, outside cladding of cement slabs or plaster, reinforced concrete ceilings.
Interior décor: Richard Herre.

In comparison to Max Taut's House No. 23, this dwelling has an elaborate architectural design. Two building structures of different form, colour and surface structure are intertwined. In the narrower section, which is plastered white and designed higher and whose end wall has a semicircular shape, associations with a ship's superstructure come to mind, as in the case of Scharoun's single-family dwelling. Taut dispenses with a roof terrace. Instead, a small, projecting terrace at the northeast corner of the building forms an exciting contrast to the rounded component behind it. Richard Herre, who also supplied the imaginative and elegant furniture, was responsible for the strong colours inside that are reminiscent of Bruno Taut's building.

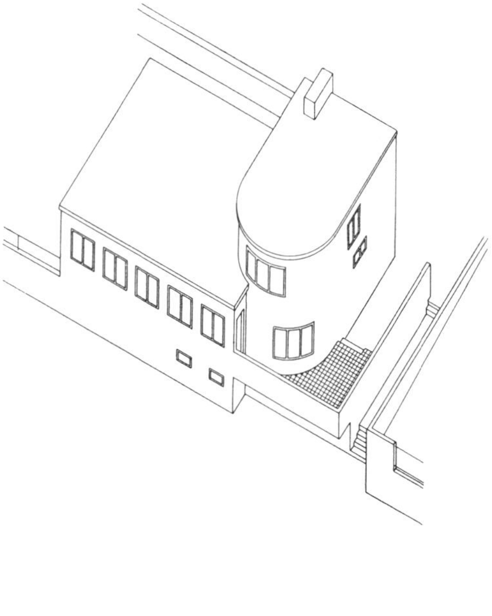

Wohnzimmer
Living room

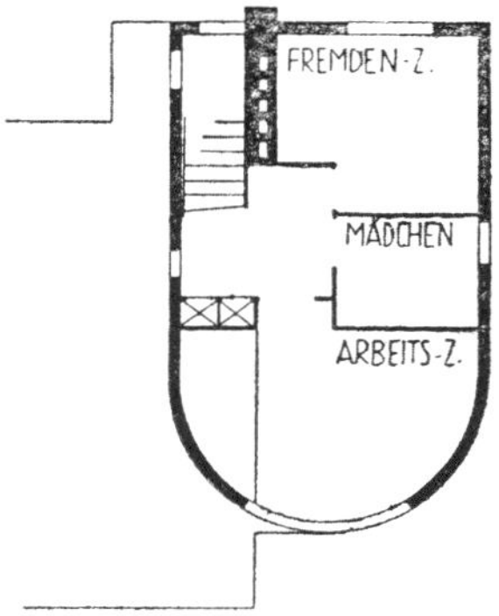

Grundriss Obergeschoss, M 1:200
Top floor plan, scale 1:200

Ansicht von der Rathenaustraße
View from Rathenaustrasse

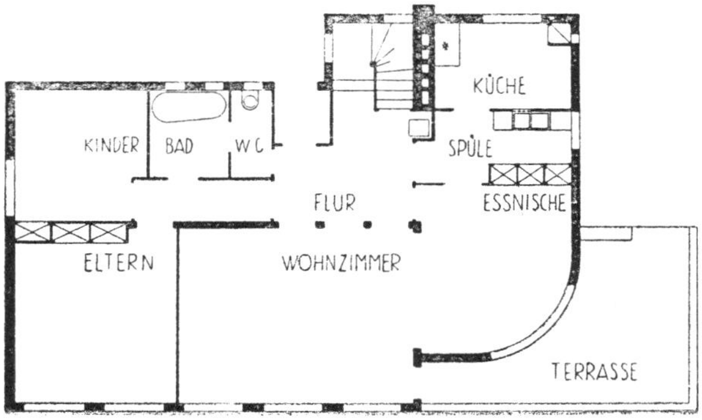

Grundriss Erdgeschoss, M 1:200
Ground floor plan, scale 1:200

Wohnzimmer
Living room

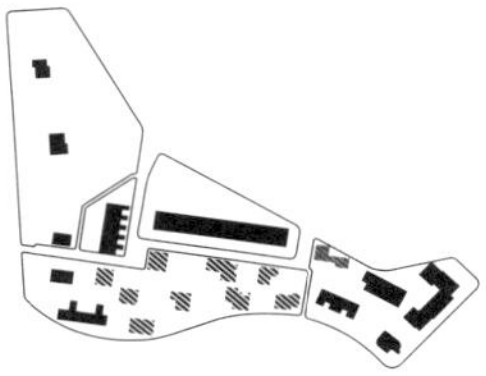

ADOLF RADING
HAUS 25

Einfamilienhaus, 146 m^2 Wohnfläche, teilunterkellert; Stahlskelettbau mit Ausfachung aus Wärmedämmplatten, Stahlbetondecken.
Innenausstattung: Adolf Rading.

Rading errichtet eines der größten Einfamilienhäuser der Siedlung. Während sich die Straßenseite des langgestreckten und mehrfach gestuften Baukörpers eher abweisend gibt, besitzt die Rückseite gleich zwei Terrassen: Diese Öffnung des Hauses zum Garten greift der Architekt auch in seinem Erläuterungstext auf, der in der Werkbundpublikation „Bau und Wohnung" abgedruckt ist. Bei einer klaren Trennung der Funktionsbereiche reizt Rading bei den Wohnräumen die Möglichkeiten aus, mit Falt- beziehungsweise Schiebewänden den Grundriss variabel zu gestalten. Wie die meisten Einfamilienhäuser besitzt auch dieses ein Zimmer für eine Hausangestellte. Deren hauptsächlicher Arbeitsplatz, die Küche, liegt bewusst nahe am Wohnbereich der Familie, damit „das Mädchen nicht so vollkommen isoliert ist, wie dies heute gewöhnlich verlangt wird."

Single-family dwelling, 146 m^2 of floor space, partially with basement; steel skeleton construction, infilling with heat insulating board, reinforced concrete ceilings.
Interior décor: Adolf Rading.

Rading built one of the largest single-family dwellings on the estate. While the street side of the long, multi-stepped building structure displays a cold look, the rear has two terraces. This opening of the house to the garden is also referred to by the architect in his explanatory text, printed in the Werkbund publication "Bau und Wohnung" ("Building and Home"). With a clear division between the functional sections Rading exhausts the possibilities of creating a variable design of the ground plan in the living areas by means of folding or sliding walls. Like most of the single-family dwellings, this one also had a room for a maid. The latter's main workplace, the kitchen, was deliberately placed near the family's living area so the "girl is not as completely isolated, as is usually demanded today".

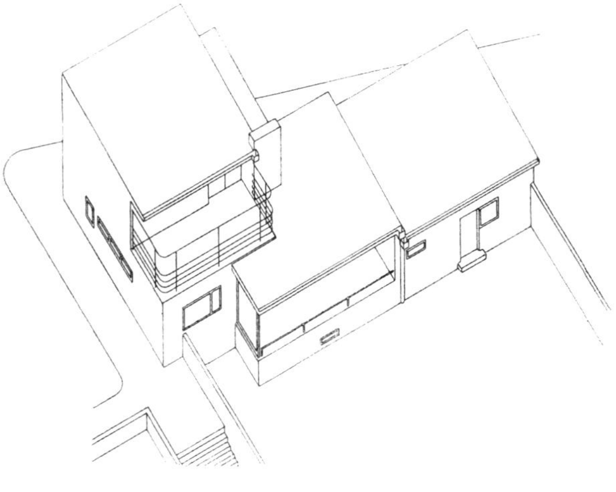

Ansicht von der Straße Am Weißenhof
View from Am Weissenhof street

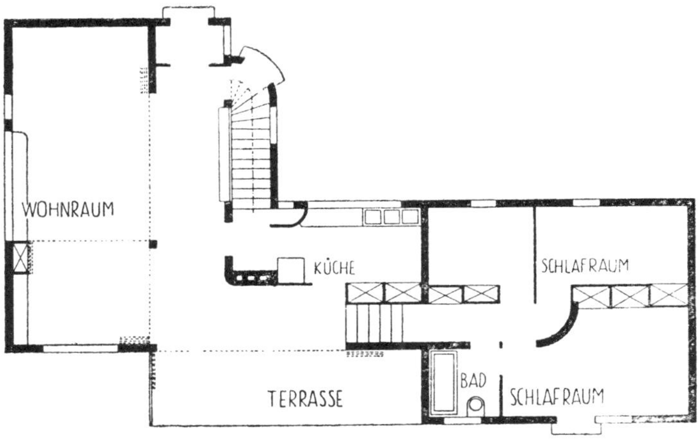

Grundriss Erdgeschoss, M 1:200
Ground floor plan, scale 1:200

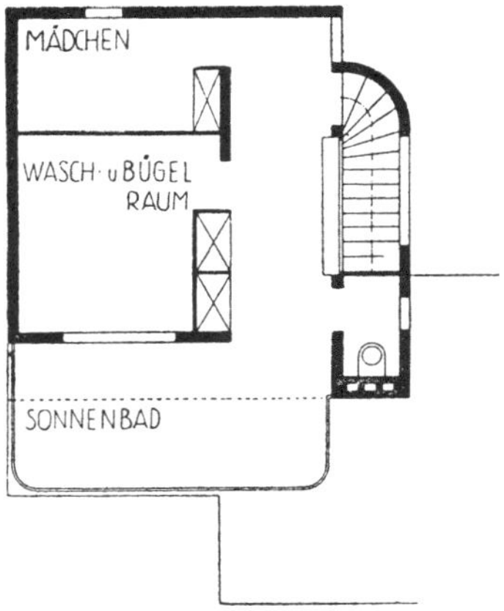

Grundriss Obergeschoss, M 1:200
Top floor plan, scale 1:200

Gartenansicht
Garden view

Wohnraum mit Faltwänden
Living room with folding partitions

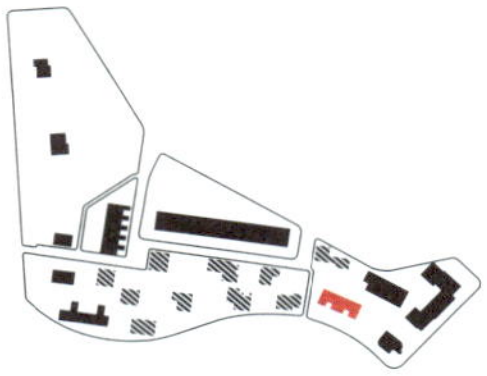

JOSEF FRANK
HAUS 26–27

Doppelhaus, jeweils 122 m² Wohnfläche, teilunterkellert; Mauerwerk aus Winkelsteinen („Feifelsteine"), Massivdecken.
Innenausstattung: Josef Frank.

Der Österreicher Frank äußert grundlegende Vorbehalte gegenüber einer radikalen Moderne: „Du sollst nicht typisieren, denn das ist eine Angelegenheit der Industrie und nicht des Architekten". Dessen ungeachtet fügt sich die Architektur mit ihrer klaren Formgebung gut in die Siedlung ein. Ungewöhnlich sind ein loggiaartiger „Hof", besonders kleine Türen und die Variation bei den Fenstern. Die Innenausstattung mit ihrer zarten Farbigkeit und den bequemen, kissenbestückten Polstermöbeln präsentiert sich dagegen konventionell. Experimentellen Charakter hat die Haustechnik: Im Haus 26 werden Heizung und Geräte ausschließlich mit Strom betrieben (Elektrohaus), im Haus 27 mit Gas (Gashaus). Es gibt eine Warmwasserheizung mit Elektrokessel, eine Gaswaschmaschine, einen Gasbügelherd und anderes mehr.

Two semi-detached houses, 122 m² of floor space each, partially with basement, brickwork of fired corner bricks ("Feifel bricks"), solid ceilings.
Interior décor: Josef Frank.

Frank, an Austrian architect, expressed fundamental reservations regarding a radical modern age design: "You should not typify because this is a matter for industry and not for architects." Nevertheless, the architecture with its clear forms fits in well with the estate. Unusual features include a loggia-like "yard", extremely small doors and the variation of the windows. The interior design with its soft colours and comfortable upholstered furniture with cushions makes a conventional impression. The building services are of an experimental nature. In House 26 the heating system and appliances are run exclusively with electricity (electrical house), in House 27 with gas (gas house). There is a hot-water heater with an electric boiler, a gas-operated washing machine, a gas stove, etc.

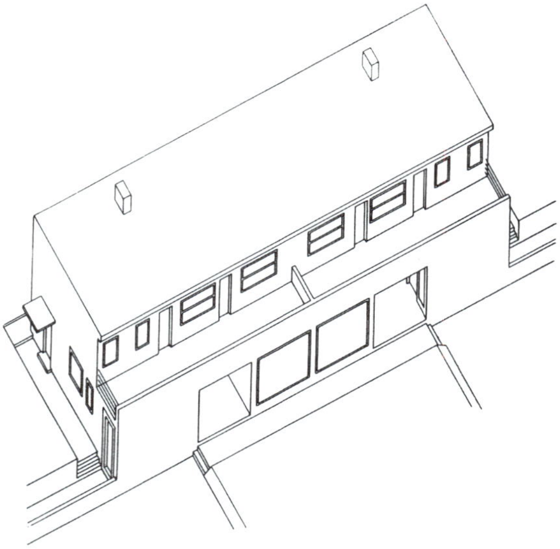

Haus 26, Wohnraum
House 26, living room

Haus 26, Schlafraum
House 26, bedroom

Ansicht von der Rathenaustraße
View from Rathenaustrasse

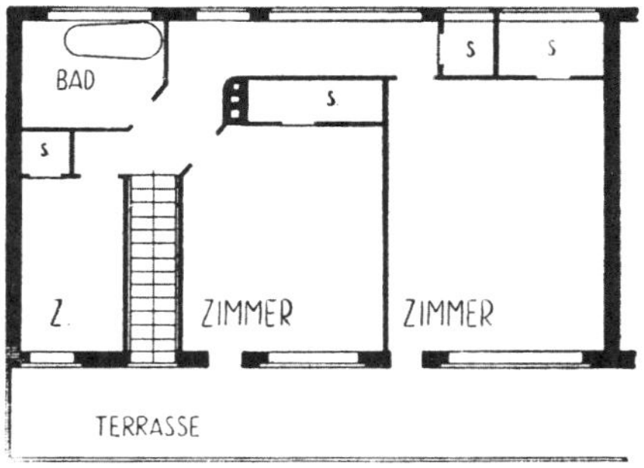

Haus 26, Grundriss Obergeschoss, M 1:200
Top floor plan, scale 1:200

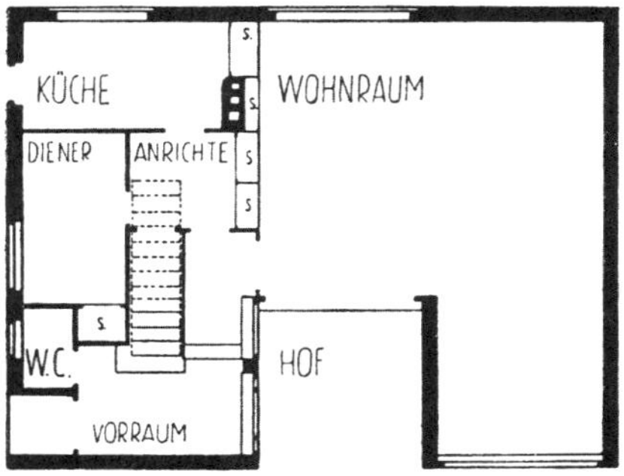

Haus 26, Grundriss Erdgeschoss, M 1:200
Ground floor plan, scale 1:200

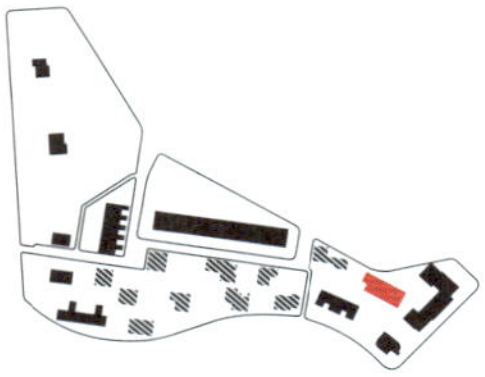

MART STAM HAUS 28–30

Drei Reihenhäuser mit 111 m^2 und 104 m^2 Wohnfläche, unterkellert; Mischbauweise aus Stahlskelett- und Massivbau, Außen- und Wohnungstrennwände aus Bimshohlblocksteinen, Stahlbeton-Hohlkörperdecken.
Innenausstattung: Mart Stam, Marcel Breuer.

Für den Niederländer Stam, mit 27 Jahren der jüngste Architekt der Ausstellung, ist dies die erste eigenständige Bauaufgabe. Zur optimalen Belichtung reichen die Fenster bis unmittelbar unter die Decke. Das Fensterband wird der Ästhetik wegen als Motiv auf der Vorderseite des Hauses bis zum Windschutz für die Terrasse weitergeführt. Im Inneren verwendet Stam Schiebeelemente, um Raumbereiche zu trennen oder zu verbinden. Auf Kritik stößt ein Schlafzimmer ohne direkte Belichtung und Belüftung. Diese Lösung wird von Stam in Kauf genommen, um dem Badezimmer einen Gymnastikbereich zuordnen zu können. Stam entwirft für die Werkbundausstellung den „hinterbeinlosen Stuhl" oder auch „Kragstuhl", den Mies van der Rohe als Freischwinger weiterentwickelt.

Three row houses with 111 m^2 and 104 m^2 of floor space respectively, partially with basement; composite construction with a combination of steel skeleton and solid construction, outside and inside partitions made of pumice hollow blocks, reinforced concrete hollow-tile floors.
Interior décor: Mart Stam, Marcel Breuer.

For Dutchman Stam, at 27 the youngest architect of the exhibition, this is his first independent building order. The windows extend to just under the ceiling to provide optimal lighting. For aesthetic reasons the strip of windows is continued as a motif on the front side of the house to the wind protection for the terrace. Inside Stam uses sliding elements to divide or connect room sections. A bedroom without direct lighting and ventilation met with criticism. In spite of its disadvantages, this solution was chosen by Stam so that a gymnastics area could be placed next to the bathroom. For the Werkbund exhibition Stam designed the "chair without rear legs", also referred to as "Kragstuhl", which was further developed by Mies van der Rohe and then became known as "Freischwinger" (cantilever chair).

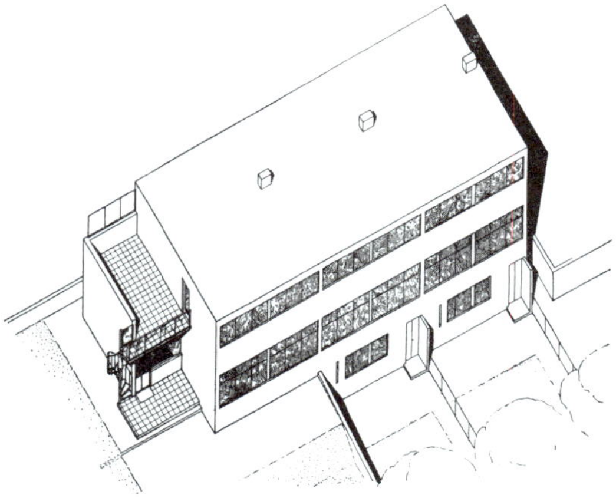

Ansicht von der Straße Am Weißenhof
View from Am Weissenhof street

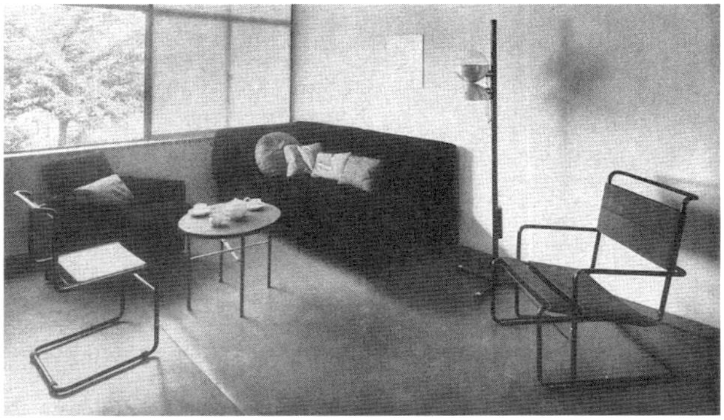

Haus 28, Wohnraum
House 28, living room

Haus 28, Dachgarten mit Außentreppe
House 28, roof garden with outside grounds

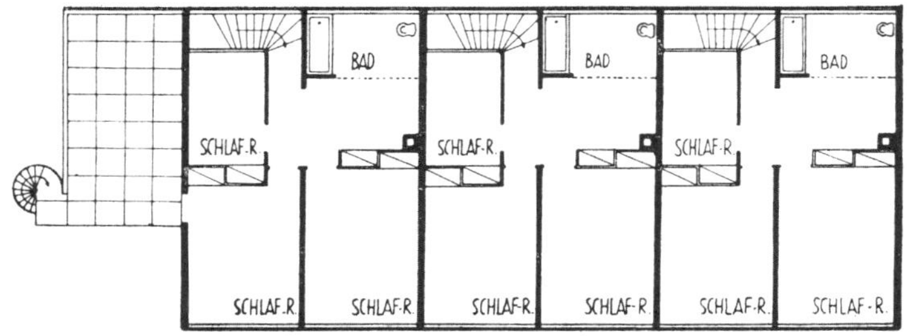

Grundriss Obergeschoss, M 1:250
First floor plan, scale 1:250

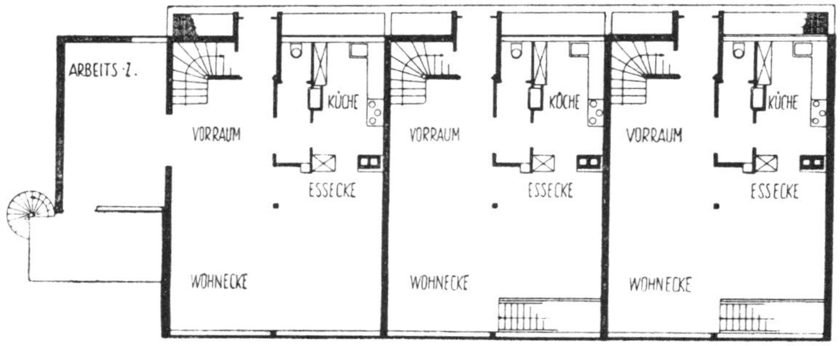

Grundriss Erdgeschoss, M 1:250
Ground floor plan, scale 1:250

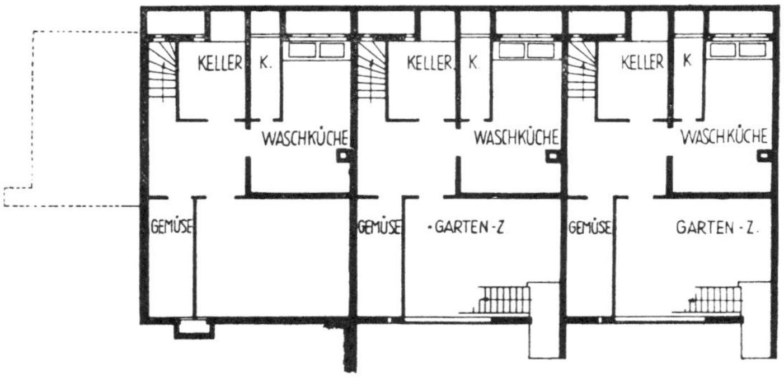

Grundriss Untergeschoss, M 1:250
Lower floor plan, scale 1:250

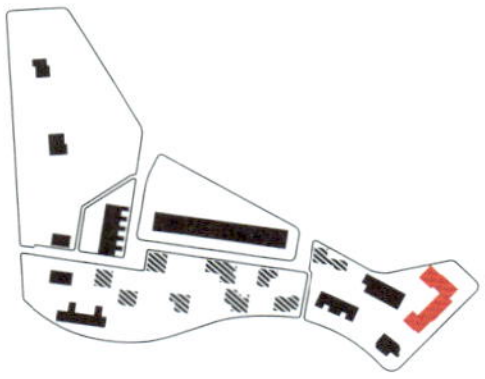

PETER BEHRENS
HAUS 31–32

Mehrfamilienhaus mit 12 Wohneinheiten, circa 50 bis 70 m^2 Wohnfläche, Untergeschoss unter anderem mit einem Bügelraum; Massivbau aus Bimshohlblocksteinen, Stahlbetondecken.
Innenausstattung: Hermann Gretsch, Paul Griesser, Heinz und Bodo Rasch, Paul Thiersch und andere.

Der mit 59 Jahren älteste Ausstellungsteilnehmer entwirft ein größeres Mehrfamilienhaus ohne die damals verbreiteten engen Lichthöfe. Behrens will durch helle Wohnungen und große, nach Süden ausgerichtete Freiflächen der Volkskrankheit Tuberkulose entgegenwirken. Manches, wie die als Einzelfenster ausgebildeten Sprossenfenster, ist gestalterisch nicht eben neu. Dennoch gelingt Behrens mit seinem „Terrassenhaus" ein aufgelockerter, asymmetrischer Baukomplex, den er durch das „Ineinanderschachteln von ein- und mehrgeschossigen Häusern" erhält. Die vorgesehene Bepflanzung der Terrassen entfällt wegen Problemen mit der Statik. Die Innenausstattung weist abwechslungsreiche Entwürfe auf, allerdings ohne das Spektakuläre des Wohnblocks von Mies van der Rohe.

Multi-family dwelling with 12 housing units, approx. 50–70 m^2 of floor space, basement including an ironing room; solid construction composed of pumice hollow blocks, reinforced concrete ceilings.
Interior décor: Hermann Gretsch, Paul Griesser, Heinz and Bodo Rasch, Paul Thiersch, among others.

At the age of 59 the oldest exhibition participant, Behrens designed a large multi-family dwelling without the confined courtyards wide-spread at that time. He wanted to counteract tuberculosis, a common disease back then, by means of bright flats and large open spaces facing south. Some features, such as the transom windows designed as single windows, are not exactly new in terms of design. Nevertheless, with his "terrace house" Behrens succeeded in creating an asymmetric building complex that is pleasing to the eye by "interlacing single-floor and multi-storey houses". Though planting of the terraces was planned, it was dispensed with because of problems with the statics. The interior décor displays varied designs, but without the spectacular elements of Mies van der Rohe's block of flats.

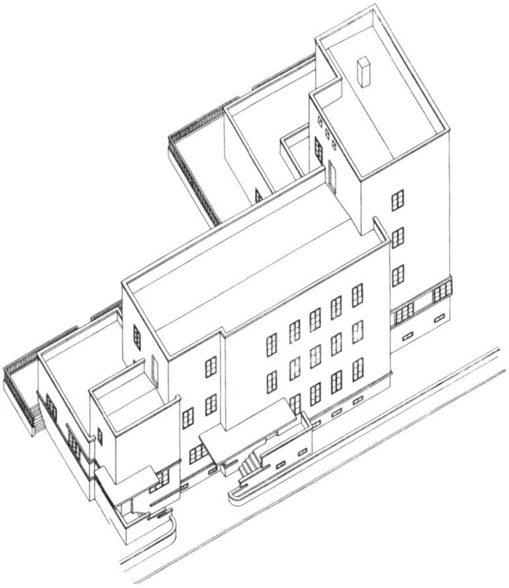

Ansicht von der Straße Am Weißenhof
View from Am Weissenhof street

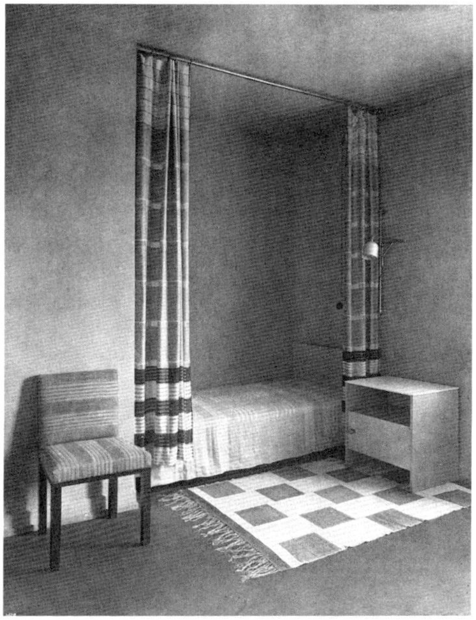

Schlafraum
Bedroom

Grundriss 2. Obergeschoss, M 1:500
Second floor plan, scale 1:500

Grundriss 1. Obergeschoss, M 1:500
First floor plan scale 1:500

Wohnraum
Living room

Grundriss Erdgeschoss, M 1:500
Ground floor plan, scale 1:500

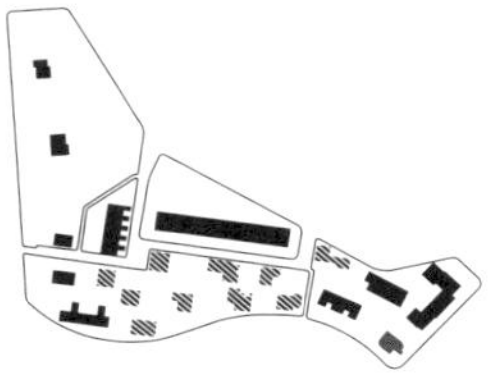

HANS SCHAROUN
HAUS 33

Einfamilienhaus, 110 m^2 Wohnfläche, teilunterkellert; Stahlskelettbau, mit Wärmedämmplatten ausgefacht, Verkleidung aus Bimsplatten beziehungsweise Gipsdielen.
Innenausstattung: Haus Scharoun.

Das der „organischen Architektur" zuzurechnende Haus Scharouns unterscheidet sich erheblich von den übrigen Bauten der Weissenhofsiedlung. Bei dem differenzierten asymmetrischen Baukörper besitzt sogar das obligate Flachdach eine deutliche Neigung. Signifikant sind die Rundungen an zwei Hausecken: Das Wohnzimmerfenster mit gebogenen Glasflächen korrespondiert mit dem diagonal gegenüberliegenden Wandbereich, der die geschwungene Treppe nachzeichnet. Innenraum und Außenbereich sind mit einer „durch das ganze Haus führenden Achse", roten Farbakzenten sowie einer Transparenz der Gebäudehülle aufeinander bezogen. Durch die „Vereinigung verschiedener Wohnfunktionen in einer Raumeinheit" wird im Erdgeschoss ein offener Grundriss erzielt. Zukunftsweisend ist auch die Küche mit Einbauschränken und dem freistehenden Küchenblock.

Single-family dwelling, 110 m^2 of floor space, partially with basement; steel skeleton construction, infilling with heat insulating board, cladding of pumice or plaster slabs.
Interior décor: Haus Scharoun.

Scharoun's house, which can be classified as "organic architecture", differs considerably from the other buildings of the Weissenhofsiedlung . In the differentiated, asymmetrical building structure even the obligatory flat roof has a substantial slope. The rounding at two corners of the house is significant: the living room window with curved glass sections corresponds to the diagonal wall area on the other side, which traces the curved staircase. The inside and outside are referred to one another with an "axis extending through the entire house", red colour accents as well as the transparency of the building shell. By virtue of the "combination of different living functions into one room unit", an open ground plan is achieved on the ground floor. The kitchen with built-in cabinets and the separate kitchen block is also trendsetting.

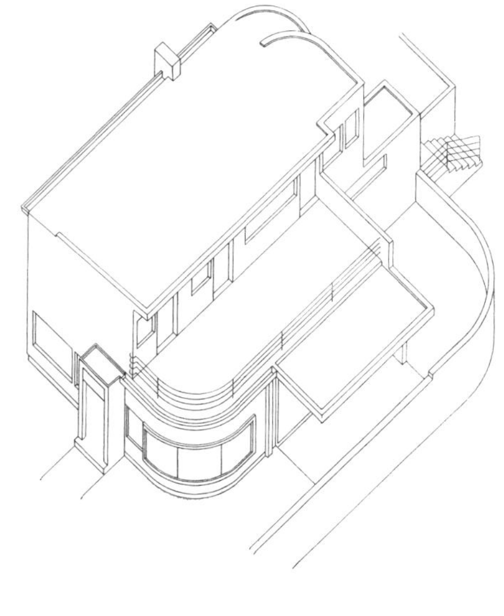

Ansicht von der Rathenaustraße
View from Rathenaustrasse

Wohn- und Esszimmer
Living and dining room

Küche
Kitchen

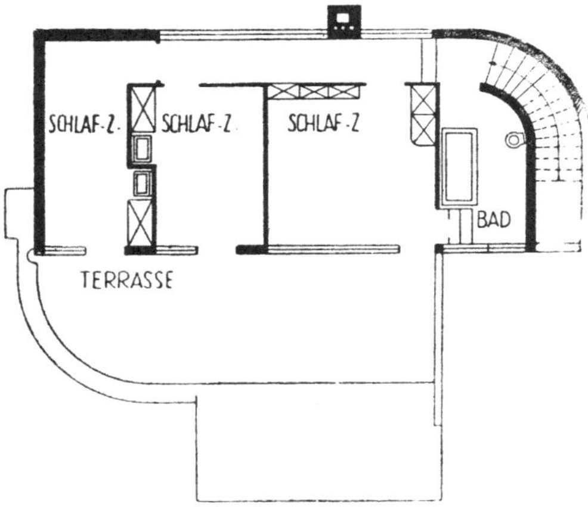

Grundriss Obergeschoss, M 1:200
Top floor plan, scale 1:200

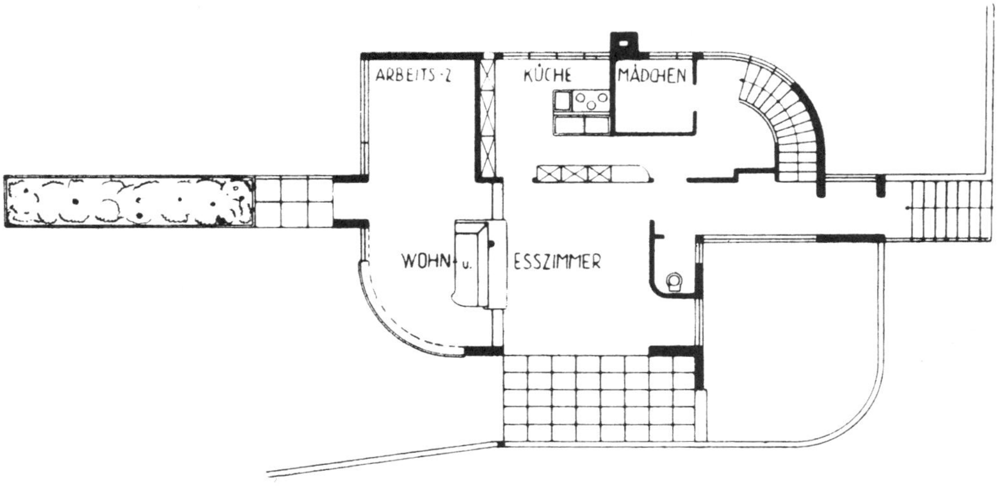

Grundriss Erdgeschoss, M 1:200
Ground floor plan, scale 1:200

HAUS 5–9
JACOBUS JOHANNES PIETER OUD

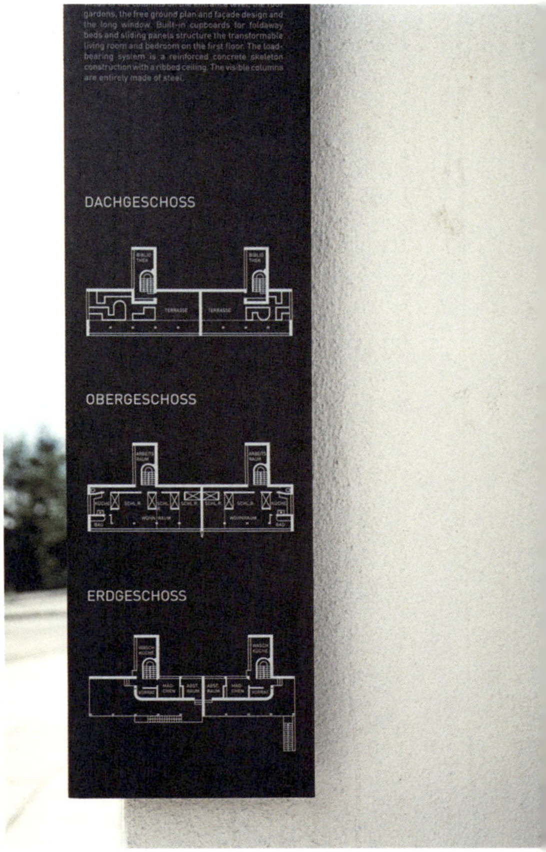

RUNDGANG IN DER SIEDLUNG

Beim Rundgang in der Siedlung können sich Besucherinnen und Besucher an einem Leitsystem orientieren. An den Gartenmauern oder vor den Gebäuden befinden sich Metallwinkel, auf denen Grundrisse, Entwurfsgedanken und konstruktive Besonderheiten der Gebäude dargestellt sind. Die in Kriegs- und Nachkriegszeit zerstörten Häuser haben ihren besonderen Erinnerungsort an dem unbebauten Döcker-Grundstück. Eine Tafel am ehemaligen Milchladen in der Straße am Weissenhof 20 zeigt alle beteiligten Architekten.

TOUR THROUGH THE ESTATE

A guide system serves to orient visitors on their tour through the estate. Metal framing squares showing ground plans, design ideas and special structural features are mounted on the garden walls or in front of the buildings. The houses destroyed during and after the war have their special memorial site at the undeveloped Döcker lot. A plaque on the former dairy shop at Am Weissenhof 20 shows all architects involved.

LEBEN UND WERKE
LIVES AND WORKS

S. 194 – 211

LUDWIG MIES VAN DER ROHE
HAUS 1-4
MART STAM
HAUS 28–30
ADOLF RADING
HAUS 25
RICHARD DÖCKER
HAUS 22
RICHARD DÖCKER
HAUS 21
VICTOR BOURGEOIS
HAUS 10
BRUNO TAUT
HAUS 19
AM WEISSENHOF
PANKOKWEG
BRUCKMANNWEG
RATHENAUSTRASSE
FRIEDRICH-EBERT-STRASSE
ADOLF G. SCHNECK
HAUS 11
ADOLF G. SCHNECK
HAUS 12
MAX TAUT
HAUS 24
MAX TAUT
HAUS 23
LUDWIG HILBERSEIMER
HAUS 18
J. J. P. OUD
HAUS 5–9
LE CORBUSIER
PIERRE JEANNERET
HAUS 13
LE CORBUSIER
PIERRE JEANNERET
HAUS 14–15
WALTER GROPIUS
HAUS 17
WALTER GROPIUS
HAUS 16
ERHALTENE HÄUSER
PRESERVED HOUSES
ZERSTÖRTE HÄUSER
DESTROYED HOUSES

PETER BEHRENS
HAUS 31–32

HANS SCHAROUN
HAUS 33

JOSEF FRANK
HAUS 26-27

HANS POELZIG
HAUS 20

DIE WEISSENHOFARCHITEKTEN

Die Werkbundausstellung bringt 1927 am Weissenhof 17 Architekten der Avantgarde zusammen. Sie treffen sich in unterschiedlichem Alter: Der jüngste, Mart Stam, ist 28 Jahre alt, der älteste, Peter Behrens gilt mit 59 Jahren als Altmeister. An diesem Ort verknüpfen sich Biografien mit unterschiedlichen Ausgangspunkten und unterschiedlichen Entwicklungen und Schicksalen durch Krieg oder Exil. Einige der Teilnehmer an der Werkbundausstellung erweisen sich mit ihrem Werk später als die großen Namen der Architektur des 20. Jahrhunderts.

THE WEISSENHOF ARCHITECTS / The Werkbund exhibition in 1927 brought together 17 architects of the avant-garde at Weissenhof. They were of different ages when they met. The youngest, Mart Stam, was 28 years old, the oldest, Peter Behrens, was regarded as an old master at the age of 59. Biographies with different starting points, developments and fates due to the war or exile converged at this site. Later some of the participants in the Werkbund exhibition were to become great names in 20th century architecture by virtue of their works.

PETER BEHRENS
1868–1940

Peter Behrens, Mitbegründer des Deutschen Werkbunds, ist ein Pionier der sachlichen Industriearchitektur und des Industriedesigns. Als künstlerischer Beirat der AEG entwirft er wegweisende Bauten und Gebrauchsgegenstände. Von Jugendstil und Neoklassizismus ausgehend findet Behrens in seiner Architektur zu einer Reduktion und Monumentalisierung der Form. Sein Büro in Berlin zieht junge Architekten an: Vor dem Ersten Weltkrieg arbeiten dort Gropius, Mies van der Rohe und Le Corbusier.

Peter Behrens, co-founder of Deutscher Werkbund, was a pioneer of functional industrial architecture and industrial design. As artistic advisor of AEG, he designed pathbreaking buildings and objects. Starting from Art Nouveau and Neoclassicism, Behrens brought to bear a reduction and monumentalization of form in his architecture. His office in Berlin attracted young architects: prior to World War I Gropius, Mies van der Rohe and Le Corbusier worked there.

VICTOR BOURGEOIS
1897–1962

Victor Bourgeois zählt zu den Wegbereitern des Neuen Bauens in Belgien. Ab 1920 ist er in Brüssel als Architekt tätig und entwirft Gebäude und Siedlungen der Neuen Sachlichkeit. Er wird Professor an der École Nationale Supérieure d' Architecture in Brüssel sowie an der Universität in Charleroi. 1928 gehört er zu den Gründungsmitgliedern der CIAM, wird deren Vizepräsident und organisiert 1930 den dritten CIAM-Kongress in Brüssel.

Victor Bourgeois numbered among the trailblazers of the "Neues Bauen" movement in Belgium. Beginning in 1920, he worked in Brussels as an architect and designed buildings and estates of the "Neue Sachlichkeit" (New Objectivity) style. He became professor at the École Nationale Supérieure d'Architecture in Brussels as well as at the university in Charleroi. In 1928 he was among the founding members of CIAM, became its vice president and in 1930 organized the third CIAM congress in Brussels.

RICHARD DÖCKER
1894–1968

In den 1920er Jahren gehört Richard Döcker zu den lokalen Vertretern des Neuen Bauens in Südwestdeutschland. Seit 1923 arbeitet er als freier Architekt in Stuttgart. Die durch den Nationalsozialismus erzwungene innere Emigration bildet eine Zäsur in seinem Schaffen. Nach dem Zweiten Weltkrieg übernimmt Döcker zunächst eine Leitungsfunktion beim Wiederaufbau des kriegszerstörten Stuttgart. 1947 wird er als Professor an die Technische Hochschule Stuttgart berufen.

In the 1920s Richard Döcker was one of the local representatives of the "Neues Bauen" movement in southwest Germany. Beginning in 1923, he worked as a freelance architect in Stuttgart. The inner emigration forced by National Socialism formed a break in his work. After World War II Döcker first assumed an executive function in the reconstruction of war-torn Stuttgart. In 1947 he was appointed professor at the Stuttgart Technical University.

JOSEF FRANK
1885–1967

1914 gehört Josef Frank zu den Gründungsmitgliedern des Österreichischen Werkbunds. Er vertritt eine „undogmatische" Moderne. Schon früh befasst sich Frank mit der sozialen Dimension der Architektur und wird zu einer treibenden Kraft der Werkbundausstellung in Wien. Er sieht im Einfamilienhaus die Grundlage der modernen Baukunst. 1934 emigriert Frank nach Schweden, wo er Möbel, Stoffe und Gebrauchsgegenstände entwirft.

In 1914 Josef Frank was one of the founding members of the Austrian Werkbund. He represented an "undogmatic" modern age. Frank concerned himself with the social dimension of architecture at an early date and became a driving force behind the Werkbund exhibition in Vienna. He viewed the single-family dwelling as the basis of modern architecture. In 1934 Frank emigrated to Sweden where he designed furniture, materials and everyday utensils.

1901
Haus Behrens, Darmstadt
1908–1909 |
Montagehalle der AEG-Turbinenfabrik, Berlin
1911–1912 |
Mannesmann-Verwaltungsgebäude, Düsseldorf
1920–1924 |
Technisches Verwaltungsgebäude der
Hoechst AG, Frankfurt am Main
1929–1932 |
Alexander- und Berolinahaus, Berlin

1922–1925 |
Cité Moderne, Sint Agatha-Berchem, Belgien
1935 |
Restaurant auf der Weltausstellung, Brüssel, Belgien
1936 |
Villa „La Jeannerie", Sint-Genesius-Rode, Belgien
1941 |
Postgiroamt, Brüssel, Belgien
1957 |
Kulturhaus, Namur, Belgien

1922–1923 |
Siedlung Viergiebelweg, Stuttgart
1927 |
Lichthaus Luz, Stuttgart
1950–1953 |
Kaufhaus Union, Stuttgart
1953–1955 |
Verwaltungsgebäude Wüstenrot, Ludwigsburg
1955–1957 |
Wohnheim, Chemie- und Physik-Institute der
Sind-Universität, Hyderabad, Pakistan

1913–1914 |
Haus Scholl, Wien, Österreich
1919–1922 |
Siedlung Ortmann, Pernitz, Österreich
1930–1932 |
Bebauungsplan und Wohnhaus für die Werkbundausstellung
Wien, Österreich
1929–1930 |
Haus Beer, Wien, Österreich
1935 |
Haus Seth, Falsterbro, Schweden

WALTER GROPIUS
1883–1969

1919 gründet Walter Gropius das Bauhaus in Weimar und macht es durch die Ausrichtung auf die industrielle Produktion zum wichtigsten Laboratorium der Moderne. Seit Mitte der 1920er Jahre beschäftigt sich Gropius mit dem Massenwohnungsbau und der Rationalisierung der Bauindustrie. Er sieht darin die Lösung für die städtebaulichen und sozialen Probleme der Zeit. 1934 emigriert Gropius zunächst nach England, 1937 dann in die USA. Dort wirkt er an der Harvard University.

In 1919 Walter Gropius founded the Bauhaus in Weimar and, based on the orientation to industrial production, made it the most important laboratory of the Modern Movement. Beginning in the mid-1920s, Gropius preoccupied himself with mass housing construction and rationalization of the building industry. He saw that as the solution for the urban development and social problems of the time. In 1934 Gropius first emigrated to England and then in 1937 to the USA. There he worked at Harvard University.

LUDWIG HILBERSEIMER
1885–1967

Die Bedeutung Ludwig Hilberseimers liegt weniger in seinem gebauten Werk als vielmehr in seinen umfangreichen kunst- und architekturtheoretischen Schriften. Sie werden vor allem zwischen 1919 und 1925 publiziert. Parallel dazu entstehen zahlreiche städtebauliche Studien. Hilberseimer ist von 1910 bis 1928 als Architekt in Berlin tätig und lehrt von 1929 bis 1933 am Bauhaus in Dessau und in Berlin. 1938 emigriert er in die USA und wirkt in Chicago als Professor.

Ludwig Hilberseimer's significance lies less in his built works than in his extensive art and architectural theory writings. They were published primarily between 1919 and 1925. Parallel to that, numerous urban development studies were conducted. Hilberseimer worked as an architect in Berlin from 1910 to 1928 and taught at the Bauhaus in Dessau and in Berlin from 1929 to 1933. In 1938 he emigrated to the USA and worked as a professor in Chicago.

PIERRE JEANNERET
1896–1967

Der in Genf geborene Pierre Jeanneret gründet mit seinem Cousin Le Corbusier 1922 in Paris ein gemeinsames Büro, das bis 1940 besteht. Er ist an vielen Projekten Le Corbusiers beteiligt. Beim Bau der indischen Stadt Chandigarh arbeiten beide in den 1950er Jahren noch einmal eng zusammen. Jeanneret wird Direktor der Architekturschule Chandigarh und offizieller Architekt und Städteplaner des Punjab.

Born in Geneva, Pierre Jeanneret established a joint office with his cousin Le Corbusier in Paris in 1922 that remained in business until 1940. He was involved in many of Le Corbusier's projects. The two again worked closely together on construction of the Indian city of Chandigarh in the 1950s. Jeanneret became director of the Chandigarh school of architecture and an official architect and urban planner of the Punjab.

LUDWIG MIES VAN DER ROHE
1886–1969

Zunächst von der Architektur Friedrich Schinkels beeindruckt, wird der aus Aachen stammende Ludwig Mies van der Rohe in Berlin zu einem der wichtigsten Wegbereiter der klassischen Moderne. Ab 1930 leitet er das Bauhaus, bis es 1933 durch die Nationalsozialisten geschlossen wird. 1938 geht Mies van der Rohe als Direktor der Architekturabteilung am Illinois Institute of Technology in die USA und wirkt in Chicago als freier Architekt. Seine Stahl- und Glasarchitektur wird zum Inbegriff des „Internationalen Stils".

Born in Aachen and initially impressed by the architecture of Friedrich Schinkel, Ludwig Mies van der Rohe became one of the most important trailblazers of the classical modern age. Beginning in 1930, he headed the Bauhaus until it was closed by the National Socialists in 1933. In 1938 Mies van der Rohe moved to the US and worked as a freelance architect and director of the department of architecture at the Illinois Institute of Technology in Chicago. His steel and glass architecture became the epitome of the "International Style".

1911–1925 |
Schuhleistenfabrik Fagus, Alfeld/Leine
1925–1926 |
Bauhaus-Gebäude, Direktorenhaus und Meisterhäuser des Bauhauses, Dessau
1948–1950 |
Graduate Center Harvard University, Cambridge, USA
1957 |
Haus auf der Interbau im Hansaviertel, Berlin
1958–1963 |
Pan American Airways Building, New York, USA

1924 |
Hochhausstadt (Studie)
1927 |
Berlin. Bahnhof (Entwurf)
1932 |
Haus Blumenthal, Berlin
1944 |
The New City (Studie)
1955–1963 |
Siedlung Lafayette Park, Detroit, USA

1924 |
Cité de Lège, Lège-Cap-Ferret, Frankreich
1924–1927 |
Siedlung Frugès, Pessac, Frankreich
1927 |
Villa Stein, Vaucresson, Frankreich
1928 |
Villa Savoye, Poissy, Frankreich
1929–1933 |
Nachtasyl der Heilsarmee, Paris, Frankreich

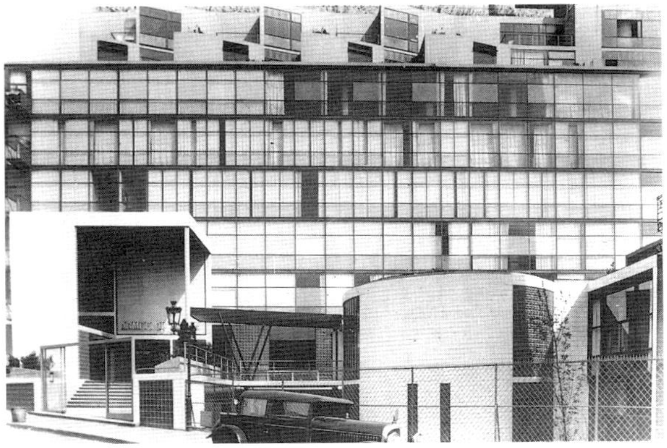

1928–1930 |
Haus Tugendhat, Brünn, Tschechien
1929 |
Pavillon auf der Weltausstellung, Barcelona, Spanien
1939–1954 |
Illinois Institute of Technology, Chicago, USA
1954–1958 |
Seagram Building, New York, USA
1965–1968 |
Neue Nationalgalerie, Berlin

JACOBUS JOHANNES PIETER OUD 1890–1963

Der Niederländer J. J. P. Oud ist 1917 ein Gründungsmitglied der Gruppe „De Stijl". Durch Massenherstellung und Standardisierung will er gute Wohnungen schaffen. Als Rotterdamer Stadtbaumeister kann er seine Vorstellungen von 1918 bis 1933 in die Praxis umsetzen. In den 1930er Jahren zeigt sein Werk monumentale Züge. Nach 1950 knüpft Oud wieder an seine funktionalistischen Entwürfe der 1920er Jahre an.

The Dutchman J. J. P. Oud was a founding member of the "De Stijl" group in 1917. He wanted to create good housing through mass production and standardization. As Rotterdam city architect, he was able to put his ideas into practice from 1918 to 1933. In the 1930s his works displayed monumental features. After 1950 Oud again took up his functionalist designs of the 1920s.

HANS POELZIG 1869–1936

Um 1900 beteiligt sich Hans Poelzig an der Reformbewegung in Architektur und Kunstgewerbe. Er lehrt in Breslau und ab 1923 als Professor an der Technischen Hochschule in Berlin. Bis Anfang der 1920er Jahre zeigen seine Entwürfe und Bauten ausgeprägte expressionistische Züge. Später wendet er sich einer monumental betonten Sachlichkeit zu. Neben seiner Tätigkeit als Architekt entwirft Poelzig Bühnenbilder und Filmdekorationen.

Around 1900 Hans Poelzig was involved in the reform movement in architecture and arts and crafts. He taught in Breslau and starting in 1923 as a professor at the Technical University in Berlin. Up to the beginning of the 1920s his designs and buildings displayed pronounced expressionist features. Later he turned to a monumentally emphasized functionalism. In addition to his work as an architect, Poelzig designed stage sets and film decorations.

ADOLF RADING 1888–1957

Adolf Rading unterrichtet von 1923 bis 1932 als Professor an der Akademie für Kunst und Kunstgewerbe Breslau. Die Nähe Radings zum organischen Bauen zeigt sich in der Zusammenarbeit mit Hans Scharoun. Beide betreiben ab 1926 in Berlin eine Bürogemeinschaft. Nach der Machtergreifung durch die Nationalsozialisten emigriert Rading 1933 zunächst nach Frankreich, später nach Palästina. Ab 1943 arbeitet er als Stadtarchitekt in Haifa. 1950 lässt er sich in Großbritannien nieder.

Adolf Rading taught as professor at the Breslau Academy for Arts and Crafts from 1923 to 1932. Rading's closeness to organic building is shown by his collaboration with Hans Scharoun. The two operated a joint office in Berlin beginning in 1926. After the National Socialists seized power, Rading emigrated first to France, later to Palestine. As of 1943, he worked as city architect in Haifa. In 1950 he settled down in Great Britain.

HANS SCHAROUN 1893–1972

Hans Scharoun ist einer der wichtigsten Verfechter einer organisch inspirierten Architektur. Ab 1915 ist er als Architekt in Ostpreußen tätig, ab 1925 als Professor in Breslau. Während des Dritten Reiches bleibt er in Deutschland. Nach 1945 trägt Scharoun zunächst als Stadtbaurat für den Wiederaufbau Berlins Verantwortung und übernimmt 1946 eine Professur an der Technischen Universität Berlin. Zwischen 1954 und 1963 entstehen in Berlin und Stuttgart herausragende Bauwerke.

Hans Scharoun was one of the most important advocates of an organically inspired architecture. Starting in 1915, he worked as an architect in East Prussia, as of 1925 as professor in Breslau. During the Third Reich he remained in Germany. After 1945 Scharoun first assumed responsibility for Berlin's reconstruction as the city's chief building officer and took on a position as professor at the Technical University of Berlin. Outstanding edifices were created in Berlin and Stuttgart between 1954 and 1963.

1912 |
Lichtspielhaus Schinkel, Purmerend, Niederlande
1924 |
„Café de Unie", Rotterdam, Niederlande
1924–1927 |
Siedlung, Hoek van Holland, Niederlande
1949–1961 |
Verwaltungsgebäude der Versicherungsgesellschaft „de Utrecht", Rotterdam, Niederlande
1952–1960 |
Eingliederungszentrum für querschnittsgelähmte Kinder, Arnheim, Niederlande

1906–1908 |
Evangelische Kirche, Maltsch, Polen
1911–1912 |
Schwefelsäurefabrik, Luban, Polen
1918–1919 |
Großes Schauspielhaus, Berlin
1928–1931 |
Verwaltungsgebäude der IG-Farben, Frankfurt am Main
1929 |
Haus des Rundfunks, Berlin

1925–1926 |
Odd Fellow Loge, Breslau-Wroclaw, Polen
1927 |
Haus Kriebel, Breslau-Wroclaw, Polen
1928–1929 |
Haus in der Werkbundausstellung Breslau-Wroclaw, Polen
1930 |
Haus Dr. Rabe, Zwenkau
1937 |
Haus Levin, Kyriah Bialik, Israel

1929 |
Wohnheim für Ledige und Jungverheiratete auf der Werkbundausstellung Breslau-Wroclaw, Polen
1930–1933 |
Haus Schminke, Löbau
1934 |
Haus Mattern, Potsdam
1955–1959 |
Hochhäuser Romeo und Julia, Stuttgart
1956–1963 |
Philharmonie und Kammermusiksaal, Berlin

ADOLF GUSTAV SCHNECK
1883–1971

Der in Esslingen geborene Adolf Gustav Schneck gilt in den 1920er Jahren als prominenter lokaler Vertreter des Neuen Bauens. Er ist Schüler von Bernhard Pankok und unterrichtet von 1925 bis 1949 an der Kunstgewerbeschule in Stuttgart Innenarchitektur und Möbelbau. In zahlreichen Schriften vertritt er seinen sachlich-funktionalen Stil. Im Dritten Reich bleibt Schneck Hochschullehrer und setzt nach dem Zweiten Weltkrieg seine Architektentätigkeit fort.

Born in Esslingen, Adolf Gustav Schneck was considered to be a prominent local representative of the "Neues Bauen" movement in the 1920s. He was a student of Bernhard Pankok and taught interior design and furniture construction at the arts and crafts school in Stuttgart. He advocated his functional style in numerous writings. In the Third Reich Schneck remained a university lecturer and continued his architectural work after World War II.

MART STAM
1899–1986

Mit seinem vielseitigen Werk gilt der Niederländer Mart Stam als ein bedeutender Exponent der klassischen Moderne. 1926 entwickelt er den „hinterbeinlosen Stuhl" aus Stahlrohr, 1928 realisiert er in Frankfurt/Main große Siedlungsprojekte. Anfang der 1930er Jahre arbeitet er als Architekt in der UdSSR. Danach ist Stam wieder in Amsterdam tätig. 1948 geht er als Hochschullehrer nach Dresden und Ostberlin. Enttäuscht verlässt er 1953 die DDR und kehrt in die Niederlande zurück.

With his varied works the Dutchman Mart Stam is considered to be a major spokesman for the classical modern age. In 1926 he developed the "chair without rear legs" made of tubular steel and 1928 carried out large estate projects in Frankfurt/Main. At the beginning of the 1930s he worked as an architect in the USSR. After that Stam worked in Amsterdam again. In 1948 he went to Dresden and East Berlin as a professor. Disappointed, he left East Germany in 1953 and returned to the Netherlands.

BRUNO TAUT
1880–1938

Bekannt wird Bruno Taut durch den Bau des Pavillons der Deutschen Glasindustrie auf der Werkbundausstellung 1914 in Köln. Nach kurzer Tätigkeit als Stadtbaurat in Magdeburg kann er in Berlin als Architekt seine Vorstellungen zum funktionalen Wohnungsbau mit dem Bau großer Siedlungen realisieren. Von 1930 bis zu seiner Emigration nach Japan im Jahr 1933 ist Taut als Professor an der Technischen Hochschule Berlin tätig. 1936 setzt er seine Lehrtätigkeit in der Türkei fort.

Bruno Taut became known by virtue of the construction of the pavilion of the German glass industry at the Werkbund exhibition in Cologne in 1914. After a short period as chief building officer in Magdeburg, he was able to realize his ideas regarding functional housing construction by building large estates. From 1930 to his emigration to Japan in 1933 Taut worked as professor at the Technical University of Berlin. In 1936 he continued his teaching work in Turkey.

MAX TAUT
1884–1967

Max Taut, der Bruder von Bruno Taut, ist nach dem Ersten Weltkrieg Mitglied der „Gläsernen Kette" und anderer avantgardistischer Vereinigungen. In den 1920er Jahren tritt er mit Bürobauten hervor, die wegen ihrer Konstruktion als Pionierbeispiele des Neuen Bauens gelten. In der Zeit des Nationalsozialismus bleibt Taut nahezu ohne Aufträge. Nach dem Zweiten Weltkrieg kann er sein Werk fortführen und baut in Berlin die Architekturabteilung an der Hochschule für Bildende Künste auf.

Max Taut, Bruno Taut's brother, was a member of the "Glass Chain" and other avant-garde associations after World War I. In the 1920s he stood out by virtue of office buildings considered to be pioneering examples of "Neues Bauen" because of their design. During the Nazi period Taut received virtually no orders. After World War II he was able to continue his work and built the department of architecture at the College of Fine Arts in Berlin.

1927 |
Haus Schneck, Stuttgart
1928 |
Haus Pfleiderer, Stuttgart
1928–1930 |
Haus auf der Alb, Bad Urach
1949–1950 |
Haus Schairer, Stuttgart
1953 |
Friedrich-Hilda-Heim, Brühl/Baden

1926–1930 |
Van Nelle Fabrik, Rotterdam, Niederlande
1928–1930 |
Altersheim der Budge-Stiftung, Frankfurt am Main
1929–1932 |
Siedlung Hellerhof, Frankfurt am Main
1931–1932 |
Haus in der Werkbundsiedlung Prag, Tschechien
1957–1959 |
Bürohaus Geillustreerde Pers, Amsterdam, Niederlande

1910–1911 |
Haus Reibedanz, Berlin
1925–1929 |
Hufeisensiedlung, Berlin
1926–1927 |
Haus Taut, Dahlewitz
1927–1932 |
Haus des Deutschen Verkehrsbundes, Berlin
1937 |
Chemisches Institut der Universität, Istanbul, Türkei

1922–1924 |
Bürohaus des ADGB (Allgemeiner Deutscher Gewerkschaftsbund), Berlin
1924–1926 |
Verbandshaus der Deutschen Buchdrucker, Berlin
1928–1929 |
Dorotheen-Lyzeum, Berlin
1930–1931 |
Bürohaus des ADGB, Frankfurt am Main
1955 |
Wohnhaus Methfesselstraße, Berlin

LE CORBUSIER
1887–1965
ARCHITEKT DER MODERNE

Le Corbusier, eigentlich Charles Édouard Jeanneret, hat die Architektur und den Städtebau des 20. Jahrhunderts tiefgreifend beeinflusst, obwohl er nie ein Studium in diesen Disziplinen absolvierte. Nach einer kunstgewerblichen Ausbildung an der Ecole d´Art in seiner Heimatstadt La Chaux-de-Fonds in der Schweiz wird Le Corbusier nach seiner Übersiedlung nach Paris 1917 zu einem Wegbereiter des Purismus und Funktionalismus in Kunst und Architektur. Er betätigt sich als Architekt, Stadtplaner, Maler, Bildhauer und Möbeldesigner. Sein Werk wendet sich gegen jede individuelle Sentimentalität und sucht nach generellen und reproduzierbaren Lösungen. Die Universalität seines Denkens zeigt sich in einem umfangreichen Oeuvre, das ein breites Spektrum unterschiedlichster Bauaufgaben umfasst.

LE CORBUSIER – ARCHITECT OF THE MODERN AGE / Le Corbusier, actually his name was Charles Édouard Jeanneret, had a profound influence on the architecture and urban development of the 20th century although he never completed studies in these disciplines. After education in arts and crafts at the Ecole d´Art in his home town of La Chaux-de-Fonds in Switzerland Le Corbusier became one of the trailblazers of purism and functionalism in art and architecture after moving to Paris in 1917. He worked as an architect, urban planner, painter, sculptor and furniture desinger. His work opposed any individual sentimentality and sought general and reproducible solutions. The universality of his thinking manifested itself in his extensive works, which encompassed a broad spectrum of diverse building assignments.

ATELIERHÄUSER

Die Freundschaft mit dem Pariser Künstler Amédée Ozenfant markiert einen Wendepunkt im Leben Le Corbusiers. Er entwirft für Ozenfant 1922 ein Atelierhaus, dessen Räume Durchblicke und Ausblicke erlauben und sich unterschiedlichen Perspektiven öffnen. Bis 1928 folgen weitere Atelierhäuser, oft für befreundete Künstler, die ebenso wie Le Corbusier zu jener Zeit über keine großen Aufträge verfügen.

STUDIO BUILDINGS / The friendship with Paris artist Amédée Ozenfant marked a turning point in Le Corbusier´s life. In 1922 he designed a studio building for Ozenfant whose rooms allowed inside and outside views and opened up different perspectives. Further studio buildings followed up to 1928, often for artist friends who, like Le Corbusier, did not have any large orders at that time.

Le Corbusier um 1925
Le Corbusier around 1925

1922 |
Haus Ozenfant, Paris, Frankreich
1924 |
Häuser Lipchitz und Miestschaninoff, Boulogne-Billancourt, Frankreich
1926 |
Haus Cook, Boulogne-Billancourt, Frankreich
1926 |
Haus Guiette, Antwerpen, Belgien
1927 |
Villa Plainex, Paris, Frankreich

WOHNHÄUSER

Mit individuellen Wohnhäusern, entworfen für wohlhabende Auftraggeber, gelingt es Le Corbusier, seine puristische Architektursprache zu entwickeln. So entstehen Ikonen der klassischen Moderne wie die Villa für den Versicherungsdirektor Pierre Savoye in Poissy. Le Corbusier errichtet bis in die 1950er Jahre zwanzig Häuser dieses Typus, darunter Frühwerke in seiner Schweizer Heimatstadt.

RESIDENTIAL BUILDINGS / By virtue of individual dwellings, designed for well-to-do clients, Le Corbusier succeeded in developing his purist architectural language. Icons of the classical modern age, such as the villa for the insurance manager Pierre Savoye in Poissy, were thus created. Up to the 1950s Le Corbusier built twenty houses of this type, including early works in his Swiss home town.

STANDARDISIERTES WOHNEN

Le Corbusier sieht, ebenso wie die Avantgarde insgesamt, in der ausreichenden Wohnungsversorgung der Bevölkerung den Schlüssel zum sozialen Ausgleich: „Architektur oder Revolution". In vielen Projekten und theoretischen Beiträgen widmet er sich der Minimalisierung und Standardisierung von Wohnungstypen, die preiswert in großer Stückzahl hergestellt werden können. Doch nur weniges wird realisiert.

STANDARDIZED HOUSING / Le Corbusier, like the avant-garde in general, saw the key to a social balance in an adequate supply of housing for the population: "architecture or revolution". In many projects and theoretical writings he devoted himself to minimalization and standardization of housing types that could be produced in large numbers at an inexpensive price. However, little of this was implemented.

KOLLEKTIVES WOHNEN

Die Suche nach dem Gleichgewicht von Individuum und Kollektiv führt Le Corbusier zu komplexen Wohnhochhäusern. Die „Unité d'habitation" in Marseille, entworfen für 1.200 Bewohner, bildet urbane Strukturen in der Vertikalen nach. Entlang innenliegender Wohnstraßen und auf der Dachterrasse sind Läden und soziale Einrichtungen untergebracht. Neben anderen großen Wohn- und Heimbauten entstehen insgesamt fünf solcher „Unités".

COLLECTIVE HOUSING / The search for a balance between the individual and the collective led Le Corbusier to complex high-rise residential buildings. The "Unité d'habitation" in Marseille, designed for 1,200 residents, reproduced urban structures in the vertical plane. Shops and social institutions are set up along residential streets within the complex and on the roof terrace. In addition to other large residential buildings and facilities, a total of five such "Unités" were built.

SAKRALE ARCHITEKTUR

Mit der Wallfahrtskapelle in Ronchamp setzt Le Corbusier ein Zeichen für den Kirchenbau des 20. Jahrhunderts. Die skulpturale Architektur bildet einen Gegenpol zu vorherigen geometrischen Entwürfen und beweist die geistige Beweglichkeit Le Corbusiers. Mit einem Dominikanerkloster in ländlicher Abgeschiedenheit folgt ein weiterer sakraler Bau, bei dem Licht eine ebenso bedeutsame Rolle spielt wie Beton.

SACRAL ARCHITECTURE / Through the pilgrimage chapel in Ronchamp Le Corbusier set an example for church construction in the 20th century. Sculptural architecture formed an antithesis to previous geometric designs and demonstrated Le Corbusier's intellectual flexibility. Another sacral building followed in the form of a Dominican monastery in rural seclusion where light played just as important a role as concrete.

1912 |
Haus Jeanneret-Perret „Maison blanche",
La Chaux-de-Fonds, Schweiz
1923 |
Kleine Villa am See, Corseaux, Schweiz
1923 |
Doppelhaus La Roche-Jeanneret, Paris, Frankreich
1928 |
Villa Savoye, Poissy, Frankreich
1951 |
Hausgruppe Jaoul, Neuilly-sur-Seine, Frankreich

1924–1927 |
Siedlung Frugès, Pessac, Frankreich
1927 |
Zwei Häuser in der Weissenhofsiedlung, Stuttgart
1951 |
Ferienhaus „Cabanon", Roquebrune, Frankreich

1930 |
Studentenheim „Pavillon Suisse", Paris, Frankreich
1930 |
Mietshaus „La Clarté", Genf, Schweiz
1933 |
Mietshaus Porte Molitor, Paris, Frankreich
1945–1952 |
Unité d'habitation, Marseille, Frankreich
1956–1958 |
Unité d'habitation, Berlin, Deutschland

1950–1954 |
Wallfahrtskapelle Notre-Dame-du-Haut, Ronchamp, Frankreich
1953–1957 |
Kloster Sainte-Marie-de-la-Tourette, Eveux-sur-Arbresle, Frankreich
1971–2006 |
Kirche Saint-Pierre, Firminy-Vert, Frankreich (posthum)

ÖFFENTLICHE BAUTEN

Zeitgleich mit den Häusern für die Weissenhofsiedlung arbeitet Le Corbusier an den Plänen für den Völkerbundpalast in Genf. Sein preisgekrönter Entwurf wird jedoch abgelehnt. Später kann er in verschiedenen Ländern große öffentliche Aufträge realisieren. In Chandigarh entsteht als Teil seiner Gesamtplanung für diese neue Stadt ein unverwechselbares Ensemble von Regierungsbauten und öffentlichen Einrichtungen.

PUBLIC BUILDINGS / At the same time as the houses for the Weissenhof estate, Le Corbusier worked on plans for the Palace of the League of Nations in Geneva. However, his award-winning design was rejected. Later he was able to carry out large public contracts in various countries. In Chandigarh, as part of his overall planning for this new city, a unique ensemble of government buildings and public institutions was created.

STANDARDISIERTE GEBÄUDETYPEN

Le Corbusier geht von standardisierbaren funktionalen Bedingungen für Bauaufgaben aus, die weltweit Gültigkeit haben. Daher definiert er Gebäudetypen wie den „Villenblock" (Immeubles-villas), das „unbeschränkt wachsende Museum" (Musée à croissance illimitée) oder die „grüne Fabrik" (usine verte), die er in verschiedenen Projekten und Bauten variiert.

STANDARDIZED BUILDING TYPES / Le Corbusier started out from standardized functional conditions for building jobs that were valid worldwide. Thus, he defined such types of buildings as the "villa block" (immeubles-villas), the "museum of unlimited growth" (musée à croissance illimitée) and the "green factory" (usine verte), which he varied in different projects and buildings.

STÄDTEBAU

Ab Mitte der 1920er Jahre tritt Le Corbusier mit radikalen Entwürfen für einen neuen Städtebau hervor. Er formuliert eine räumliche Ordnung, die den sozialen und technischen Umwälzungen nach dem Ersten Weltkrieg Ausdruck gibt. Seine Vision einer „funktionalen Stadt" fasst Le Corbusier 1933 in der „Charta von Athen" zusammen, die jedoch erst später Verbreitung findet. In Chandigarh kann er ab 1950 seine Ideen umsetzen.

URBAN DEVELOPMENT / As of the mid-1920s, Le Corbusier came out with radical designs for a new urban development. He formulated a spatial order that gave expression to the social and technical upheavals after World War I. In 1933 Le Corbusier summarized his vision of a "functional city" in the "Charter of Athens", which did not spread until later, however. Starting in 1950, he was able to implement his ideas in Chandigarh.

DER MODULOR

Von Anfang seines künstlerischen Schaffens an befasst sich Le Corbusier mit Proportionsstudien und modularen Systemen. In den 1940er Jahren entwickelt er den „Modulor" als eine universelle Maßordnung. Ausgehend von den Proportionen des menschlichen Körpers und dem Goldenen Schnitt definiert Le Corbusier harmonische Zahlenreihen. Sie werden Grundlage seiner Architekturentwürfe und bestimmen Maße von Baukörpern und Bauteilen.

THE MODULOR / Right from the beginning of his artistic work, Le Corbusier preoccupied himself with studies of proportions and modular systems. In the 1940s he developed the "Modulor" as a universal system of measure. Based on the proportions of the human body and the golden section, Le Corbusier defined harmonic series of numbers. They became the basis of his architectural designs and defined the dimensions of structures and components.

1928 |
Haus des Centrosojus, Moskau, Russland
1952 |
Justizpalast, Chandigarh, Indien
1955 |
Parlamentsgebäude, Chandigarh, Indien
1961 |
Visual Arts Center der Universität Harvard, Cambridge, USA
1961 |
Jugend- und Kulturzentrum, Firminy-Vert, Frankreich

1946 |
Fabrik Duval, Saint-Dié, Frankreich
1956 |
Museum, Ahmedabad, Indien
1957 |
Nationalmuseum für westliche Kunst, Tokio, Japan

1925 |
Stadtplanung für Paris „Plan voisin" (Projekt)
1930 |
Stadtplanung für Algier, „Plan obus" (Projekt)
1950–1962 |
Stadtplanung für Chandigarh, Indien
1953–1956 |
Stadtplanung für Firminy-Vert, Frankreich
1958 |
Wiederaufbauplanung für Berlin (Projekt)

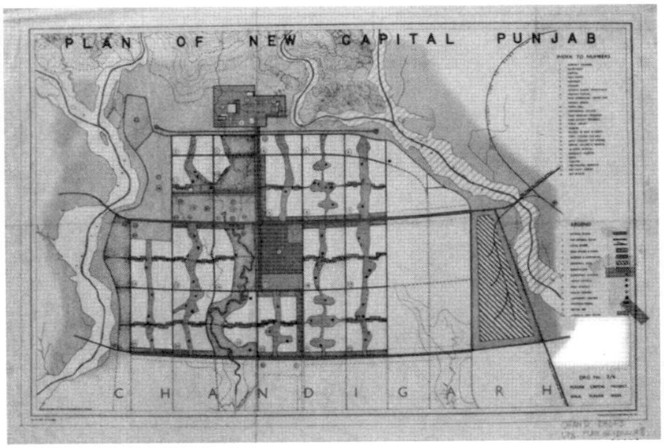

1950 |
Der Modulor. Darstellung eines in Architektur und Technik allgemein anwendbaren harmonischen Maßes im menschlichen Maßstab

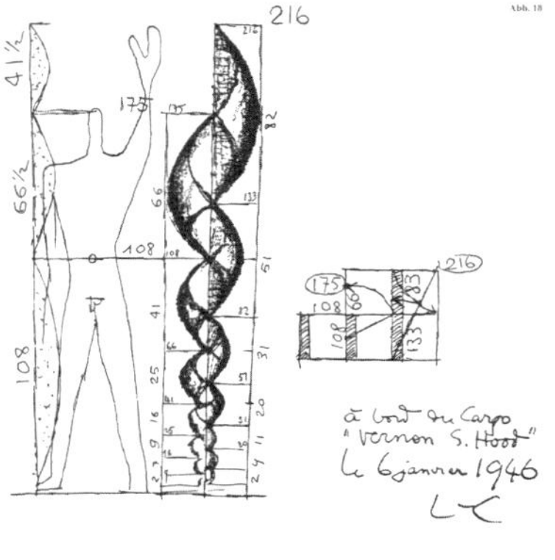

BILDNACHWEIS
PICTURE CREDITS

Umschlag. Brigida Gonzalez, Stuttgart
S. 015. (oben; Mitte; unten) space4, Stuttgart
S. 016. Brigida Gonzalez, Stuttgart
S. 018. Archiv des Luftschiffbau Zeppelin GmbH, Friedrichshafen
S. 020. Weissenhofmuseum, Stuttgart
S. 021. (links) Weissenhofmuseum, Stuttgart // (rechts oben) Bauhaus-Archiv, Berlin // (rechts unten) aus: Neumeyer, Fritz: Mies van der Rohe, Berlin 1986
S. 022. (links; rechts oben; rechts Mitte) Stadtarchiv, Stuttgart // (rechts unten) Landesmedienzentrum Baden-Württemberg, Stuttgart
S. 023. (links) Weissenhofmuseum, Stuttgart // Archiv Karin Kirsch, Stuttgart
S. 024. aus: Gohl, Ulrich: Licht, Luft, Leben!, Stuttgart 1999
S. 025. (links oben; rechts oben) Stadtarchiv, Stuttgart // (unten) Weissenhofmuseum, Stuttgart
S. 026. (links) aus: Anonymus: Der Bau des Neckarkanals, Berlin 1929 // (rechts oben) aus: Riezler, Walter (Hg.): Die Form, Heft 19/20, Berlin 1930
S. 027. Weissenhofmuseum, Stuttgart
S. 028. (oben; unten) Weissenhofmuseum
S. 029. (links; Mitte) aus: Pfleiderer, Wolfgang: Die Form ohne Ornament, Stuttgart/Berlin/Leipzig 1924 // (rechts) Weissenhofmuseum, Stuttgart
S. 030. (oben) aus: Gössel, Peter/Leuthäuser, Gabriele: The internationale style, Köln 1990
S. 032. Stadtarchiv, Stuttgart
„38 Nominierungen". (von links oben nach rechts unten). Baukunstarchiv, Akademie der Künste (ADK), Berlin // Bildarchiv, Österreichische Nationalbibliothek (ÖNB), Wien // aus: Singelenberg, Pieter: H. P. Berlage, Utrecht 1972 // aus: Linze, Georg: Victor Bourgeois, Brüssel 1960 // aus: Architekturgalerie am Weißenhof (Hg.): Richard Döcker, Stuttgart 2003 // aus: Bertelsmann Fachverlag (Hg.): Stadtbauwelt, Heft 48 // aus: Aufbaugemeinschaft Hannover e.V. (Hg.), Stadtmitte Hannover, 1949 // aus: Blunck, Carl (Hg.): Heinz Wetzel zum Gedenken, Stuttgart 1958 // Archiv Otto Bartning, TU Darmstadt // Baukunstarchiv, ADK, Berlin // Archiv Jörg Herkommer, Stuttgart // aus: Pommer, Richard et al., Hilberseimer. In the shadow of Mies, Chicago 1988 // © VG Bild-Kunst, Bonn 2013 // aus: Stadtbauwelt, Heft 48 // Archiv, Plan- und Modellsammlung DAM, Frankfurt/M // aus: Akademie der Künste (Hg.): Brüder Luckhardt und Alfons Anker, Berlin 1990 // Baukunstarchiv, ADK, Berlin // Bildarchiv ÖNB, Wien // aus: Akademie der Künste (Hg.): Brüder Luckhardt und Alfons Anker, Berlin 1990 // Oud archief, Nederlands Architectuurinstituut, Rotterdam // aus: Neumeyer, Fritz: Mies van der Rohe, Berlin 1986 // Archiv Frank Herre, Stuttgart // Bildarchiv, ÖNB, Wien // Baukunstarchiv, ADK, Berlin // Baukunstarchiv, ADK, Berlin // Baukunstarchiv, ADK, Berlin // Bildarchiv, ÖNB, Wien // Archiv Ursula Ziegler, Althütte // Bauhaus-Archiv, Berlin // © VG Bild-Kunst, Bonn 2013 // aus: Jaffé, Hans Ludwig Cohn: De Stijl. 1917-1931, Amsterdam 1956 // Baukunstarchiv, ADK, Berlin // Archiv Dorothee Keuerleber, Stuttgart // Bildarchiv, ÖNB, Wien // aus: Bauhaus-Archiv. Museum für Gestaltung (Hg.), Ferdinand Kramer, Berlin 1982
„Der Ring". (von links oben nach rechts unten) Baukunstarchiv, ADK, Berlin // Bildarchiv, ÖNB, Wien // aus: Architekturgalerie am Weißenhof (Hg.), Richard Döcker, Stuttgart 2003 // Archiv Otto Bartning, TU Darmstadt // aus: Pommer, Richard et al: Hilberseimer, Chicago 1988 // aus: Stadtbauwelt, Heft 48 // aus: Akademie der Künste (Hg.): Brüder Luckhardt und Alfons Anker // Baukunstarchiv, ADK, Berlin // Bildarchiv, ÖNB, Wien // aus: Akademie der Künste (Hg.): Brüder Luckhardt und Alfons Anker // aus: Neumeyer, Fritz: Mies van der Rohe, Berlin 1986 // Baukunstarchiv, ADK, Berlin // Baukunstarchiv, ADK, Berlin // Baukunstarchiv, ADK, Berlin // Bauhaus-Archiv, Berlin // Baukunstarchiv, ADK, Berlin
„Die Weissenhof-Architekten". (von links oben nach rechts unten) Bildarchiv, ÖNB, Wien // aus: Linze, Georg: Victor Bourgeois, Brüssel 1960 // aus: Architekturgalerie am Weißenhof (Hg.): Richard Döcker, Stuttgart 2003 // aus: Pommer, Richard et al: Hilberseimer, Chicago 1988 // © VG Bild-Kunst, Bonn 2013 // Archiv, Plan- und Modellsammlung DAM, Frankfurt/M // Baukunstarchiv, ADK, Berlin // Oud archief, Nederlands Architectuurinstituut, Rotterdam // aus: Neumeyer, Fritz: Mies van der Rohe, Berlin 1986 // Baukunstarchiv, ADK, Berlin // Baukunstarchiv, ADK, Berlin // Bildarchiv, ÖNB, Wien // Archiv Ursula Ziegler, Althütte // Bauhaus-Archiv, Berlin // © VG Bild-Kunst, Bonn 2013 // Baukunstarchiv, ADK, Berlin // Bildarchiv, ÖNB, Wien
„Ausgeschieden und abgesagt". (von links oben nach rechts unten) Baukunstarchiv, ADK, Berlin // aus: Stadtbauwelt, Heft 48 // aus: Blunck, Carl (Hg.): Heinz Wetzel zum Gedenken, Stuttgart 1958 // Archiv Jörg Herkommer, Stuttgart // aus: Stadtbauwelt, Heft 48 // Bildarchiv, ÖNB, Wien // aus: Sembach, Klaus-Jürgen:Henry van de Velde, Stuttgart 1989 // Bildarchiv, ÖNB, Wien // Archiv Dorothee Keuerleber, Stuttgart // aus: Bauhaus-Archiv. Museum für Gestaltung (Hg.), Ferdinand Kramer, Berlin 1982
S. 033. (von links oben nach rechts unten) Baukunstarchiv, ADK, Berlin // aus: Stadtbauwelt, Heft 48, Berlin 1984 // aus: Blunck, Carl (Hg.): Heinz Wetzel zum Gedenken, Stuttgart 1958 // Archiv Jörg Herkommer, Stuttgart // aus: Stadtbauwelt, Heft 48, Berlin 1984 // Bildarchiv, ÖNB, Wien // aus: Sembach, Klaus-Jürgen: Henry van de Velde, Stuttgart 1989 // Bildarchiv, ÖNB, Wien // Archiv Dorothee Keuerleber, Stuttgart // aus: Bauhaus-Archiv (Hg.), Ferdinand Kramer. Architektur und Design, Berlin 1982
S. 034-035. © VG Bild-Kunst, Bonn 2013 // (unten) Stadtarchiv, Stuttgart
S. 036-037. Stadtarchiv, Stuttgart
S. 038. Stadtarchiv, Stuttgart
S. 040-043. aus: Rasch, Bodo und Heinz: Wie bauen?, Stuttgart um 1927
S. 044. (oben) The Museum of Modern Art, New York // (unten) © VG Bild-Kunst, Bonn 2013
S. 045. Stadtarchiv, Stuttgart
S. 046. © VG Bild-Kunst, Bonn 2013
S. 047. gta Archiv, ETH Zürich
S. 048. © FLC/ VG Bild-Kunst, Bonn 2013
S. 049. Weissenhofmuseum, Stuttgart
S. 050. Stadtarchiv, Stuttgart
S. 051. aus: Rasch, Bodo und Heinz: Wie bauen?
S. 052. (oben; unten links) Weissenhofmuseum, Stuttgart // (unten rechts) © VG Bild-Kunst, Bonn 2013
S. 053. Weissenhofmuseum, Stuttgart
S. 054. (oben links; Mitte links) Weissenhofmuseum, Stuttgart // (unten rechts) aus: Hilberseimer, Ludwig (Hg.): Internationale Neue Baukunst, Stuttgart 1927
S. 054-055. (Mitte) space4, Stuttgart
S. 055. (oben rechts) Weissenhofmuseum, Stuttgart // (unten rechts) aus: Rasch, Bodo und Heinz:

Wie bauen?, Stuttgart um 1927
S. 056-057. (oben; unten) Weissenhofmuseum
S. 058. (links; rechts) Weissenhofmuseum
S. 059. (oben; Mitte; unten) aus: Rasch, Bodo und Heinz: Wie bauen?, Stuttgart um 1927
S. 060. (oben; unten) aus: Graeff, Werner (Hg.), Innenräume, Stuttgart 1928
S. 062. (oben; unten rechts; unten links) © VG Bild-Kunst, Bonn 2013
S. 063. (links; Mitte) © VG Bild-Kunst, Bonn 2013 // (rechts) Grafische Sammlung der Staatsgalerie Stuttgart
S. 064. Stadtarchiv, Stuttgart
S. 065. (links; rechts) Stadtarchiv, Stuttgart
S. 066. (links) aus: Riezler, Walter (Hg.): Die Form, Heft 16, Berlin 1929 // (rechts) dpa Picture-Alliance GmbH, Frankfurt/M
S. 067. dpa Picture-Alliance GmbH, Frankfurt/M
S. 068. gta Archiv, ETH Zürich
S. 069. (oben) aus: Voigt, Wolfgang/Frank, Hartmut: Paul Schmitthenner 1884-1972, Tübingen 2003 // (unten) Stadtarchiv, Stuttgart
S. 070. (links; rechts oben; rechts unten) Weissenhofmuseum, Stuttgart
S. 071. (links oben; links unten) aus: Schmitthenner, Paul: Baukunst im neuen Reich, Stuttgart 1934 // (rechts) Weissenhofmuseum, Stuttgart
S. 072. space4, Stuttgart // (rechts oben) Weissenhofmuseum, Stuttgart
S. 073. (links; rechts) aus: Verein Deutsches Holz (Hg.): Die 25 Einfamilienhäuser der Holzsiedlung am Kochenhof, Stuttgart 1933
S. 074. (links oben; rechts unten) Weissenhofmuseum, Stuttgart
S. 075. (links) Amt für Stadtplanung und Stadterneuerung, Stuttgart // (rechts) aus: Vincentz, Curt Rudolf: Bausünden und Baugeldvergeudung, Hannover 1932
S. 076. (links) aus: Hoffmann, Herbert (Hg.):-Moderne Bauformen, Heft 8, Stuttgart 1939 // (rechts) Amt für Liegenschaften und Wohnen, Stuttgart
S. 077. (links oben; links unten) gta Archiv, ETH Zürich // (rechts) Bürgerservice Bauen, Stuttgart
S. 078. (links) aus: Stuttgarter Nachrichten, 10.07.1956 // (rechts oben; rechts unten) Amt für Stadtplanung und Stadterneuerung, Stuttgart
S. 079. (links oben) Archiv Karin Kirsch, Stuttgart // (rechts oben) Stadtarchiv, Stuttgart // (links unten; rechts unten) Amt für Stadtplanung und Stadterneuerung, Stuttgart
S. 082-083. Staatliches Hochbauamt Reutlingen, Außenstelle Stuttgart. © FLC/ VG Bild-Kunst, Bonn 2013
S. 083. (unten) gta Archiv, ETH Zürich
S. 084. (oben; Mitte; unten) Bürgerservice Bauen, Stuttgart. © FLC/ VG Bild-Kunst, Bonn 2013
S. 085. gta Archiv, ETH Zürich
S. 086-087. Staatliches Hochbauamt Reutlingen, Außenstelle Stuttgart. © FLC/ VG Bild-Kunst, Bonn 2013
S. 087. (unten) Amt für Stadtplanung und Stadterneuerung, Stuttgart
S. 088-089. Staatliches Hochbauamt Reutlingen, Außenstelle Stuttgart. © FLC/ VG Bild-Kunst, Bonn 2013
S. 089. (unten) Archiv Hermann Nägele, Stuttgart
S. 090. (links oben) Archiv Rolf Fassbaender, Sindelfingen // (rechts oben) gta Archiv, ETH Zürich // (links unten; rechts unten) Archiv Christa Munkert, Stuttgart
S. 091. Landesamt für Denkmalpflege, Regierungspräsidium Stuttgart
S. 092. space4, Stuttgart
S. 094. Amt für Stadtplanung und Stadterneuerung, Stuttgart
S. 096. Deutsche Fotothek, SLUB, Dresden. Überlagerung durch Landesamt für Denkmalplfege, Regierungspräsidium Stuttgart
S. 097. (links) Büro für Baukonstruktion, Karlsruhe // (rechts) Thomas Wolf, Gotha
S. 098. (links oben, rechts oben) Daimler Konzernarchiv, Stuttgart // (Mitte; unten) Landesamt für Denkmalpflege, Regierungspräsidium Stuttgart
S. 99. (oben) Weissenhofmuseum, Stuttgart // (unten) Thomas Wolf, Gotha
S. 100. (links oben; rechts oben; links unten; rechts Mitte; rechts unten) Landesamt für Denkmalpflege, Regierungspräsidium Stuttgart
S. 101. (links oben, rechts oben) Landesamt für Denkmalpflege, Regierungspräsidium Stuttgart // (unten) Weissenhofmuseum, Stuttgart
S. 102. Stadtarchiv, Stuttgart
S. 103. (links oben; links Mitte) © FLC/ VG Bild-Kunst, Bonn 2013 // (Mitte oben; rechts oben) Architektur 109, Stuttgart // (unten) Thomas Wolf, Gotha
S. 104. Landesamt für Denkmalpflege, Regierungspräsidium Stuttgart
S. 105. (links) Deutsche Fotothek, SLUB, Dresden // (Mitte) gta Archiv, ETH Zürich // (rechts) Archiv Hermann Nägele, Stuttgart
S. 106. (links oben) Stadtarchiv, Stuttgart // (rechts oben) Landesamt für Denkmalpflege, Regierungspräsidium Stuttgart // (unten) Weissenhofmuseum, Stuttgart
S. 107. Thomas Wolf, Gotha
S. 108. Stadtarchiv, Stuttgart
S. 110. Brigida Gonzalez, Stuttgart
S. 111. © FLC/ VG Bild-Kunst, Bonn 2013
S. 112. (links; rechts) gta Archiv, ETH Zürich
S. 113. (oben) dpa Picture-Alliance GmbH, Frankfurt/M // (unten links; unten rechts) Weissenhofmuseum, Stuttgart
S. 116, 118-129. Brigida Gonzalez, Stuttgart
S. 130. (links) Landesmedienzentrum Baden-Württemberg, Stuttgart // (rechts) Brigida Gonzalez, Stuttgart
S. 131-133. Brigida Gonzalez, Stuttgart
S. 133. (rechts) gta Archiv, ETH Zürich
S. 134-145. Brigida Gonzalez, Stuttgart
S. 146. Weissenhofmuseum, Stuttgart
S. 148. space4, Stuttgart
S. 150. (links oben) space4, Stuttgart // (links unten; rechts unten) aus: Bau und Wohnung, Stuttgart 1927 und 1992
S. 151. (links oben) aus: Fachblatt für Holzarbeiter, Heft 11, Berlin 1927 // (rechts oben) aus: Anonymus: Das Werk, Heft 9, Zürich 1929 // (2. Reihe von oben; 3. Reihe von oben; unten) Bau und Wohnung, Stuttgart 1927 und 1992
S. 152. (links oben) space4, Stuttgart // (links unten; rechts unten) Bau und Wohnung, Stuttgart 1927 und 1992. © VG Bild-Kunst, Bonn 2013
S. 153. (links oben; Mitte oben; rechts oben) aus: Bau und Wohnung, Stuttgart 1927 und 1992 // (Mitte) aus: Riezler, Walter (Hg.): Die Form, Sonderheft, Berlin 1927 // (unten) aus: Koch, Alexander (Hg.): Innendekoration, Heft 9, Stuttgart 1927. © VG Bild-Kunst, Bonn 2013
S. 154. (links oben) space4, Stuttgart // (links unten; rechts unten) aus: Bau und Wohnung
S. 155. (oben; Mitte; unten) aus: Bau und Wohnung, Stuttgart 1927 und 1992
S. 156. (links oben) space4, Stuttgart // (rechts unten) aus: Architekturgalerie am Weißenhof (Hg.): Adolf G. Schneck, Stuttgart 2003

S. 157. (links oben; rechts oben links unten) aus: Bau und Wohnung, Stuttgart 1927 und 1992 // (rechts unten) aus: Architekturgalerie am Weißenhof (Hg.): Adolf G. Schneck, Stuttgart 2003
S. 158. (links oben) space4, Stuttgart // (links unten; rechts unten) aus: Bau und Wohnung, Stuttgart 1927/1992. © VG Bild-Kunst, Bonn 2013
S. 159. (oben; links unten; rechts unten) aus: Bau und Wohnung. © VG Bild-Kunst, Bonn 2013
S. 160. (links oben) space4, Stuttgart // (links unten; rechts unten) aus: Bau und Wohnung. © FLC/ VG Bild-Kunst, Bonn 2013
S. 161. (von links oben nach rechts oben; links unten; rechts unten) aus: Bau und Wohnung. © FLC/ VG Bild-Kunst, Bonn 2013
S. 162. (links oben) space4, Stuttgart // (links unten; rechts unten) aus: Bau und Wohnung. © FLC/ VG Bild-Kunst, Bonn 2013
S. 163. (links oben; links Mitte; links unten; rechts unten) aus: Bau und Wohnung // (rechts Mitte) aus: Die Form, Sonderheft, Berlin 1927. © FLC/ VG Bild-Kunst, Bonn 2013
S. 164. (links oben) space4, Stuttgart // (links unten) aus: Bau und Wohnung // (rechts unten) aus: Riezler, Walter (Hg.): Die Form, Sonderheft, Berlin 1927. © VG Bild-Kunst, Bonn 2013
S. 165 (links oben; rechts oben; Mitte) aus: Bau und Wohnung // (unten) aus: Koch, Alexander (Hg.): Innendekoration, Heft 9, Stuttgart 1927. © VG Bild-Kunst, Bonn 2013
S. 166. (links oben) space4, Stuttgart // (links unten) aus: Bau und Wohnung, Stuttgart 1927 und 1992. © VG Bild-Kunst, Bonn 2013
S. 167. (links oben; rechts oben; rechts unten) aus: Bau und Wohnung // (links unten) Koch, Alexander (Hg.), Innendekoration, Heft 9, Stuttgart 1927. © VG Bild-Kunst, Bonn 2013
S. 168. (links oben) space4, Stuttgart // (links unten; rechts unten) aus: Bau und Wohnung
S. 169. (links oben; rechts oben; Mitte; unten) aus: Bau und Wohnung, Stuttgart 1927/1992
S. 170. (links oben) space4, Stuttgart // (links unten; rechts unten) aus: Bau und Wohnung
S. 171 (links oben; rechts oben; links unten; rechts unten) aus: Bau und Wohnung
S. 172. (links oben) space4, Stuttgart // (links unten; rechts unten) aus: Bau und Wohnung
S. 173. (links oben; rechts oben; unten) aus: Bau und Wohnung, Stuttgart 1927 und 1992
S. 174. (links oben) space4, Stuttgart // (links unten; rechts unten) aus: Bau und Wohnung
S. 175 (oben; Mitte; unten) aus: Bau und Wohnung, Stuttgart 1927 und 1992
S. 176. (links oben) space4, Stuttgart // (links unten) aus: Bau und Wohnung, Stuttgart 1927/92
S. 177. (links oben; rechts oben; links unten; rechts unten) aus: Bau und Wohnung
S. 178. (links oben) space4, Stuttgart // (links unten) aus: Bau und Wohnung, Stuttgart 1927/92
S. 179. (oben; Mitte; unten) aus: Bau und Wohnung, Stuttgart 1927 und 1992
S. 180. (links oben) space4, Stuttgart // (links unten) aus: Bau und Wohnung, Stuttgart 1927 und 1992 // (rechts unten) aus: Koch, Alexander (Hg.): Innendekoration, Heft 9, Stuttgart 1927
S. 181. (links oben; rechts oben; rechts unten) aus: Bau und Wohnung, Stuttgart 1927 und 1992 // (links unten) aus: Koch, Alexander (Hg.): Innendekoration, Heft 9, Stuttgart 1927
S. 182. (links oben) space4, Stuttgart // (links unten; rechts unten) aus: Bau und Wohnung
S. 183. (links oben; rechts oben; Mitte, links unten) aus: Bau und Wohnung, Stuttgart 1927 und 1992 // (rechts unten) aus: Koch, Alexander (Hg.): Innendekoration, Heft 9, Stuttgart 1927
S. 184. (links oben) space4, Stuttgart // (links unten) aus: Bau und Wohnung // (rechts unten) aus: Koch, Alexander (Hg.): Innendekoration, Heft 9
S. 185. (links oben) aus: Riezler, Walter (Hg.): Die Form. Berlin 1927 // (rechts oben; links unten; rechts unten) aus: Bau und Wohnung
S. 186. (links oben) space4 // (links unten; rechts unten) aus: Bau und Wohnung, Stuttgart 1927/92
S. 187. (links oben) aus: Riezler, Walter (HG.): Die Form, Sonderheft, Berlin 1927 // (rechts oben; links Mitte; rechts Mitte; links unten; rechts unten) aus: Bau und Wohnung, Stuttgart 1927/92
S. 188. (links oben) space4, Stuttgart // (links unten; rechts unten) aus: Bau und Wohnung, Stuttgart 1927 und 1992. © VG Bild-Kunst, Bonn 2013
S. 189. (links oben) aus: Koch, Alexander (Hg.): Innendekoration, Heft 9 // (rechts oben; rechts Mitte; rechts unten) aus: Bau und Wohnung, Stuttgart 1927 und 1992 // (links unten) aus: Die Form, Sonderheft, Berlin 1927. © VG Bild-Kunst, Bonn 2013
S. 190. (links oben) space4, Stuttgart // (links unten; rechts unten) aus: Bau und Wohnung, Stuttgart 1927 und 1992. © VG Bild-Kunst, Bonn 2013
S. 191. aus: Bau und Wohnung, Stuttgart 1927 und 1992. © VG Bild-Kunst, Bonn 2013
S. 192-194. Brigida Gonzalez, Stuttgart
S. 196/197. (Haus 1-4) aus: Neumeyer, Fritz: Mies van der Rohe, Berlin 1986 // (Haus 5-9) Oud archief, Nederlands Architectuurinstituut, Rotterdam // (Haus 10) aus: Linze, Georg: Victor Bourgeois, Brüssel 1960 // (Haus 11, 12) Archiv Ursula Ziegler, Althütte // (Haus 13, 14/15) © VG Bild-Kunst, Bonn 2013 // (Haus 16, 17) Bauhaus-Archiv, Berlin // (Haus 18) aus: Pommer, Richard et al: Hilberseimer, Chicago 1988 // (Haus 19) Baukunstarchiv, ADK, Berlin // (Haus 20) Baukunstarchiv, ADK, Berlin // (Haus 21, 22) aus: Architekturgalerie am Weißenhof (Hg.), Richard Döcker // (Haus 23, 24) Baukunstarchiv, ADK, Berlin // (Haus 25) Baukunstarchiv, ADK, Berlin // (Haus 26-27) Bildarchiv, ÖNB, Wien // (Haus 28-30) Archiv, Plan- und Modellsammlung, DAM, Frankfurt/M // (Haus 31-32) Bildarchiv, ÖNB, Wien // (Haus 33) Baukunstarchiv, ADK, Berlin
S. 199. (1.,2., 3. von oben) aus: Hilberseimer, Ludwig: Groszstadtarchitektur, Stuttgart 1927 // (unten) aus: Welzig, Maria: Josef Frank. 1885-1967, Wien/Köln/Weimar 1998
S. 201. (1. von oben) Probst, Hartmut/Schädlich, Christian: Walter Gropius, Berlin 1987 // (2. von oben) aus: Die Form, Heft 11, Berlin 1932 // (3. von oben) aus: Boesiger, Willy/Girsberger, Hans: Le Corbusier. 1910-1965, Zürich 1986 // (unten) aus: Lambert, Phyllis (Hg.): Mies van der Rohe in America, Ostfildern-Ruit 2001
S. 203. (1. von oben) aus: Hilberseimer, Ludwig: Groszstadtarchitektur // (2. Reihe von oben) aus: Deutsche Bauzeitung, Heft 27/28, Berlin 1931 // (3. von oben) aus: Pfankuch, Peter (Hg.): Adolf Rading, Berlin 1970 // (unten) aus: Pfankuch, Peter (Hg.): Hans Scharoun, Berlin 1994
S. 205. (1. von oben) Archiv Ursula Ziegler, Althütte // (2. von oben) Archiv, Plan- und Modellsammlung, DAM, Frankfurt/M // (3. von oben) aus: Hilberseimer, Ludwig (Hg.): Internationale Neue Baukunst, Stuttgart 1927 // (unten) aus: Hilberseimer, Ludwig, Groszstadtarchitektur, Stuttg. 1927
S. 207. (oben; unten) © FLC/ VG Bild-Kunst, Bonn 2013
S. 209. © FLC/ VG Bild-Kunst, Bonn 2007
S. 211. © FLC/ VG Bild-Kunst, Bonn 2007

LITERATURAUSWAHL
SELECTED BIBLIOGRAPHY

Adlbert, Georg (Hg.): Le Corbusier/ Pierre Jeanneret; Doppelhaus in der Weißenhofsiedlung Stuttgart. Die Geschichte einer Instandsetzung. Stuttgart 2006

Architekturgalerie am Weißenhof (Hg.): Richard Döcker. Siedlung. Haus. Farbe. Stuttgart 2003

Bauhaus-Archiv. Museum für Gestaltung (Hg.): Ferdinand Kramer. Architektur und Design. Berlin 1982

Besset, Maurice: Wer war Le Corbusier. Genf 1968

Bonatz, Paul: Leben und Bauen. Stuttgart 1950

Bonatz, Paul, 1977-1956. Stuttgarter Beiträge Band 13. Stuttgart 1977

Burckhardt, Berthold (Hg.): Scharoun. Haus Schminke. Die Geschichte einer Instandsetzung. Stuttgart 2002

Campbell, Joan: Der deutsche Werkbund. 1907-1934. Stuttgart 1981

Cramer, Johannes / Gutschow, Niels: Bauausstellungen. Eine Architekturgeschichte des 20. Jahrhunderts. Stuttgart/ Berlin/ Köln/ Mainz 1984

Deutscher Werkbund (Hg): Bau und Wohnung; Die Bauten der Weißenhofsiedlung in Stuttgart errichtet in Stuttgart 1927 nach Vorschlägen des Deutschen Werkbundes im Auftrag der Stadt Stuttgart und im Rahmen der Werkbundausstellung „Die Wohnung". Stuttgart 1927 und 1992

Gebeßler, August (Hg.): Gropius. Meisterhaus Muche/ Schlemmer. Die Geschichte einer Instandsetzung. Stuttgart 2003

Gohl, Ulrich: Licht, Luft, Leben! Die 75jährige Geschichte des Bau- und Heimstättenvereins Stuttgart 1924-1999. Stuttgart 1999

Gössel, Peter / Leuthäuser, Gabriele: The internationale style. Funktionale Architektur. Le style international. 1925-1940. Köln 1990

Huse, Norbert: Neues Bauen 1918-1933. Moderne Architektur in der Weimarer Republik. München 1975

Joedicke, Jürgen: Die Weißenhofsiedlung Stuttgart. Stuttgart 2000

Kermer, Wolfgang: Willi Baumeister und die Werkbund-Ausstellung „Die Wohnung" Stuttgart 1927 (Beiträge zur Geschichte der Akademie der Bildenden Künste Stuttgart, Band 11). Ostfildern-Ruit 2003

Kirsch, Karin (Hg.): Briefe zur Weissenhofsiedlung. Stuttgart 1997

Kirsch, Karin: Die Weissenhofsiedlung. Werkbund-Ausstellung „Die Wohnung" Stuttgart 1927. Stuttgart 1987

Kirsch, Karin: Weissenhofsiedlung. Kleiner Führer. Kurze Einführung in die Bauten der Weißenhofsiedlung. Stuttgart 2006

Krischanitz, Adolf / Kapfinger, Otto: Die Wiener Werkbundsiedlung. Dokumentation einer Erneuerung. Wien 1985

Lambert, Phyllis (Hg.): Mies van der Rohe in America. Ostfildern-Ruit 2001

Le Corbusier: Mein Werk. Stuttgart 1960

Linze, Georg: Victor Bougeois. Brüssel 1960

Moos, Stanislaus von: Le Corbusier. Elemente einer Synthese (Wirkung und Gestalt, Band 4). Frauenfeld/Stuttgart 1968

Nägele, Hermann: Die Restaurierung der Weißenhofsiedlung 1981-1987. Stuttgart 1992

Nerdinger, Winfried (Hg.): 100 Jahre Deutscher Werkbund 1907-2007. München/ Berlin/ London/ New York 2007

Neumeyer, Fritz: Mies van der Rohe. Das kunstlose Wort. Gedanken zur Baukunst. Berlin 1986

Pfankuch, Peter (Hg.): Adolf Rading. Bauten, Entwürfe und Erläuterungen (Schriftenreihe der Akademie der Künste, Band 3)

Pfankuch, Peter (Hg.): Hans Scharoun. Chronik zu Leben und Werk (Schriftenreihe der Akademie der Künste, Band 10). Berlin 1994

Pommer, Richard / Otto, Christian F.: Weissenhof 1927 and the Modern Movement in Architecture. Chicago/ London 1991

Pommer, Richard / Spaeth, David / Harrington, Kevin: Hilberseimer. In the shadow of Mies. Ludwig Hilberseimer. Architect, educator and urban planner. Chicago 1988

Probst, Hartmut / Schädlich, Christian: Walter Gropius. Der Architekt und Pädagoge (Werksverzeichnis Teil 2, Band 2). Berlin 1987

Roth, Alfred: Begegnung mit Pionieren. Le Corbusier, Piet Mondrian, Adolf Loos, Josef Hoffmann, Auguste Perret, Henry van de Velde. Basel/ Stuttgart 1973

Roth, Alfred: Zwei Wohnhäuser von Le Corbusier und Pierre Jeanneret. Stuttgart 1927 und 1991

Rüegg, Arthur (Hg.): Polychromie architecturale. Farbenklaviaturen von 1931 und 1959. Basel/ Boston 2006

Sembach, Klaus-Jürgen: Henry van de Velde. Stuttgart 1989

Simon, Christina / Hafner, Thomas (Hg.): WohnOrte. 50 Wohnquartiere in Stuttgart von 1890-2002. Stuttgart 2004

Singelenberg, Pieter: H. P. Berlage. Idea and style. The quest for modern architecture. Utrecht 1972

Voigt, Wolfgang / Frank, Hartmut: Paul Schmitthenner 1884-1972. Tübingen 2003

Welzig, Maria: Josef Frank. 1885-1967. Das architektonische Werk. Wien/Köln/Weimar 1998

PROJEKTBETEILIGTE
PROJECT CONTRIBUTORS

WEISSENHOFMUSEUM

AUFTRAGGEBER
Landeshauptstadt Stuttgart
Amt für Stadtplanung und Stadterneuerung

MUSEUMSKONZEPTION, SAMMLUNG, TEXTE
Amt für Stadtplanung und Stadterneuerung
Friedemann Gschwind (Gesamtleitung)
Dr. Kathrin Groke (wissenschaftliche Bearbeitung, Rekonstruktion Einrichtungsgegenstände)

AUSSTELLUNGSGESTALTUNG, GRAFIK
space4, Stuttgart
Alexander Minx
Henning Meyer
Katharina Schmidt
Sabrina Sommer

WISSENSCHAFTLICHE BEITRÄGE UND MITARBEIT
Prof. Dr.-Ing. Dr. h. c. Werner Durth, Darmstadt
Prof. Karin Kirsch, Stuttgart
Prof. Arthur Rüegg, Zürich
Dr.-Ing. Claudia Mohn, Landesamt für Denkmalpflege, Esslingen
Dr. Jan Hanselmann, Stuttgart
Freunde der Weissenhofsiedlung e. V.
Stadtarchiv Stuttgart
Landeshauptstadt Stuttgart, Kulturamt

TEXTREDAKTION
Dr. Theo Rombach, Esslingen

AUSSTELLUNGSBAU UND MODELLE
Eicher Werkstätten, Kernen im Remstal
Lo Chiatto, Stuttgart; Werkplan, Karlsruhe

INTERAKTIVES INFORMATIONSSYSTEM
Mausner & Apel, Büro für Gestaltung und Marketing, Stuttgart

FACHPLANUNG AUSSTELLUNG, AUSSTATTUNG
Statik Glaskonstruktionen: Wilhelm+Partner, Stuttgart
Medientechnik: Medienprojekt, Stuttgart; mevis.tv, Stuttgart
Medienproduktion: space4, Stuttgart
Leuchten und Möbel: Ingo Maurer, München; Target Lighting, Belgien; FEEK, Belgien

TRÄGERSCHAFT
Landeshauptstadt Stuttgart
Kulturamt

MUSEUMSBETREUUNG, FÜHRUNGEN
Freunde der Weissenhofsiedlung e. V.

DENKMALPFLEGERISCHE INSTANDSETZUNG UND SANIERUNG

BAUHERR 2002–2005
Wüstenrot Stiftung, Ludwigsburg

PLANUNG, OBJEKTÜBERWACHUNG
Architektur 109, Stuttgart
Mark Arnold + Arne Fentzloff, Freie Architekten BDA

WISSENSCHAFTLICHER BEIRAT DER WÜSTENROT STIFTUNG
Prof. Berthold Burkhardt, Braunschweig
Prof. Dr. August Gebeßler, Stuttgart
Prof. Dr. Norbert Huse, München

PROJEKTSTEUERUNG
Sabine Schmidt-Rösel, Lindau

BAUFORSCHUNG
Dr.-Ing. Claudia Mohn, Landesamt für Denkmalpflege, Regierungsbezirk Stuttgart

FACHPLANUNG INSTANDSETZUNG
Restauratorische Untersuchungen: Helmut F. Reichwald, Stuttgart
Bauklimatische Beratung: Dr.-Ing. Klaus Graupner, Dresden
Tragwerksplanung: bfb Büro für Baukonstruktion, Karlsruhe
Fachplanung Elektro: Ingenieurbüro G. Volz, Ehningen
Fachplanung Haustechnik: Ingenieurbüro Zelano + Dohn, Waiblingen
Sicherheits-/ Gesundheitskoordinator und Drainageplanung: geon-Planungsgesellschaft für Wasser und Boden mbH, Stuttgart
Freiflächenplanung: Garten- und Landschaftsarchitekt Jochen Köber, Stuttgart
Vermessungsarbeiten: Ingenieurbüro Hils, Stuttgart